KB140175

문화국가와
문화시민으로
가는 길

문화산업과 공연예술 길라잡이

문화국가와 문화시민으로 가는 길

문화산업과 공연예술 길라잡이

이영옥 지음

머리말

이 글을 시작하게 된 계기는 서울 시민을 위한 문화예술 강의를 위촉받게 되면서부터이다. 고민 끝에, 초등학교를 졸업하고 중학교에 진학하는 틴에이저(teenager)와 고령화 사회의 주축인 실버 세대(silver 世代)까지 모두 아우르는 글을 쓰고자 하였다. 따라서 마을에 사시는 어르신과 청소년을 비롯해 우리나라의 모든 시민을 독서 대상으로 하였다. 시민은 국가를 형성하는 근원이며 또한 국가 없는 시민은 존재하지 않는다. 대한민국을 이끌어가는 창의적인 문화 활동과 공동체 함양을 목표로 머리말을 시작한다. 청계천이 복원공사를 시작했을 때의 일이다. 대학로 부근으로 차를 몰고 가던 지인은 청계천 복원공사로 인해 대학로 일대가 교통지옥이 되었다고 화를 내었다. 또 청계천이란 곳을 국가가 나서서 망쳐버렸다고 푸념 섞인 원망을 하곤 했다. 하여, 지방에서 살다 서울로 온 나는, 청계천 복원공사는 문화적인 사업이 아니라고 생각했다. 왜 정부는 시민이 원하지도 않는 국토 개발사업을 벌여서 이렇게 불신을 받는가 의아해하면서 말이다.

조선시대 영조 임금님도 청계천 범람으로 고민하시다가 청계천 홍수 피해 방지를 위해 대대적인 공사를 하셨다 한다. 그때에도 많은 반대가 있었겠지만, 영조 임금님은 준천 사업을 완공하면서, 백성들과 신하들의 의견을 존중하였고, 백성들의 자발적이고 적극적인 협조를 받았다고 한다. 현재의 우리는 국가가 우리를 위해 설득력을 발휘하던 때가 언제인지 기억하기도 어렵지 않은가.

2006년도 여름쯤이었을까. 세월이 흘러 청계천이 완공되었던 날, 우리는 청계천으로 밤 나들이를 나섰다. 집에서 가져온 간단한 음식을 가지고 통나무 다리에 앉아 흘러가는 강물과 달을 벗삼아 여름밤을 보내었다. 2006년 이후, 청계천 주변의 시민들은 여름밤이면 청계천으로 몰려나가 달과 강물을 즐기는 법을 알게 되었다.

뜬금없이 청계천 이야기가 나온 것은 청계천과 나의 인연은 지금까지도 계속 이어져 오기 때문이다. 이 책을 준비하면서, 나는 종종 청계천으로 산책을 나가곤 했다. 산책의 주요 코스는 사근동의 명소인 살곶이 다리까지 걷는 것이다. 살곶이 다리는 세종 3년(1420)에 공사를 시작하여 성종 14년(1483)에 완공된 현존하는 조선시대의 가장 긴 다리이다. 이 다리를 지나 선왕의 묘소가 있는 헌릉, 인릉, 선릉, 정릉으로 가셨다 하니 다리를 걷는다는 것은 나에겐 언제나 의미 있는 일이 아닐 수 없었다.

이처럼 국가가 펼치는 청계천 복원 같은 국토 개발사업은 현대에 와서는 문화사업의 일환이라 할 수 있다. 하천을 조성함으로써 시민의 생활환경이 나아진다는 것은 누구나 알고 있다. 하지만 그 과징이 국가의 강제력으로 실행된 것이라면 민주적이고 문화적인 국가로 가는 길은 멀고 먼 꿈일 뿐이다.

현대는 '얼마나 행복하게 사는가'가 주요 이슈이다. 행복의 조건은 우리 주변에서 찾을 수 있다. 세네카의 말을 빌린다면, 진정한 행복은 장래 일을 조금도 걱정할 것 없이 현재를 즐기는 것에 있다. 희망이나 걱정에 사로잡혀 두려워할 것이 아니라 현재 자기가 소유하고 있는 것으로 만족하는 것이다. 행복해지려면 있는 그대로의 모습에서 머무는 것이 아니라 건전한 노력이 있어야 한다.

오늘날 행복한 국가의 행복한 시민이 되려면, 시민 스스로의 자발적인 문화 소통 노력이 필수적이라 할 수 있다. 문화 소통은 시스템만으로는 부족하며, 시민의 자발적인 노력 없이는 불가능하다. 2013년 서울시는 찾아가는 평생교육 강좌에서 선발한 강사의 거주 지역으로 강의위촉장을 보내었다. 나는 성동구 시민을 대상으로 문화예술교육을 하게 되었고, 자신이 거주하는 지역 내에서도 얼마든지 '행복한 시민'이 될 수 있다는 것에 주안점을 두고 강의 내용들을 구성하였다.

대학 강의는 십수 년 해왔지만, 일반인 대상은 처음이라 주제 선정부터 내용 전달에 쉽게 접근하고자 고민하였다. 이 책은 그러한 노력의 산물이라 할 수 있다. 또한 승자독식의 문화산업 현장에서 고생하고 있는 대학 후배와 선배들을 보면서 어떻게 하면 그들의 얼굴이 활짝 펼 수 있을까 고민하며 쓴 책이기도 하다.

본 서는 5부로 구성되어 있고 공연예술을 주요 주제로 하여 서술하였다.

1부에서는 문화산업과 공연예술산업에 대한 이해를 돕고자 하였다. 문화산업을 지칭하는 용어는 나라마다 다르며 지향하는 사업 내용이 그 용어와 관련성이 있다. 고급문화예술과 대중문화예술 사이에서 소비자의 선택을 받을 수 있는 문화예술을 기대하는 관련 예술기관들에는 도움이 될 것이다.

2부에서는 20대 관객층이 즐겨 보는 뮤지컬과 오페라에 대해서 다루었다. 뮤지컬과 오페라의 차이점과 오페라는 고급 음악이라는 편견을 갖지 않는 것에 그 목적을 두었다. 작금의 상황은 '클래식의 불황'으로 오페라시장은 특히나 암울하기 때문이다.

3부에서는 청소년과 실버 세대의 음악 활동에 대하여 이해를 돕고자 하였다. 청소년기 음악 활동의 중요성과 음악교사의 역할 및 외국의 사례들로 구성하였다. 또한 실버 세대는 고령화된 사회의 주요 인구 구성원으로서 그들이 건강하게 살아갈 수 있는 음악 활동의 방법들에 대하여 서술하였다.

4부에서는 대극장과 소극장의 역사와 역할에 대한 이해를 돕고자 하였다. 대극장과 소극장의 공통점과 차이점을 통해 각 극장의 특징을 이해하게 될 것이다. 우리나라 소극장의 역사에서 연극사의 흐름을 이해함으로써 소중한 우리의 문화공간임을 잊어서는 안 되겠다.

5부는 현대에 와서 문화의 힘이 도시와 개인과 국가에 미치는 파급 효과에 관한 내용이다. 장소 마케팅은 도시를 랜드마크 할 수 있는 기능을 가지고 있으며 주민자치 문화 활동 커뮤니티는 국가 문화발전의 바탕이 될 수 있는 중요한 시민운동이다. 이러한 시민의 자발적 문화 활동은 능동적 관객으로 나아갈 수 있는 지름길이 될 수 있다. 이는 곧 오늘날 모든 사람의 화두인 '어떻게 사는 것이 행복하게 사는 것인가'에 대한 해답이 될 것이다.

이 책이 나오기까지 감사할 사람들이 너무도 많다. 일찍 하늘나라에 가신 부모님과 얼마 전 돌아가신 외할머니 서옥림 여사의 깊으셨던 손녀 사랑에 감사드린다. 감사에 관한 한 나에게는 그림자처럼 따라다니는 이야기가 있다. 성당을 다니며 만난 자매들에 대한 고마움이다. 봄, 여름, 가을, 겨울, 그들은 나의 언니, 동생으로 물심양면 나를 지켜주는 등대였다. 또한 강의 시간을 함께해준 성동구의 행현초등학교, 성동여성인력개발센터, 성동구립도서관의 회원들과 이은주 서사에게 감사의 말을 전한다. 강의 중 우리가 나눈 이야기들이 책으로 녹아 나왔으니 이보다 더 큰 감동은 없을 것 같다. 또한 머리말을 끝까지 읽어준 독자들에게도 감사드린다.

마지막으로 사랑하는 나의 가족들에게도 고마움을 전한다. 가족은 마치 '응답하라 1994' 드라마처럼 과거와 현재, 미래를 늘 함께하는 마음의 자양분이다. 인생의 험한 골짜기를 헤쳐 나올 수 있도록 늘 함께해주시는 하느님을 찬미하며, 책이 나오기까지 도와주신 한국학술정보(주)에 무한한 감사의 마음을 전한다.

2014년 4월에 청계천이 보이는 뮤직인감에서
이영옥

Contents

2부 오페라와 뮤지컬

3부 청소년과 실버 세대 음악문화 활동

5부 문화도시·문화시민·문화국가

제1부

문화산업과
공연예술의 이해

1장 문화산업의 이해

요즘 들어 우리나라 대중가수들의 글로벌화는 생소한 이야기가 아니다. 가수 싸이(PSY)는 빌보드 차트에 진입하여 월드 스타가 되었고 성악가 조수미도 팝과 아리아를 병행한 음반을 발매하여 대중의 인기몰이를 하고 있다. 이제 음악문화도 공장에서 물건을 만들어내는 일처럼 산업화되어 빠르게 상품으로 출시되고 있다. 오히려 자동차를 만들어내는 제조업보다 더 큰 경제적 가치를 창출하고 있지 않은가.

문화전쟁이 시작된 21세기를 살아가는 우리는 문화산업과 더불어 국가창조경제에 대하여 이해와 관심의 영역을 넓혀야 할 때다.

1. 문화산업의 정의와 현황

(1) 문화의 정의

탈무드에 이런 수수께끼가 나온다. 사람에게 가장 필요한 것은 빵인데, 신은 왜 빵이 주렁주렁 열리는 나무는 만들어주지 않으셨을까? 해답은 신이 인간에게 빵나무 대신에 '무엇이든 창조할 수 있는 능력'을 주었다는 게 탈무드 설명이다. 우리는 무언가를 창조할 수 있는 능력을 지녔고, 그것을 십분 활용해야 잘 살아갈 수 있다는 의미다.

과거 산업화시대에는 무엇이든 많이 아는 지식을 갖추는 것이 경쟁력이었다. 그러나 21세기는 정보와 지식이 홍수처럼 넘치고, 기술혁신 주기는 점점 더 짧아지고 있다. 무언가를 단순히 외우고 흉내 내는 것은 큰 힘이 되지 않는다. 창조경제가 시대적 화두로 떠오른 이유다. 따라서 과학기술과 문화, 그리고 산업 융합의 새로운 패러다임을 유도하는 창조경제론은 문화와 산업이 융합되어야 하는 현실을 잘 설명해주고 있다.

문화는 자연과 대립되는 개념으로서 인간이 자연 상태에서 벗어나 일정한 목적 또는 생활 이상을 실현하려는 활동과정 및 생활방식과 내용으로 물질적·정신적 소득의 총체를 의미한다. 원래 문화란 숭배한다는 의미의 라틴어 'Cul-tus'에서 온 말로서 '존경한다,' '땅을 경작하는 행위,' '마음과 예의를 개발하고 세련되게 한다'는 뜻으로 사용되었으며, 특히 외적인 물질문명에 대한 인간의 내적 정신생활의 소산을 말한다.

문화는 그 용어에 대한 논쟁의 정도에서 나타난 것처럼 복잡한 개념이다. 그만큼 문화는 매우 다양한 '삶의 방식'에 대한 조직화된 개념을 제공한다. 따라서 문화의 개념은 학자마다 다양하게 정의된다. 타일러(1871)의 경우 문화는 "지식, 신앙, 예술, 법률, 도덕, 관습, 그리고 사회의 한 구성원으로서의 인간에 의해 얻어진 다른 모든 능력이나 관습들을 포함하는 복합총체"라고 정의하고 있다. 화이트(1959)는 "무엇이 인간의 행위를 다른 동물의 그것과 구별 짓게 하는가"에 주의를 돌리고 인간을 상징할 수 있는 유일한 동물임에 유의하여 이것이 바로 문화의 기초라고 파악하고 있다.

이와 같이 문화는 학자마다 다양한 정의를 내리고 있지만 문화라는 말에는 공통적으로 생각해보아야 할 중요한 점은 문화는 일반적으로 가치관의 표현방식이라는 점이다. 인간의 사고방식, 취미, 선호도를 의미한다. 따라서 문화는 개인에 따라 다른 가치관을 표현한 것임을 알 수 있다.

(2) 산업이란?

산업은 경제적 가치를 논하는 것으로 경제적 수익으로 논하는 것을 의미한다. 산업을 통해 시장에서 형성된 브랜드 가치, 상품의 이미지 등은 상품에 대한 소비자의 신뢰를 기반으로 수익으로 창출된다.

여기서 산업 활동은 소통의 관점에서 이해해야 한다. 산업 활동에서는 생산자인 공급자와 소비자인 수요자가 있다. 산업 활동의 생산자가 제공하는 상품은 소비자의 욕구와 필요에 충족되어야 하고 그것은 기업의 수익으로 연결되는 것이다. 따라서 산업 활동은 마케팅이며 마케팅에서는 소비자의 욕구와 필요를 파악하는 것이 기본이다.

(3) 문화산업이란?

문화경제학의 주요 연구는 '문화산업'을 경제활동의 한 영역으로 했다는 점이다. 문화산업은 문화예술을 생산하고 상품화하는 일련의 활동을 말하며 문화예술의 산업적 가치를 강조하는 것으로 "문화예술의 창작물 또는 문화예술용품을 산업의 수단에 의하여 제작·공연·전시·판매를 업으로 영위하는 것"으로 정의된다.

문화산업에 관한 논의는 사실, 그동안 고차원적인 것만으로 여겨졌던 문화 예술이 규격화되고 시장에서 파는 물건처럼 상품화되는 현상을 비판하는 입장에서 생겨난 용어이다.

문화산업은 종전까지는 주로 예술산업(arts industry)이 주요 관심사였다고 할 수 있으나 최근에는 이 문화산업의 개념이 넓어져 일본에서는 '생활의 즐거움이나 보람의 추구와 같은 동기에 대응하는 상품이나 서비스', 즉 미용산업, 패션산업, 외식산업까지도 문화산업에 포함시키려는 경향이 있다.

문화산업의 상품은 인간이 시각 또는 청각적으로 기쁨, 슬픔, 분노, 쾌감 등의 감정적 반향을 경험하게 되는 제품 또는 서비스로 정의할 수 있다. 상품의 종류를 구별 짓는 기준은 소비자가 추구하는 혜택(benefit)에 있다. 문화상품(Cultural Good)은 기존 마케팅 연구에서 언급되어 있기는 하지만 주된 논점은 기능적 소비재에 염두를 두고 있다. 하지만 현대에 와서 문화산업의 위상이 높아지면서 문화산업은 인간의 지적·예술적 창작 능력과 이의 합리적인 판단능력이 조화를 이루어 가치를 창출하는 산업

으로서, 객관적이고 일률적인 기술수준에 이해 시장에서 성공
여부가 결정되는 제조업에 비해 그 잠재력과 가능성이 무한함을
인정받고 있기 때문에 문화상품에 대한 상품으로서의 특성은 마
케팅 연구에서 새로운 조명을 받고 있다.

문화산업의 탄생 배경은 21세기 들어 세계는 제조업에서 지
식기반 서비스산업으로, 더 나아가 최근에는 창의력이 기반이
되는 콘텐츠기반 경제(Contents Based Economy)로 급격한 산업
패러다임의 변화에 직면하고 있다. 이러한 산업 환경의 전환 속
에서 문화산업은 감성과 지식, 기술의 새로운 융합을 요구하는
최근의 시대 배경에서 탄생하였으며 성장을 거듭하고 있다.

또한 문화산업은 기존의 산업, 즉 제조업과는 여러 가지로 다
른 차이점을 가지고 있다. 그 이유는 문화산업은 생산단계에서
부터 문화예술인들의 창조적 작업에서 시작되기 때문이다. 물론
다른 산업도 창조적인 작업이 필요한 것이 사실이지만, 문화산
업처럼 전문적인 문화예술인들의 창조력이 지속적으로 뒷받침
되어야 하는 것은 아니다. 또한 문화산업이 물질적 재화보다는
정보, 지식 또는 오락을 생산한다는 점에서 기존 산업과 다르다
고 할 수 있다.

1) 문화산업의 범위

문화산업은 최근 디지털 기술의 발전으로 인해 기호와 상징의
요소가 중시되면서 상품과 예술의 경계가 사라지고 있다. 문화
산업에 대한 사회학적 개념은 광의적으로 문화예술과 교육, 스
포츠, 관광 등을 모두 포괄하고 있기 때문에 정확한 범위 규정이

어렵다. 협의로 전문화된 문화산업의 경우도 '문화자원을 산업화하여 재화, 서비스, 정보 등의 형태로 판매하는 산업' 또는 '문화를 핵심역량으로 하여 부가가치를 창출하는 산업' 등으로 정의하고 있다.

문화산업을 지칭하는 용어는 국가별로 다르다. 영국은 창조산업(creative industry)과 문화산업(cultural industry)을 혼용하며, 미국은 정보산업(information industry)이라는 용어를 사용하고, 일본은 오락산업(entertainment industry)이라고 지칭하기도 하며, 프랑스, 호주 및 일부 개도국 등은 문화산업(cultural industry)이라는 용어를 사용하며, 캐나다는 예술산업(art industry)이라고 하기도 한다. 한편, OECD의 경우 영상, 출판, 음반, 방송, 광고산업을 정보·오락산업(information & entertainment industry)으로 정하고 있다.[1]

우리나라 문화산업진흥기본법 제2조는 다음의 산업을 문화산업의 범위로 규정하고 있다. 1) 영화와 관련된 산업, 2) 음반·비디오·게임물과 관련된 산업, 3) 출판·인쇄물·정기간행물과 관련된 산업, 4) 방송·영상물과 관련된 산업, 5) 문화재와 관련된 산업, 6) 예술성·창의성·오락성·여가성·대중성(이하 "문화적 요소"라 한다)이 체계화되어 경제적 부가가치를 창출하는 캐릭터 애니메이션 디자인(산업디자인은 제외한다)·광고·공연·미술품·공예품과 관련된 산업, 7) 디지털문화콘텐츠의 수집·가공·개발·제작·생산·저장·검색·유통 등과 이에 관련된 서

---

1) 조용순, 「문화콘텐츠의 제작·유통·이용에 관한 법·제도 연구」, 박사논문, 한양대학교 대학원, 2008, p.15.

비스를 행하는 산업, 8) 그 밖에 전통의상·식품 등 대통령령으로 정하는 산업이라고 정의하고 있다.

현재 우리나라에서는 이러한 고부가가치를 창출하는 10대 문화산업의 영역은 출판·인쇄, 영화, 비디오, 애니메이션, 게임, 음반, 방송, 광고, 신문·잡지, 캐릭터 등 떠오르는 문화산업 육성 핵심 분야로 왕성한 활동을 하고 있다.

2) 문화산업의 규모

우리나라 문화산업은 통계청의 산업분류상에서도 문화산업과 관련된 특수분류가 있으며, 여기에 그 종류가 열거되어 있다. 문화산업 특수분류에서는 문화산업을 문화생산업 제조업, 문화생산 서비스업, 문화유통 및 임대업, 문화제공업 등 그 기능을 기준으로 크게 나누고 있다. 이것은 산업분류상의 특수분류로서 표준산업분류를 정책적 목적에 따라 선택적으로 재배열 한 것으로 문화산업의 경우 법상의 구분과 일치하지는 않는다. 따라서 문화 콘텐츠 상품으로 분류하여 나타낸다면 다음 <표 1>과 같이 나타난다.

먼저 '문화생산 제조업'은 대중이 문화를 향유할 수 있도록 제조방법에 의하여 유형의 문화상품을 생산하는 산업이다. 이에 해당하는 산업으로는 출판업(서적 출판업, 신문 발행업, 잡지 및 정기간행물 발행업, 정기 광고간행물 발행업, 음반 및 기타 음악기록매체 출판업, 기타 오디오기록매체 출판업, 기타 출판업), 인쇄업, 그 외 제조업(한복 제조업, 장식용 목재품제조업, 기록매체 복제업, 나전칠기가구 제조업, 영상게임기 제조업)으로 나누고 있다.

〈표 1〉 2008~2011년 기준 콘텐츠산업 매출액

(단위: 백억 원)

구분	2008년	2009년	2010년	2011년	전년 대비 증감률(%) (2010~2011년)	연평균 증감률(%) (2008~2011년)
출판	2,105	2,061	2,124	2,124	0.0	0.3
만화	72	74	74	75	1.3	1.3
음악	260	274	296	382	29.0	13.6
게임	560	658	743	880	18.5	16.2
영화	289	331	343	377	9.9	9.4
애니메이션	40	42	51	53	2.8	9.3
방송	935	988	1,118	1,275	14.1	10.9
광고	931	919	1,032	1,217	18.0	9.3
캐릭터	510	536	590	721	22.2	12.2
지식정보	478	607	724	905	24.9	23.7
콘텐츠솔루션	189	218	236	287	21.5	15.0
매출액 합계2) (부가가치액 합계)	6,367 (2,539)	6,708 (2,767)	7,332 (3,029)	8,297 (3,341)	13.2 (12.3)	9.2 (9.6)

출처: 문화체육관광부(2012), 「2012 콘텐츠산업 통계조사」.

여기서 '문화생산 서비스업'은 영화 및 비디오물 제작업(일반
영화 및 비디오 제작 관련 서비스업), 애니메이션, 캐릭터, 음악
에서의 공연 관련 산업, 광고 관련 산업(광고대행업, 옥외광고업,
광고물 작성업), 기타 서비스업(게임소프트웨어 제작업, 방송 프
로그램 제작업, 녹음시설 운영업)으로 나누고 있다. '문화유통
및 임대업'은 문화생산 제조업과 문화생산 서비스업에서 생산된
문화상품을 변형 없이 개인 또는 문화 제공업자에게 공급하는
산업으로 도매업(서적, 잡지 및 신문 도매업, 음반 및 비디오물
도매업), 소매업(음반 및 비디오물 소매업, 서적 및 잡지류 소매

---

2) 합계는 전체 합계(원 단위)를 반올림한 수치임.

업, 예술품 및 골동품 소매업 등), 임대업(음반 및 비디오물 임대업, 서적 임대업), 배급업(광고매체 판매업, 연예인 및 기타 공안 매니저업, 영화 배급업, 프로그램 공급업)으로 나누고 있다.

'문화제공업'은 대중이 문화를 향유할 수 있도록 문화소비자에게 직접 제공하는 활동으로 매체 제공업(영화관 운영업, 비디오물 감상실 운영업, 라디오 방송업, 텔레비전 방송업, 종합유선 및 기타 유선 방송업, 위성 방송업, 뉴스 제공업), 공연 제공업(공연시설 운영업, 공연단체, 공연 예술가), 비공연 제공업(비공연 예술가), 박물관 및 사적지 관리운영업(박물관 운영업, 사적지 관리 운영업), 오락장 운영업(전자 게임장 운영업, 컴퓨터 게임방 운영업, 노래방 운영업, 기타 오락장 운영업), 기타 제공업(데이터베이스 및 온라인 정보제공업, 도서관 및 기록보존소, 유원지 및 테마 파크 운영업)으로 나누고 있다.

2011년에 조사한 우리나라의 문화산업의 매출규모 순서를 보면 출판(2,124)＞방송(1,275)＞광고(1,217)＞지식정보(905)＞게임(880)＞캐릭터(721)＞음악(382)＞영화(377)＞콘텐츠솔루션(287)＞만화(75)＞애니메이션(53)이다.

2011년 문화산업의 총 매출액은 82조 9천7백억 원이었다. 이는 전년 대비 13.2% 증가한 것이다. 연평균 증가율이 가장 높은 것은 가상세계 및 가상현실업을 포함한 '지식정보(23.7%)' 분야였다.

이에 비해 문화산업을 활성화하고 문화국민으로 확대하기 위한 문화관광부의 2013년 예산은 3조 9천500억 원이다. 이는 전년 대비 6.44% 증가된 것이다. 그러나 대한민국 정부 예산 총액의 약 1%에 불과하다. 향후 문화예산 2%를 확보한다면 문화국민과 국가로 도약하는 데 큰 힘이 될 수 있을 것이다.

2. 공연예술 산업

문화산업 중 공연예술에 대한 정의는 아직까지 명확하게 정의되고 있지 않으며 국가별, 지역별로 다른 정의와 다른 범위를 가지고 있다. 우리나라 공연법에는 공연을 "음악, 무용, 연극, 연예, 국악, 곡예 등 예술적·오락적 관람물을 실연에 의해 공중(公衆)에게 직접 관람케 하는 행위와 영화 및 비디오물을 공중(公衆)을 대상으로 상영하는 행위를 말한다. 다만 상품 판매 또는 선전에 부수한 공연은 제외한다"고 정의하고 있다. 따라서 공연예술은 공연 자체를 말하는 것으로 상당히 광범위한 뜻을 지니고 있으며 모든 예술적 또는 오락적 관람물을 보여주고 들려주는 행위를 말한다.

외국의 사전을 보아도 그 내용은 큰 차이가 없는데 Cobuild의 'Learner's Dictionary'에서는 공연예술이라는 의미를 '관객들 앞에서 실연되는 무용, 극, 음악과 여타의 오락적 형태'라고 정의하고 있다.3) 이러한 정의에 의거한다면 공연장에서의 현장표현이 아닌 TV나 라디오 방송을 통한 공연, 또 예술적 표현이 아닌 스포츠, 팝 뮤직 등은 공연의 범주에 속할 수 없다는 견해도 있다.4)

유럽국가연합(European Commission, 1998)은 공연예술을 "공

---

3) Harper Collins Publishers, 1996, p.813.

4) C. D. Throsby, G. D. Withers, The Economics of the Performing Arts, London: Edward Arnold Publishers Ltd, 1979, pp.4~6.

연자와 대중, 그리고 예술작품의 실체적인 만남"이라고 정의하였다. 다시 말하면, 한편의 사람은 말하고 행위로 보여주고(희랍어 drama는 행해짐을 의미한다), 다른 사람은 보고(theatre는 보는 장소를 의미), 함께 듣는(auditorium은 듣는 장소를 의미) 행위를 총칭한다고 말할 수 있다. 이와 같은 정의에 의하면, 연극, 오페라(opera), 무용, 기악, 록(rock), 음악당, 그리고 서커스와 같은 다양한 장르도 공연예술에 포함된다.[5]

한편, 공연예술의 범위와 영역과 관련하여 폴란드의 연극기호학자인 Matin Esslin은 극공연이라는 개념 속에 무대극, 생연극(Live Theatre)과 더불어 영화, 텔레비전, 비디오테이프, 라디오, 카세트 레코딩을 포함하는 개념으로 정의하고 있다. 또한 Patrice Pavis(1999)도 그의 『연극학 사전』에서 구술연극, 음악연극, 행위연극, 무용, 오페라, 오페레타, 꼭두각시극뿐만 아니라 영화, 텔레비전, 라디오와 같은 미디어예술(또는 기계예술) 등도 공연예술이라고 하여 Matin Esslin과 같은 견해를 보이고 있다.[6]

그러나 연극이론가이며 예술철학자인 Paul Thom은 『관객을 위하여(For an audience)』라는 그의 저서에서 "공연의 레코딩을 공연이라 부르는 것은 동물의 사진을 동물이라고 부르는 것과 같다"[7]라고 하며 위의 견해를 반대하고 있다. 이처럼 공연예술이 포괄하는 범주는 학자마다 다른 견해를 보이지만, 대중음악으로부터 서양음악, 국악, 오페라, 뮤지컬, 창극, 악극, 가극, 마

---

5) 최성욱, 「공연예술시장의 특성과 정부지원 정책방향에 관한 연구」, 석사논문, 이화여자대학교, 2000, p.4.
6) Patrice Pavis(신현숙 & 윤학로 역), 『연극학 사전』, (서울: 현대미학사, 1999), p.36.
7) Paul Thom(김문환 역), 『관객을 위하여』, (서울: 평민사, 1998), p.14.

당극, 마임, 인형극, 무용 등에 이르기까지 매우 다양하다.

공연예술 산업은 순수예술, 전통문화, 인문학 등 문화토대 위에서 발전할 수 있는 산업이다. 또한 문화 영역 간의 경계를 허물고 서로 간의 분야를 넘나드는 크로스오버(crossover)현상에 따라 공연계뿐만 아니라 교육계에 있어서도 학교문화와 대중문화와의 경계가 조금씩 허물어져 가고 있는 실정이다.

그 예를 보면, 아동들은 유희시간을 이용한 장기자랑으로, 재미가 없고, 분위기에 맞지 않는 교과서 노래보다는 기분이 전환되고 명랑해지는 대중가요를 선택해서 부르고 있으며, 만화와 애니메이션에 즐겁게 호응하여 흥미를 갖고 쉬는 시간에도 대부분 만화를 즐겁게 그리고 있으며, 인터넷의 대중화로 인하여 각종 음악과 영화, 애니메이션 등의 문화산업과 가깝게 살아가고 있다.

최근 문화산업은 황금알을 낳는 거위처럼 '문화는 곧 돈'이라는 인식과 함께 문화산업의 중요성에 대한 관심도 급증하고 있다. 그 예로, 싸이(PSY)를 보면 알 수 있다. 미국 보스턴에 있는 버클리 음악대학을 다니다 적성에 맞지 않자 학업을 중단하고 한국으로 돌아와 자신만의 독특한 스타일의 음악을 만들었다. 문화산업적 측면에서 볼 때 싸이의 <강남 스타일>은 대중음악 상품으로 세계를 뒤흔든 성공적인 사례라고 할 수 있다.

(1) 고급문화예술

피에르 부르디외(Pierre Bourdieu, 1994)[8)]가 말하는 자본의 유

형 중 '문화자본'은 고급문화를 설명할 때 유용하다. 문화자본의 개념은 사람들이 효과적으로 참가할 수 있기 위하여 예술과 문화에 대한 축적된 지식이라 말할 수 있다. 여기서 문화자본은 기본적으로 사회계급에 따른 개인의 불평등 능력을 말하며 개인이 체화(體化) 또는 체득(體得)한 교양 또는 교육을 의미한다. 그는 취향을 통해 사람들은 스스로를 구분하며 다른 사람들에 의해 구분된다고 말한다. 또한 문화만큼 철저하게 계급에 따라 차별적으로 나타나는 것도 없다고 한다.

요즘 같은 고소득시대는 문화자본의 측면으로 본다면, 긍정적으로는 소비재 이외의 문화상품의 소비가 급속히 늘어난다는 것을 의미한다. 그러나 부정적 시각으로는 양극화 현상으로 인해 사회는 더욱 '계층화(stratification)'되어 갈 수 있다는 것을 시사하고 있다.

여기서 고급문화 중 공연예술의 장르는 클래식이나 오페라, 연극, 발레 등이다. 예를 들면, 오페라를 보기 위해 가져야 할 부담은 먼저 오페라의 내용과 음악에 대한 기초 지식이 필요하며 가격이 비싸다는 점이다. 따라서 클래식과 대중음악의 관객이 동일한 사람이 아니라는 것은 이를 연구한 학자들에 의해서도 증명되고 있다.[9]

사실 고급문화예술상품은 가격이 비싸고, 모든 사람이 선호하지 않는다는 장벽 때문에 대중들이 접근하기 힘든 점이 있다. 또한 경기가 불황일수록 고급문화의 소비는 줄어들고 자본력을 갖춘 기획사의 대중음악 공연이 더 우세하다. 일반적으로 음악적

8) Pierre Bourdieu, 정일준 역, 『상징폭력과 문화재생산』, (서울: 새물결, 1997), pp.28~33.
9) Juan Prieto Rodrigue & Victor Fermandez Blanco, Are Popular and Classical Music Listeners the Same People? Journal of Cultural Economics, 24, 2000, May, pp.147~164.

취향은 청소년기에 완성되기 때문에, 사람들은 대부분 17∼19세에 즐겨 들었던 음악을 평생 동안 즐기게 되어 있다. 따라서 청소년기의 고급예술에 대한 체험이 적다면 성인이 되어서도 가까이하지 않는다.

한편 오페라·연극·발레와 같은 고급문화예술을 가까이해야 하는 이유는 이윤추구가 아닌 가치를 추구하기 때문이다. 가치추구는 청소년기에 교육되어야 할 중요한 덕목이다. 또한 고급문화예술은 가치추구를 목적으로 할 뿐만 아니라, 전통성·교육성·공익성·실험성·재정적 취약성이라는 특성을 가지고 있다. 따라서 공연예술처럼 태생적으로 비효율적 생산 구조를 가지고 있는 경우 상업적인 경쟁력을 발휘하기란 어려울 수밖에 없다.

(2) 대중문화예술

대중문화란 절대다수의 대중이 수용하는 그 시대의 가장 일반적이고 보편적인 문화형태로서 텔레비전, 라디오, 신문, 영화 등의 대중매체를 통해 대중에게 전달되어 형성된 생활양식이나 사상의 새로운 경향이라 정의할 수 있다.

대중문화는 popular culture 또는 mass culture의 두 가지 의미로 통용되는데 이 두 개념은 각기 다른 과정을 거쳤으나 오늘날에는 엄격히 구분하지 않는 경향을 보인다. 대중문화는 '대중'을 지칭하는 'mass'와 '유행하는', '인기 있는' 등을 나타내는 'popular'의 의미를 동시에 갖고 있다(Williams, 1976). '대중적(popular)'은 사람들이 좋아하는 것, 사람들이 선호에 일부러 맞춘 작품들, 사람들이 사실상 자신들을 위해 만들어낸 문화의 의미를 지닌다. 따라서 양적으로 큰 범위가 대중문화를 규정하는 중요한 요소이다.[10)]

일반적으로 고급문화예술보다 대중문화예술시장이 확대되고 있는 이유는,

첫째, 이제는 문화예술이 상품의 소재가 되어 대량 생산과 대량 소비를 하는 국가 기간산업으로 자리 잡게 되었기 때문이다.

둘째, 사람들이 일상생활에서 여가 활동이 차지하는 비중이 점차 늘어나면서 여가생활에 대한 욕구를 충족시켜 주는 수단으로서의 문화상품에 대한 필요성이 증대되었기 때문이다.

다양한 대중문화상품 중에서 공연예술상품으로서 대중음악상품을 살펴보면, 대중음악은 popular music 또는 유행가라고도 한다. 이는 예술음악과 반대되는 음악, 즉 순수한 음악이 아닌 반대의 성격을 지닌 음악을 말하며 "대중들이 흥미를 위주로 즐겨 부르는 노래"이다.

대중음악이 소비자에게 다가갈 수 있는 특징은 첫째, 누구나 쉽게 다가갈 수 있다. 둘째, 가격의 선택 폭이 크기 때문에 소득 격차와 상관없이 대중들이 쉽게 즐길 수 있는 문화상품이 될 수 있다. 셋째, 대중음악은 누구나 직접 실연할 수 있다. 특히 세대별로 선호하는 음악들이 있어서 언제 어디서나 쉽게 부르며 즐길 수 있다는 점이 대중음악을 선호할 수 있게 하는 점이다.

---

10) 채지영, 「문화 상품으로서의 대중음악 소비 체험」, 박사논문, 이화여자대학교 대학원, 2002, p.4.

3. 공연예술 소비자의 딜레마

문화산업이 발전하려면 필수적으로 갖추어야 할 요소는 예술성·창의성·오락성·여가성·대중성이다. 이는 공연예술에도 적용되는 것으로 소비자가 공연을 선택하는 요인은 다양하다. 내부적 요인뿐만 아니라 외부적인 정보원천에도 영향을 받는다. 먼저 공연에 대한 관람 의식이 필요하며 이를 대중매체나 주변인에 의한 욕구나 동기에 영향을 받으며 본인의 만족, 사교, 취미 등과 맞물려 일어나는 작용이다. 다음으로는 다양한 대안에서 선택을 하기 위한 자신만의 평가기준을 가지고 비교 평가하는 단계를 거쳐 공연을 선택하게 하는 결정단계에 이르게 된다.[11]

공연예술 서비스 제공에 영향을 미치는 4가지 마케팅 믹스는 상품(Product), 가격(Price), 유통/장소(Place), 홍보(Promotion)이다. 이는 소비자의 다양한 선택의 기준이 된다. 우선 공연상품이 좋아야 하고 가격이 적절해야 한다. 경기가 불황일 때는 공연예술의 소비가 줄어드는 것도 이러한 현상과 무관하지 않다. 또한 공연을 갈 장소의 교통과 편의시설이 편리해야 한다. 이동거리가 너무 멀거나 화장실이 부족한 곳은 관객들의 외면을 당할 수밖에 없다. 이러한 공연상품을 홍보할 수 있는 다양한 매체를 사용하여 관객들의 선택의 폭을 넓혀야 한다.

한편 공연예술 관객들의 관심을 높일 만한 예술작품을 만드는 것은 쉬운 일이 아니다. 개인이 갖고 있는 감성적·이성적·상

---

11) 김효정, 「소비자의 공연선택요인이 무용공연 관람태도와 만족도에 미치는 영향」, 석사논문, 중앙대학교 예술대학원, 2011, p.11.

징적·관계적 동기들이 각기 다르기 때문이다. 이를 개인적 요인이라 하는데, 스트레스 해소와 감동을 위해서 구매하는 것은 감성적 동기에 의한 것이고, 지식을 얻거나 교양을 높이기 위해서 구매하는 것은 이성적 동기에 의한 것이다.

또한 오페라나 뮤지컬을 보는 것이 취향을 고급스러워 보이게 한다거나 남과 달라 보이는 차별성을 갖기 위해 구매하는 경우는 상징적 동기이다. 이는 사회적으로 인정받고 싶어 하는 욕구의 발로이다. 이와 달리 친구나 지인들과의 사교 관계를 위해 구매하는 것은 관계적 동기로서 대인관계가 중요한 요즈음 현대인들의 처세술이기도 하다.[12]

따라서 이러한 개인적 동기에 맞는 공연예술 상품은 성능에 따라 기대감에 미치지 못하는 경우도 있고 만족감을 느끼기도 한다. 또한 돈과 시간만 낭비했다는 생각이 들 때도 있다. 하지만 상황에 따라서 우리는 공연장을 방문해야 할 때가 있다. 예를 들면, 손님접대를 위해 오페라의 VIP 좌석을 예매해야 하는 경우나 부모님의 생신을 축하하기 위해 비싼 공연티켓을 마련하는 경우이다. 이런 상황은 소비자의 선택을 강요할 수도 있다.

감성적이고 이성적이며 상징적이고 관계적인 공연은 어디에 있는 것일까? 수요자인 공연예술 소비자는 신문이나 잡지 및 인터넷과 구전을 동원해본다. 창의적이고 예술적이며 대중적이기도 하고, 오락적이면서도 여가를 즐기기 마땅한 공연은 어디에 있는 것일까?

---

12) 이영욱, 「20대 오페라 및 뮤지컬 관객의 관여도에 대한 연구」, 박사논문, 추계예술대학교 대학원, 2010, pp.84~88.

이는 공연을 기획하고 제작하는 공급자들에게도 동일하게 적용되는 질문이기도 하다. 과연 이 모든 것의 바탕이 되는 것은 무엇인지 고민해보면, 해결책은 창조성에 있다.

예술소비자와 공급자는 창조적인 환경에 살고 있는가에 대한 물음에, 불행하게도, 우리나라는 창조성을 발휘하기 어려운 환경이라는 답이 있다. 현대경제연구원이 전국 성인남녀 1,000명을 조사한 결과, 응답자의 78.1%가 "우리나라는 창조성을 제대로 발휘하기 어려운 사회"라고 답했다. 세계에서 가장 창조적인 나라로는 미국(38.2%)을 들었다. 반면에 한국이라고 답한 비율은 1.9%에 불과했다. "우리나라가 창조성을 중시하는 문화인가"란 질문엔 68.3%가 "아니다"라고 말했다.

우리나라 창조경제역량지수는 6.2(최고점은 10)로 OECD 31개 회원국 중 20위에 불과했다. 주요 7개국(6.6)은 물론이고 OECD 전체 평균(6.3)보다도 뒤처졌다. 항목별로 보면, 우리나라 ICT 투입·활용도는 8.6으로 OECD 1위를 기록했다.[13]

따라서 한 국가의 창조성과 ICT 역량은 별 연관성이 없다는 얘기다. 컴퓨터와 휴대폰은 우리의 창조적 사고를 도와주기보다는 오히려 방해할 가능성이 높다. 캘리포니아대 연구결과, 현대인은 평균 3분마다 정보기기로부터 어떤 형태로든 신호를 받는다고 한다. 정보기기에서 몇 분만 떨어져도 참지 못하는 '초미세 지루함(micro boredom)'이라는 용어까지 생겼다. 인터넷 세대들은 무언가를 이해하는 속도는 빠르지만 조금만 어려워도 그냥 넘겨버린다.

---

13) 현대경제연구원,"ViP리포트: 창조적인 한국인, 창조성을 억누르는 한국 사회", 13-10 [통권 520호], 2013, pp.4~8.

이러한 시대에 공연예술 상품을 소비하는 소비자는 어떤 공연을 구매할 것인가에 대해 깊이 고민해보아야 한다. 창의적이고 예술적인 상품을 구매할 것인가, 대중적이며 오락적인 것을 구매할 것인가 또는 이 모든 것을 충족시키는 상품은 존재하기나 한 것인가 말이다.

2장 국내 공연예술축제

현재 국내 지역축제는 천여 개가 넘는다. 해마다 늘어나는 축제에 비해 축제 참여 인구는 비례하지 않는다. 관객이 참여하고 싶은 축제는 어떤 축제인가를 알아본다. 공연예술축제는 공연예술창작자 개인이나 단체가 창작 공연작품으로 관객과 만나게 되는 '공연행사'들이 갖지 못한 축제적 특성을 갖고 있다. 그러므로 본 강의를 통해 축제적 성격을 느끼며, '공연예술'이 갖는 직접성·현장성·소멸성을 파악하게 된다. 또한 찾아가는 공연예술축제가 될 수 있도록 축제에 대한 이해를 넓히자.

1. 축제란 무엇인가?

(1) 축제의 정의와 본질

축제(祝祭)의 뜻을 사전적으로 찾아보면 '1) 축하(祝賀)하여 제사(祭祀) 지냄, 2) 경축(慶祝)하며 벌이는 큰 잔치나 행사를 이르는 말로 정의되어 있다(새우리말 큰사전, 1985: 3302). 전통

축제의 경우 1)의 의미에 가깝고 현재 벌어지고 있는 축제는 2)의 의미에 타당성을 두고 있다.

축제란 단순히 낭비적이고 소모적인 개념으로 흐를 가능성이 많지만 지역이라는 제한된 공간 내에서 타 지역과의 차별화된 공간과 시간을 표현하고, 이에 그 참여자들을 동화시키는 제전(祭典)이다. 또한 지역개발의 방향을 설정하고 유도하는 장이며 짧은 시간 내에 지역의 이미지와 실태를 표현하는 무대이기도 하다.

또한 축제란 기존의 문화적 구조를 재해석하는 것에서 시작한다. 기득권 권력, 불평등적 모순, 억압과 갈등, 어둠과 희미함을 걷어내고자 하는 것이 축제이다. 그래서 축제 속에서는 인간은 끊임없이 파괴하고자 하며 스스로 모든 세속적인 허울과 위선을 벗어던지거나 평소에는 순응하는 사회의 구조적 틀을 과감히 거부하기도 한다(ex: 가면을 쓰거나, 평상시 입지 않던 옷을 입고 과격한 행동을 거침없이 하면서 통쾌해한다).

흔히 축제를 의례적(儀禮的) 축제와 카오스(chaos)적 축제로 구분하려는 경향이 있지만 카오스적 축제도 결국은 의례적 축제에 포함된다(토마토축제의 경우 주변 사람들이 무차별적으로 토마토 공격을 퍼붓는다거나, 길거리에서 방향성 없이 뛰어다니는 황소들 사이로 목숨을 걸고 겁도 없이 뛰어다니는 등의 혼돈 속에서도 그 행위 자체에 몰입하면서 일시나마 일상사에서 일탈하는 형식의 축제).

결국 축제는 바람직하다고 생각되는 이상적인 세계를 구축하고자 하는 적극적인 의지의 표현이지 현실 자체를 부정하는 것이 주목적이 아니기 때문이다. 즉, 일상적인 삶이 수많은 문제점을 내포하면서 만족스러운 것이 되지 못할 때, 인간은 축제를 통해서 역설적으로 삶의 의미를 찾고자 하는 것이다.

축제는 종교적인 의미와 기능을 가지고 있다. 축제의 발단은 민속이나 관습의 형태로 남아 있는 것이 많지만 고대 또는 전통사회에서의 축제는 종교가 중요한 토대이기 때문이다. 비록 현재 이것이 실질적인 의미를 가지고 있지는 않는다 하더라도 현대사회의 축제를 이해하는 데 반드시 고려되어야 하는 측면이다(ex: 고대 그리스 축제, 마야인의 신년의식, 페루의 태양제, 고구려 동맹, 추수감사제 성격의 부여의 영고, 고려조의 10월 팔관회, 새해 농사의 풍년을 기원하는 정월 보름에 향촌사회를 중심으로 한 연등회 등).

(2) 축제의 현대적 의미

축제는 영어로는 'Festival(페스티벌)'로써 'Festum(공공적인 기쁨, 환락, 흥청대며 떠들기를 의미함)'과 'Feria(신들을 위한 일로서 완고함을 의미함)'에서 파생된 말이며 의식 속의 신성적 또는 세속적인 시간, 유명한 인물과 사건을 기념하는 연례행사, 일련의 미술작품의 전시, 농산물 시장, 모든 환락, 유흥이나 기쁨을 뜻한다. 인간이 축제를 하는 궁극적인 이유는 결국 '인간의 생존욕구를 해소하기 위한 것'이라고 할 수 있다. 축제는 민족을 대변하며 인간의 문제에 근거해 있기 때문이다. 현대에 와서 페스티벌은 이벤트의 하나로 문화산업에 속하며 주요한 관광자원으로 각광받고 있다.

2. 우리나라 지역축제의 유형

우리나라 지역축제는 1900년대 이전까지는 212개에 불과하였다. 현재는 전체 지자체 248개에서 열리는 지역축제가 약 1,176개 (2006년 기준)이며 현재에도 축제는 날로 증가하는 추세이다.[14] 이처럼 축제가 중흥기를 맞게 되는 것은 1988년 서울올림픽 이후 우리 문화예술에 대한 새로운 조명과 함께 1991년 4월, 지방의회가 주민들에 의해 구성되고 1995년 7월부터 민선지방자치단체장 시대가 열리게 되면서부터이다.

하지만 지방자치제도가 정착하면서 가장 괄목한 변화를 가져온 것은 지방자치단체가 '무엇인가를 해야 한다'는 의식의 변화로서, 자치단체마다 경쟁적으로 지역 축제와 박람회, 전시회를 개최하기 시작하였다. 그러나 성과 내기에 급급한 나머지 좋은 축제로 평가되는 축제는 늘어나지 않는 실정이다.

축제는 소재에 따른 축제유형분류에 따라 18개 분야로 구분하였을 때, 예술문화축제가 1,176개의 축제 중 258개로 21.9%를 차지해 전국 축제 중 가장 큰 비중을 차지하고 있다. 그중 공연예술축제로 분류될 수 있는 축제는 명확한 분류가 어려운 축제를 제외하고도 40여 개가 넘는다.[15]

축제의 관람률을 <표 2>에서 살펴보면, 축제 관람자는 전체 응답자 중 53.9%로 2003년 조사 이후 관람률이 지속적으로 상승하고 있다. 지역축제는 한 지역의 고유한 문화를 바탕으로 개

---

14) 문화체육관광부, 「문화관광축제 변화와 성과」, 2008, p.57.
15) 『2007, 한국축제연감』, 데이코 D&S, 2006, p.88.

최 지역의 지역성을 반영한다. 특히 지역 축제는 분류방식에 따라 매우 다양하므로 유형으로 나누어볼 수 있는데 축제 개발의 목적을 수행하기 위해서는 먼저 유형을 검토할 필요가 있다.

문화체육관광부는 문화관광축제의 평가를 위하여 전국의 지역축제를 '문화관광축제'로 칭하고 평가를 통해 등급을 정한 후 등급별로 지원금을 차등 지원하는 제도를 1995년부터 현재까지 추진해오고 있다. 개최 목적에 따른 분류를 간략하게 살펴보면 다음 <표 3>와 같다.

〈표 2〉 축제 관람률 변화추이

(단위: %)

구분	2003년	2006년	2008년	2010년	2012년
축제 관람률	40.4	43.0	48.7	50.7	53.9

출처: 문화체육관광부(2012), 「문화향수실태조사」, 2012.

〈표 3〉 개최 목적에 따른 분류

구분	특징
주민화합형	지역에서 전통적으로 개최되어 온 주민 참여형 축제
산업형	지역산업의 육성 및 상품판매를 목적으로 하는 축제
특수목적형	지역의 인물추모나 환경보호 등 특별한 목적을 지님.
교육형	참여자들이 직접 배우고 참여하는 축제
문화복지형	지역문화발전과 지역주민 위안, 문화적 즐거움 공유를 위한 축제
관광유도형	방문객이 만족할 만한 흥미와 보람을 제공하는 축제
전통계승형	지역 고유의 전통이나 민속적 요소를 강조하는 축제
경연경기형	체육대회, 경연대회, 싸움놀이, 민속놀이, 뽑기 대회 등 경연·경기 중심 축제

출처: 문화체육관광부(2008), 「지역축제 매뉴얼」.

현재 우리나라의 지역축제는 양적인 성장에 비해 질적인 성장이 이루어지지 않았다는 비판을 받고 있다. 그 이유는 첫째, 대부분의 지역축제가 그 지역 고유의 전통과 문화적인 콘텐츠 없이 일반 기획사의 제안에 따라 대중가수 등 유명연예인 출연 등의 행사와 둘째, 전국 어디서나 유사한 먹거리와 유희시설을 비롯하여 동일한 관광 상품으로 일관하고 있어 해를 거듭할수록 관광객이 줄어드는 추세에 있는 것으로 나타나고 있다.

3. 공연예술축제의 정의와 구성

(1) 공연예술축제의 정의와 특징

공연예술축제에서 '공연예술'이 의미하는 것은 '인간에 의해 무대에서 공연되는 형태로 음악·무용·연극 등'으로 정의되고 있다. 또 다른 정의로는 '무대와 같이 공개된 자리에서 연주·상연·가창(歌唱)되거나 그 밖의 방법으로 연출되는 음악·무용·연극 등 기타 예술적 또는 오락적 관람물'을 말한다.

공연예술은 인쇄화할 수 있는 문학과는 다르게 무대 위의 공연자를 통해 공연되는 동안만 존재하다가 공연이 끝나면 사라져 버리는 일회적인 예술이다. 즉, 무대라는 공간적 제약과 공연시간이라는 시간적 제약, 그리고 제작상의 여러 가지 제약 때문에 그대로의 재현은 불가능하므로 가장 적합하고 적절한 표현기법이 요구되는 예술이다. 공연이 다른 예술 장르와 구별되는 특징은 다음과 같다.

첫째, 일정한 시간과 일정한 공간에서 창작물이 직접 관객과 만나면서 창작이 완성된다는 현장성을 들 수 있으며, 둘째, 저장과 복사와 재생이 불가능한 소멸성 창작품이라는 일회성이다. 셋째, 무대의 배우나 무용수 등 공연자와 관객이 직접 만나서 소통하는 장르로, 관객에게 강렬한 예술체험의 기회를 제공한다는 특징을 들 수 있다. 이런 공연예술 작품의 여러 특성으로 인해 '공연'은 모든 축제의 가장 중요하고도 빠질 수 없는 프로그램으로 올려지고 있다.

공연예술축제는 자칫 '축제'와 축제가 아닌 일반적인 '문화행사'를 구분해야 할 필요성과 '축제' 자체의 특성을 명확히 하여 축제의 발전을 도모하기 위한 공연예술축제가 되어야 한다. 축제는 '공동체', '의식', '놀이', '창조성', '일탈', '유희', '제의' 등의 의미를 포함하고 있다. 따라서 진정한 공연예술축제가 되기 위해서는 축제의 목적과 설립배경, 그리고 주최기관의 형태와 기능에 따라 조금씩 달라질 수 있겠지만 예술작품의 소개, 예술창조, 지역예술 활성화, 지역경제 활성화, 예술가의 육성과 보급 등을 목적으로 개최되어야 한다.

(2) 공연예술축제의 구성

우리나라 예술문화축제는 258개(21.9%)로 공연예술축제 수는 총 96개(2008년 기준)이다. 이 중 종합장르 축제가 52개로 가장 높으며, 연극 18개, 국악 11개, 양악 9개, 무용 6개이다. 지역별로는 경기도가 16개로 가장 많으며, 서울 14개, 부산 9개 순이다.[16]

축제 재정 규모로는 2008년도 지역 공연예술축제 평균 예산이 약 5억 원이었다. 그중에서 축제당 평균 공공지원 금액은 약 2억 4천만 원으로 총예산의 49.0%를 차지하고 있다.

---

16) 문화체육관광부, 공연예술실태조사, 2012.

축제의 조직 구성을 보면 대부분은 기획방향을 주도하는 '예술 감독제'를 두고 있다. 이러한 제도는 축제의 예술적 수준을 높이고 각 장르 예술발전에 기여할 수 있다는 점에서 반드시 필요한 제도이다. 국내 예술 감독은 대부분 해당 예술 분야의 전문 아티스트이거나 대학교수들이 담당하고 있다. 예술 감독이 축제의 목적을 어디에 두느냐에 따라 축제는 공공성과 축제성 속에서 양립하게 됨을 알 수 있다.

공연예술축제는 당 시대의 이슈를 반영하며, 당 시대의 예술적 형식을 통해 당대의 문화예술 창작의 흐름을 형성시키는 역할을 하고 있다. 따라서 공연예술축제의 이러한 선도적 기능으로 인해 축제 예술감독(Festival Art Director)의 철학과 예술적 안목이 축제의 발전에 중요한 위치를 차지함을 알 수 있다.

국내 예술축제는 민간 예술인들의 자생적 노력으로 출발한 경우 관련 장르 예술인들의 적극적인 참여와 예술장르별 협회의 투자, 기업의 협찬 등으로 출발하게 된다. 이렇게 출발한 축제의 경우 축제의 기획, 운영, 작품 선정 등에 있어서 축제의 독립성이 유지되며(서울세계무용축제 SIDance, 춘천국제마임축제) 예술장르 내의 투자와 예술인들의 협력, 민간지원으로 출발한 경우 지속적으로 독자적인 프로그램 개발과 장르적 전문성을 견지하며 해당 축제만의 고유성을 유지해갈 수 있다.

하지만 예술축제의 성격상 반드시 공공지원을 필요로 하며, 개최 후 3년이 지난 예술축제는 그 성과를 평가하여 공공지원을 받을 수 있는 기회가 점차 확대되고 있다. 민간 주도로 개최되기 시작한 축제가 아닌 경우 정부나 지자체 예산 또는 재단법인 설립을 통한 예산확보를 통한 개최가 이루어지고 있으며, 상업적 성격이 취약한 예술축제는 그 공공재적 성격으로 인하여 축제의 국제적인 발전을 위해서는 안정적인 재정기반 확보가 필수적이다.

국고지원 공연예술행사 평가보고서[17]에 따르면 2008년도 국고지원 공연예술행사는 연극 16개, 음악 11개, 무용 4개, 기타 4개로 총예산액 평균 550,901천 원 중에서 국비로 166,142천 원을 지원받고 있으며, 35개 공연예술행사의 총예산은 19,281,568천 원 중 국고지원 총액 5,815,000천 원을 지원받고 있음을 알 수 있다. 국고지원금의 비율은 30% 수준이며, 전체 예산액 중에서 지방비의 비중이 36.6%의 비율로 가장 크다(총수입은 국비+지방비+기금+자부담+협찬금 및 후원금+기타로 이루어져 있다).

이러한 국내 축제 중 우수한 축제 10곳을 선정하여 소요 예산 규모와 축제 구성 현황을 <표 4>로 나타내었다.

〈표 4〉 공연예술축제 개요

축제명	개최시기	개최기간	개최연도최소	소요예산 (원)	공식 작품 수
서울국제공연예술제	9~10월	32일	2001년	17억	총 36
서울프린지페스티벌	8월	17일	1998년	5억	총 217
서울세계무용축제	10월	21일	1998년	10억	총 16
과천한마당축제	9월 말	6일	1997년	9억	총 36
의정부국제음악극축제	5월	17일	2002년	7억 7천만	총 12
춘천국제마임축제	5월	10일	1989년	6억	총 79
춘천인형극제	8월	9일	1989년	1억 9천	총 67
거창국제연극제	7월 말~8월	22일	1989년	5억 8천	총 45
통영국제음악제	3월, 11월	15일	2002년	16억	봄12/가을2
전주소리축제	9월 말~10월 초	9일	2001년	18억	총 34

17) 문화체육관광부, 『국고지원 공연예술행사 평가보고서』, 2008.

4. 공연예술축제 프로그램

(1) 프로그램 형태에 따른 분류

공연예술축제는 공연예술작품을 보여주는 공연 프로그램을 주요 프로그램으로 하고 그 외의 축제적 요소들과 부대 프로그램이 주요 프로그램을 차지하는 구성을 가지고 있다. 공연예술축제의 장르는 연극, 뮤지컬, 오페라, 무용, 서커스, 마임, 마술, 음악 등 공연의 형식으로 무대에 올려지는 모든 예술장르를 말한다. 국내에서 개최되는 공연예술축제는 단일 장르를 소재로 이루어지는 축제가 대부분이며, 서울국제공연예술제, 서울프린지페스티벌, 양평두물머리 세계 야외공연예술축제 등이 2개 이상 공연예술장르를 포함하고 있는 복합장르 공연예술축제로 분류될 수 있다.

축제 프로그램을 형태에 따라 구분해보면 다음과 같이 분류할 수 있으며 대부분의 축제는 한 가지 형태의 프로그램이 아니라 여러 형태의 프로그램들이 복합적으로 구성되어 있다.

〈표 5〉 프로그램 형태에 따른 구분[18]

구분	프로그램 형태(예)	내용, 비고
의식행사 프로그램	개막식, 폐막식, 제의식, 기념식	사회자와 식순이 있고 관람형으로 진행되는 형식을 갖춘 의식
축하, 기념행사 프로그램	전야제, 불꽃놀이, 축하공연	축제 분위기를 고조시키기 위해 마련되는 대규모 방송행사, 불꽃놀이, 전야 축하행사 등

---

18) 윤성진, 「국내 공연예술축제의 부대프로그램 현황과 개선방안 연구」, 석사논문, 성균관대학교 대학원, 2009, p.52.

학술행사 프로그램	세미나, 포럼, 심포지엄, 강연회 등	축제 정체성 강화와 콘텐츠 강화를 위한 학술 프로그램
공연행사 프로그램	주제공연, 초청공연, 뮤지컬, 콘서트, 연극, 무용 등	무대공연과 야외공연, 거리공연 등으로 나눠볼 수 있다.
체험행사 프로그램	공예창작체험, 도전 골든벨 등	관람객들의 참여로 진행되는 체험 위주의 프로그램
경연행사 프로그램	노래자랑, 경연대회, 공모전	경쟁을 통해 시상을 하는 방식의 관람객 또는 축제장르. 전문가들의 참여형 프로그램
관람형 이벤트 프로그램	피에로, 움직이는 조각상 등	관람객들의 참여로 진행되는 체험 위주의 프로그램
전시행사 프로그램	사진전, 미술전, 유물전 등	축제와 연관되거나 또는 지역과 연관되어 있는 전시물을 통해 관람을 유도하는 프로그램
참여행사 프로그램	인간띠잇기, 1,000m 김밥 만들기	축제와 연관된 대형 참여형 이슈성 프로그램
행렬행사 프로그램	거리퍼레이드	주민 및 관람객 참여형과 비참여형으로 나뉜다.
장터행사 프로그램	벼룩시장, 먹거리 장터, 특산물 장터	판매와 구매가 이루어지는 장터형 프로그램에 축제에는 빠질 수 없는 먹거리 장터 프로그램이 포함된다.

(2) 공연예술축제 사례

1) 음악축제

국내 음악산업의 총 매출액 규모는 약 2조 3,577억(한국문화콘텐츠진흥원, 2008년 문화산업통계)이며, 이 중 약 50%가 노래방운영업의 매출이며, 온라인 음악 유통업은 약 18.2%, 음악 제작업이 16.7%, 음반도소매업이 6.5%, 음악공연업이 9.4%의 비율이다. 특히 음악공연업은 열악한 공연환경에도 불구하고 20%의성장률을 보이고 있고 전체 매출규모는 약 2,000억대에 이른다.

음악공연업이 핵심 화두가 되고 있는 음악축제는 단순한 공연

상품이라기 보다는 관광상품과 결합되어 더욱 큰 시너지 효과를 나타내고 있다. 아티스트의 단독 공연을 찾아갈 만한 마니아층이 아님에도 불구하고 그 축제가 가지는 다른 엔터테인먼트적인 요소들과의 결합으로 공연업계에 새로운 고객들을 양산해내고 있다. 또한 그들을 다른 공연으로 불러들이는 충성 고객으로서 고객확장의 효과를 톡톡히 보고 있다. 이를 통해 전체 재즈 마니아층이 약 1만 명이 되지 않는다는 시장상황 속에서 치러진 자라섬 국제 재즈 페스티벌에 2004년 첫해 2만 5천 명, 2007년에는 10만 명이 넘는 인원이 참여하는 등, 자라섬 국제 재즈 페스티벌이 생겨난 이후, 국내외 아티스트들의 재즈 공연이 늘어나고, 많은 관객들이 재즈 공연을 찾고 있는 추세이다. 또한 펜타포트 록 페스티벌이나 그랜드 민트 페스티벌 같은 특정 장르의 음악축제들이 앞다퉈 생겨나면서 국내 공연축제를 활성화하는 계기가 되고 있다.

다음에 소개하는 통영국제음악제와 전주소리축제는 순수음악축제로써 지금까지 축제 본래의 고유성을 잘 유지하고 있는 축제이다. 최근에 와서 전주소리축제의 경우 지역명인 '전주'를 삭제하느냐의 찬반 여론으로 인해 소동을 겪고 있는 중이다.

① 통영국제음악제

통영은 수려한 자연경관을 가지고 있으며 걸출한 문화예술인들을 배출한 문화적 전통성과 잠재력을 가진 문화예술의 도시이다. 시인 유치환과 김춘수의 고향이며, 역시 통영 출신의 소설가 박경리의 작품 속에서 그 정취가 살아 숨 쉬는 곳이다. 이와 같은 문인들뿐 아니라, 한국이 낳은 세계적인 작곡가 윤이상이 평생을 그리워한 고향 앞바다를 품고 있는 곳이 바로 통영이다. 현대음악의 거장 작곡가 윤이상을 기리기 위해 시작된 통영국제음악제는 명실공히 세계 수준의 음악제로 발전했고 더불어 동양의 작은 항구도시 통영을 세계 속의 음악도시로 발돋움시켰다.

아시아의 클래식 음악의 메카로 성장한 통영국제음악제는 시작 당시 통영시와 창원MBC(옛 마산MBC), 그리고 월간 '객석'이 공동 주최하는 국제적 음악제이다. 이 음악제는 1999년 윤이상 가곡의 밤과 2000년, 2001년 통영 현대 음악제를 거쳐 2002년 3월 통영 국제음악제가 설립되었다. 초대 이사장은 故 박용성 금호아시아나 그룹 명예회장으로, 제1회 통영국제음악제가 시작되었다. 이후 2002년과 2003년 '통영국제음악제'를 통해 현대음악뿐만 아니라 고전음악, 재즈 등 다양한 장르를 포괄하는 국제음악제로서 자리매김하면서, 명실상부한 세계 수준의 음악제로 발전해오고 있다.

2004년부터 제3회 통영국제음악제는 매년 3월 중 7~10일 정도 봄 시즌을 맞아 7월에 TIMF아카데미, 10월에 매년 첼로, 바이올린, 피아노 전공을 격년제로 한 윤이상 국제 음악 콩쿠르, 그리고 12월 폐막 콘서트를 가지는 형태로 단일제 음악제에서 시즌제로 한층 더 빛나는 통영국제음악제가 되었다.

통영국제음악제를 빛나게 하는 세 가지 중요한 프로그램은 첫째, 윤이상 국제음악 콩쿠르이다. 윤이상 국제 콩쿠르는 처음 경남국제콩쿠르가 2006년 유네스코 산하 국제음악 콩쿠르 세계연맹(WFIMC)에 가입되면서 윤이상 국제 음악 콩쿠르로 명칭을 변경하게 되었다. 매년 첼로, 피아노, 바이올린 세 개 부문을 번갈아 개최하고 있으며, 1, 2차 본선과 결선의 3단계를 거치며 치열한 경쟁을 벌이게 되는 국제적으로 매우 위상이 높은 콩쿠르이다.

둘째, 도천 테마파크이다. 윤이상의 생가가 있었던 도천동에 야외공연이 가능한 음악광장과 관객 100여 명을 수용할 수 있는 음악당인 '프린지 홀', 고인의 유품이 소장되어 있는 '윤이상 전시실'로 조성되어 있다.

셋째, TIMF 앙상블 활동이다. 이 앙상블은 통영국제음악제의 홍보대사 역할을 담당하고 아시아를 대표하는 전문연주단체의 설립이라는 목표 아래 2001년 창단되었다. 창단 이래 통영국제음악제를 비롯한 국내의 여러 무대에서 수준 높은 연주를 선보여 왔으며 2003년부터는 그 무대를 해외로 넓혀나가고 있다. 특히 자주 연주되는 곡들뿐 아니라 국내외 작곡가들의 작품을 초연하는 등 클래식과 현대음악을 아우르는 다양한 레퍼토리를 바탕으로 한 참신한 기획으로 현대음악의 저변 확대에 기여했다는 평가를 받고 있다.

운영은 재단법인 통영국제음악제 서울 사무국과 통영 사무국으로 구성되며, 서울 사무국은 예술경영을 전공한 전문가들로 공연예술과 관련된 업무를 맡는다. 통영 사무국은 통영시청 공무원들로 행정 처리와 자금관리, 티켓판매와 같은 행정적 지원 업무를 맡는다. 이처럼 통영국제음악제는 민간과 정부가 협력체를 이룬 민간 협력의 비영리 단체라 할 수 있다.[19]

---

19) 이영은, 「통영국제음악제의 발전방안에 관한 고찰」, 석사논문, 경남대학교 교육대학원, 2010, pp.3~8.

② 전주세계소리축제

전주세계소리축제는 세계무형문화유산인 판소리를 중심으로 우리의 전통음악을 국내는 물론 세계에 널리 알리고, 소리와 음악을 통한 세계인이 하나 되는 화합과 신명의 장을 만들며, 세계의 다양한 음악적 유산과 폭넓게 교류해, 전라북도를 세계 속의 문화예술 중심지로 발전시키고자 하는 취지로 2001년부터 시작한 공연예술축제이다.

이는 전북문화예술의 세계화·관광상품화·전북의 정체성 확립, 즉 문화콘텐츠화를 표방한 전라북도의 21세기 발전전략의 일환으로 1999년 기획되어 2013년에 이르러 12회를 맞고 있다. 그러나 '소리의 고장'인 전주에서 '소리'의 의미는 '판소리의 소리'로서 확고하게 공유되지 못하고 '세계의 모든 음악'으로 해석되면서 프로그램 편성은 방향성을 상실하였고, 전주세계소리축제의 프로그램이 판소리 전통의 재창조에 과연 어떠한 기여를 할 수 있는가라는 우려는 지역사회에 문화 정체성 논란으로 이어지고 있는 것이 현실이다.

전주세계소리축제가 처음 열리게 된 것은 2000년도 10월 17일부터 19일까지 3일간 진행된 예비행사부터이다. 축제의 구상에서부터 예비행사에 이르기까지의 준비기간 중 전라북도와 전주시, 민선 2기 도지사와 그 주변 인물 간의 알력으로 행사는 도민의 지지기반을 바탕으로 충분한 준비과정을 거치지 못한 채, 이후의 갈등으로 이어졌다.[20]

---

20) 허문경, 「전주세계소리축제의 지역문화콘텐츠 만들기」, 박사논문, 한양대학교 대학원, 2008, p.2.

전주세계소리축제 예산을 보면 2001년은 국비, 도비, 시비 지원이 있었으며, 자체사업수입까지 합하면 48억 5천2백만 원으로 첫 축제를 실행하였으며, 2002년에는 2001년에 비하면 국비와 시비는 지원을 못 받았지만, 도비는 133.3% 인상되었다. 따라서 축제의 첫해를 많은 예산으로 출발하여 2002년부터 2004년까지 3년 동안 예산 부분이 점점 감액되었으나, 2005년부터는 점점 증액되고 있다.

축제 프로그램을 살펴보면, 2001년부터 공식행사 및 집중기획, 국내외 초청공연, 부대행사, 축제 속의 축제, 해외특별기획, 테마 기획 등 관객들로 하여금 다양하게 음악을 접할 수 있도록 기회를 제공해주려고 하는 모습이 프로그램을 통해 알 수 있다. 하지만 자칫 판소리를 잘 알지 못하는 일반 관객에게는 너무나 어렵고 따분한 프로그램들이 많이 지정되어 있으며, 전문가 위주의 프로그램으로 구성되었다가 해가 가면서 점점 전문가 또는 음악애호가뿐만 아니라 누구나 쉽고 편하게 즐길 수 있는 프로그램이 기획되고 진행되는 것을 볼 수 있다.

5. 성공한 축제 & 실패한 축제

관광학 연구에서는 축제가 지역경제에 미치는 경제적 파급효과, 주민화합을 위한 사회적 기능, 관광매력 요소와 연관된 사회심리적 측면 등이 축제연구의 주요 주제가 되어왔다. 한국의 지역축제를 관광매력의 측면에서 본 대부분의 연구는 서비스 품질의 관점과 상품으로서의 활성화에 집중해왔으며 보다 본질적인 속성에 관한 연구에는 상대적으로 많은 노력을 기울이지 않았다.

따라서 성공한 축제들이란 세계화의 흐름에 대응하는 지역적 문화전략으로 기획되며, 축제의 정체성을 반영한 프로그램들이 현대사회에서도 전통의 모습 그대로 향유되고 있다고 볼 수 있다.

우리나라의 경우 2008년 지방자치단체에서 개최한 지역 공연 예술축제 96개 중 총 방문객 수 설문에 응답한 92개 축제에 대한 총 방문객 수 합계는 약 1천3백만 명으로, 축제당 평균 약 14만 명이 방문한 것으로 나타났다. 축제 방문객 수 평균을 장르별로 살펴보면 <표 6>과 같이 종합 공연예술장르 축제가 약 22만 5천 명으로 가장 많았고, 연극 축제가 약 9만 5천 명, 양악 축제가 약 2만 8천 명 순으로 나타났다. 지역별로는 대구가 약 52만 명으로 가장 많았고, 무용에서는 부산이 5만 명, 양악에서는 경남이 약 11만 1천 명, 국악에서는 전남이 약 4만 1천 명, 종합 공연예술장르에서는 대구가 약 90만 6천 명으로 가장 많은 것으로 나타났다.[21]

〈표 6〉 축제 방문객 평균 수[21]

구분		방문객 수
장르별	종합 공연예술장르축제	약 22만 5천 명
	연극 축제	약 9만 5천 명
	양악 축제	약 2만 8천 명
지역별	대구	약 52만 명
	부산 - 무용	5만 명
	경남 - 양악	약 11만 1천 명
	전남 - 국악	약 4만 1천 명
	대구 - 종합 공연예술장르	약 90만 6천 명

21) 문화체육관광부, 『공연예술실태조사, 2009』, p.92를 참고로 재구성한 것임.

성공한 축제의 핵심 내용은 다음과 같다.

(1) 축제 상품 성공 포인트

① 테마 정하기

축제의 테마는 세 가지로 나눌 수 있다. 첫째, 시간이 지나도 변형되지 않는 메시지를 담고 있는 핵으로서의 코어(Core)이벤트가 있다. 즉, 산업형 축제의 경우 지역의 고유문화를 특산품과 접목하여 "브랜드"화 한다. 둘째, 코어이벤트를 부각시켜 주는 '부대이벤트(serve event)'로 주제에 부합하는 적절한 프로그램의 개발로, 현대인이 추구하는 건강(well being), 친환경, 체험, 교육 등과 같이 현대인들의 관심과 삶, 일상생활이 축제를 통해 실현되게 할 수 있다. 셋째, 축제의 매력을 높이기 위해 시대의 수요에 대응한 '가변적 이벤트'를 첨가하는 경우이다. 현대인의 트렌드에 맞게 축제의 중심 프로그램을 개발하여 대중적인 매력성을 높여나감으로써 축제를 성공적으로 이끌 수 있다.

② 축제의 관광상품화 관련 세부 평가항목 만들기

축제 평가속성은 축제 기획 시 고려해야 하는 것들을 미리 알아볼 수 있는 바로미터이다. 축제 평가 속성과 관련하여 한국관광공사(1995)에서는 문화관광 축제를 포함한 문화행사의 관광상품 방안을 모색하면서 행사 규모, 행사 개최시기, 행사내용의 전통문화 보존성, 독특한 지역문화의 반영 여부, 행사지역의 역사/문화시설, 행사지 주변의 관광지 경관, 행사지역의 접근성,

이용시설의 수준을 고려해야 한다고 말한다.

공연예술축제는 한편의 공연을 올리는 것과는 다른 축제적 특성을 갖고 있다. 따라서 공연예술 장르별 마니아층의 확대와 축제 방문객의 지속적인 증가가 이루어질 수 있어야 한다. 또한 축제 방문객의 만족도를 높일 수 있는 질 높은 축제가 되도록 기관과 시민들은 더 적극적으로 협력해야 할 것이다.

3장 해외 공연예술축제

프랑스 소도시 아비뇽에서는 2만 명 남짓의 인구가 있었다. 하지만 해마다 50만 명의 인구가 아비뇽 축제에 참가하기 위해 아비뇽을 방문한다. 문화관광산업으로 이만큼 유명한 연극제는 찾아보기 힘들다. 또한 영국의 에든버러 축제는 공연예술축제로는 가장 알려진 축제로, 세계의 모든 연극인은 에든버러에서 공연하고 관객들의 냉정한 검증을 받는다. 그들의 축제 운영과 프로그램 및 부대행사들을 살펴보고 우리와의 차이점에 대해 생각해본다.

1. 해외 공연예술축제의 역사와 실태

공연예술축제에 있어서 유럽은 제1, 2차 세계대전을 겪으며 축제는 조금씩 주춤하였다. 하지만 독일의 쾰른 카니발처럼 전쟁 중에도 꾸준히 개최되는 생명력을 가진 역사적 전통을 가진 축제도 있다. 오늘날 많은 축제들은 사회적 영향을 받아 새롭게 고안되고 변형되는 모습을 보인다. 이러한 과정에서 축제는 점점 더 지방주의적 성격을 띠는 민속화된 모습을 나타내고 있다.

오늘날 공연예술축제도 '국제화(Internationalization)'시대에 걸맞게 세계 각국에서 열리는 크고 작은 공연예술축제는 2,000여 건이 넘는다. 그중 미국(404건), 프랑스(198건), 독일(151건), 영국(148건), 이탈리아(120건) 등에서 활발하게 개최되고 있다. 스코틀랜드의 <에든버러페스티벌>, 프랑스의 <아비뇽페스티벌>, 영국의 <런던 국제연극제>, 이탈리아의 <베니스비엔날레>, 독일의 <베를린페스티벌>, 벨기에의 <쿤스텐 축제>,22) 미국 뉴욕의 <넥스트웨이브페스티벌>, 홍콩의 <홍콩아트페스티벌> 등은 세계적으로 알려진 공연예술축제이다.23)

축제(Festival)의 역사는 근대도시 형성의 역사, 극장, 무대예술 혹은 미술과 영화의 역사와 밀접한 연관성이 있다. 그 가운데 유럽에서의 역사는 타 지역과 비교해서 볼 때 현저히 길다. 이탈리아 <베니스 비엔날레(Biennale di Venezia)>의 경우 미술 및 영화 부분을 중심으로 여는 축제로서 1893년에 창설되어 100년이 넘는 역사를 지니고 있다. 북미의 경우 1934년 음악 부분을 중심으로 개최된 <탱글우드 페스티벌(Tanglewood Festival)>이 오랜 역사와 더불어 우수 축제로 각광받고 있다.

제2차 세계대전 이후인 1960년대에는 종전 후 국제교류와 세계평화를 추구하려는 취지와 새로 독립한 몇 개의 국가가 자국의 정체성을 모색하는 의미로 많은 국제 페스티벌이 창설되었

---

22) 쿤스텐 축제(Kunstenfestivaldesarts)는 세계에서 가장 전위적이고 실험적인 예술축제로서 매년 5월 벨기에의 수도 브뤼셀에서 열린다. 1994년 프리 라이젠(Frie leysen) 감독에 의해 창설되어 지역주민의 갈등과 모순 사이에서 통합과 다양성을 꾀하며 예술적인 방식으로 승화시켰다(http://www.kfda.be).

23) 신화정, 「서울국제공연예술제의 변천과정과 성과」, 석사논문, 중앙대학교 예술대학원, 2011, p.27.

다. 유럽에서 대표적인 페스티벌로 손꼽히는 <아비뇽 페스티벌 (Festival d'Avignon)>, <에든버러 국제페스티벌(Edinburgh International Festival)>, <베를린 페스티벌(Berliner Festspiele)>, <도큐멘타(Documenta)> 등의 창설은 종전 후 10년 사이에 집중되었다.

현재 운영되고 있는 예술 페스티벌의 대부분은 1970년대 이후에 시작된 것으로 이 시기에는 특히 도시의 예술 활동을 활성화하기 위한 페스티벌이 창설되었다. 유럽에서는 <파리 가을 페스티벌(Festival d'Automne)>과 <런던 국제연극제(London International Festival of Theatre)>가 이 그룹에 속한다. 이 두 개의 페스티벌은 예술 활동이 일상적으로 행해지는 대도시에 있어 예술의 새로운 방향성을 추구하는 것으로 그 존재의 의의를 갖고 있다.

아시아 지역에서는 1973년에 창설된 홍콩예술제를 필두로 홍콩, 싱가포르 등에서 특히 70년대 후반부터 80년대 초반에 걸쳐 집중적으로 페스티벌이 창설되었으나 한국의 경우 예술을 주제로 한 페스티벌은 주로 80년대 후반 이후에 등장했다고 볼 수 있다.

1991년부터 일본 닛세이 연구소에서 4년간 조사해서 진행한 『세계예술페스티벌 실태조사』 보고서에 의하면, 페스티벌은 그 목적에 따라 다음 <표 7>과 같이 4가지 형태로 구분 지을 수 있다.

---

24) 상게서, p.29.

〈표 7〉 목적에 따른 세계 공연예술축제의 분류[24]

구분	목적	사례
예술작품의 소개	예술을 진흥하거나 국제적인 평가를 받은 예술의 감상기회 제공과 오락성이 높은 작품 상연	* 에든버러 페스티벌 * 뉴욕 국제예술제 * 잘츠부르크 페스티벌 * 베를린 페스티벌
예술창조	기존의 예술장르에 속하지 않는 새로운 예술 표현의 추구나 현대예술의 새로운 경향 소개	* 아비뇽 페스티벌 * 베니스 비엔날레 * 도큐멘타 * 넥스트웨이브
예술가의 등용 및 예술의 보급	교육기관의 병설과 콩쿠르의 개최 등을 통해 예술가와 감상자를 육성	* 사브린페라 축제 * 탱글우드 축제 * 국제누벨댄스페스티벌
도시(예술) 활성화 및 지역진흥	기존 예술 활동이 새로운 조류를 제시하거나 대도시 사회문제를 해결할 수 있는 지역커뮤니케이션 및 지역경제의 재건이나, 경제 파급효과를 중시하여 지방도시나 휴양도시에서 개최	* 페스티벌 두돈느 * 런던 국제 연극제 * 홍콩 아트페스티벌 * 파리 가을페스티벌 * 사라토가 퍼포밍 축제 * 로스앤젤레스 페스티벌 * 뉴욕 국제예술제

위의 <표 7>처럼 축제는 기획의도 및 내용에 따라 첫째는 쇼케이스(Showcase)적 성격을 띤 축제로 분류한다. 이는 새롭게 국제적 명성을 얻는 작품을 널리 소개하고 현대예술의 새로운 경향을 제시하는 역할을 하며 '시장(market)'의 역할을 한다는 특징을 갖고 있다.

둘째, 예술창조를 위한 축제이다. 이는 목표 자체가 예술가 및 예술작품의 지원에 많은 노력을 기울이는 축제이다. 이들 페스티벌은 명확한 예술적 사상과 주체성을 지닌 주창자가 창립배경에 있는 경우가 많다.

셋째, 예술가 육성에 중심을 둔 축제로 구분하여 각 축제의 성격에 따라 명확히 분류된다. 이는 젊은 예술가를 육성·지원하는 교육적 측면이나 예술 향유자 및 감상자 확대를 위한 예술보급의 측면들이 강조되는 페스티벌이며 예술의 사회적 사명을 실천하는 축제라고 할 수 있다. 주로 워크숍, 심포지엄, 콩쿠르 등이 주를 이루고 있다.

넷째, 지역 내에 존재하는 문화예술적 기반을 토대로 하여 그 지역문화예술 활동의 활성화를 촉진하거나 개최지역 및 도시의 이미지 재고를 통하여 관광객을 유치하고 경제 활성화를 꾀하는 축제이다. 또한 문화예술을 통해 대도시가 직면한 여러 가지 문제나 인종 간의 커뮤니케이션 활성화, 이질적 문화 간의 교류 및 화합 등을 추구한다.[25]

2. 해외 공연예술축제 사례

(1) 프랑스 아비뇽축제(Festival d'Avignon)

지리적으로 아비뇽(Avignon)은 프랑스 남부의 프로방스 알프스 코트다쥐르 지역에 위치하고 있으며 중세 교황청을 비롯한 많은 문화 유적이 있는 유서 깊은 역사와 문화의 도시이다. 파리에서 690km 떨어져 있으며 고속전철(TGV)로 2시간 39분이 소요되고, 인근에 마르세유(Marseille)가 30분 거리에 있다.

이처럼 유서 깊은 역사도시 아비뇽에서는 매년 7월 세계적인 연극축제 '아비뇽 페스티벌'이 열린다. 시가지역 9만 명의 인구가 살고 있는 아비뇽은 세계 각국에서 수십만 명의 인파가 모여들

---

25) 박신의 외, 『문화예술경영 이론과 실제』, 경희대학교 문화예술경영연구소, 2002, p.79.

고, 그 옛날 중세시대에 가톨릭 교황들이 살았던 옛 교황청 궁전 마당은 거대한 야외무대로 변신한다. 거리와 광장에서 벌어지는 각양각색의 공연과 퍼포먼스는 사람들의 발길을 멈추게 하고, 매일 밤 선보이는 새로운 작품들은 수많은 관객들을 매료시킨다.

<아비뇽 축제>는 1947년 9월 국민적 신망을 받던 연극배우이자 무대감독인 장 빌라르(Jean Vilar)에 의해 창설되었다. 빌라르가 '아비뇽에서 예술 주간을!'이라는 기치 아래 교황청 안마당에서 세 개의 작품을 무대에 올림으로써 아비뇽 축제가 시작되었다. 빌라르의 축제 의도는 당시 파리에서 공연되던 연극들과는 다른 형식의 연극을 통해서 젊은 관객들, 정열적이고 신선한 관객들을 끌어들이는 데 있었다. 따라서 축제에 대한 그의 신념은 축제가 맹목적인 오락이나 단순한 여가 선용이 아니라 관객들이 뭔가 색다른 연극으로 자극되고 깨우치는 창조적 문화행사가 되어야 한다는 것이다.26)

축제의 목적은 제2차 세계대전 직후 파리에 집중된 예술과 문화를 지방으로 분산함으로써 일반 대중과 고급문화 사이의 괴리를 극복하고, 보다 많은 대중들이 수준 높은 문화를 생활 속에서 향유할 수 있는 기반을 마련하는 데 있다. 이는 1951년 당시 인기 영화배우였던 제라르 필립(Gérard Philipe)이 합류하면서 전 국민적인 관심을 얻게 되었다.

1980년 행정가 출신의 베르나르 페브르 다르시에(Bernard Faivre d'Arcier)가 3대 예술 감독으로 취임하면서 <아비뇽 축제>는 공연예술을 중심으로 한 종합예술축제로서 거듭나게 되었고 1984

---

26) http://www.festival-avignon.com

년 '아비뇽축제법인'이라는 독립운영기구를 설립함에 이른다. 1993년 이후 5대 예술 감독으로 재취임하여 해외예술에 대한 호의, 예술 간의 교류와 공동창작 등 현재의 다양하고 독창성 있는 축제의 프로그램을 실현하였다. 또한 <아비뇽 축제>는 60여 년이 넘은 세월 동안 지금까지 단 5명의 감독에 의해 이끌어져 오면서 축제의 연혁은 꾸준한 일관성을 유지하였다. 그 60여 년의 경험이 축적된 운영에 있어서도 세계 제일을 자랑하고 있다.[27]

1) 축제 시기

아비뇽 페스티벌은 대체로 7월 첫째 주 금요일에 시작하여 7월 마지막 토요일에 끝난다. 7월 초가 되면 프랑스의 학교들이 방학을 하고 본격적인 바캉스 시즌이 시작된다. 프랑스 사람들의 바캉스 열기는 유별나다 못해 극성스럽다. 여름 휴가철이 되면 온 가족이 자동차에 짐을 싣고 연례행사처럼 태양이 강렬한 남쪽 지방으로 바캉스를 떠난다.

지중해로 가는 길목에 있는 아비뇽은 관광객들이 바캉스 시즌에 들러서 축제를 즐기기에 안성맞춤인 곳이다. 더구나 아비뇽 페스티벌은 세계 최고 수준의 연극축제로 명성이 널리 알려져 있다. 아비뇽 페스티벌은 연극에서 출발하였고 지금도 연극이 가장 중요한 분야이기도 하나, 1964년부터는 그 영역을 뮤지컬, 무용, 현대음악 등 다른 예술 분야에까지 넓혔다. 몇 년 전부터는 시, 미술, 영화와 비디오아트에 이르기까지 문호를 개방하였다.

---

27) 신화정, 「서울국제공연예술제의 변천과정과 성과」, 석사논문, 중앙대학교 예술대학원, 2011, pp.30~31.

그러나 종교음악을 제외하고는 클래식 음악이나 오페라는 공연하지 않는다. 그 이유는 아비뇽에서 가까운 도시의 축제들, 예컨대 오랑주(Orange) 합창제나 액상프로방스(Aix-en-Provence) 오페라 예술 페스티벌에게 피해를 주지 않고 차별성을 유지하기 위해서이다. 이처럼 다른 도시를 배려하는 자세는 우리도 배워야 할 점이다.

2) 축제 장소

아비뇽 시내 중심부에서 14~17세기에 지어진 건물들이 지금도 대부분 그대로 남아 있어 중세도시의 고풍스러운 자태를 그대로 간직하고 있다. 축제의 주 공연장으로 쓰이는 교황청(Palais des Papes)은 역사적인 건축물로서 평소 많은 관광객들이 몰리는 곳이다. 이 교황청 궁전의 안마당(Cour d'Honneur)은 아비뇽 페스티벌 기간에는 2,250명을 수용하는 야외무대로 변한다. 높이 50m, 두께 4m의 거대한 벽으로 둘러싸인 교황청 마당에 설치된 2,250석의 객석은 입추의 여지없이 들어찬다. 객석은 철제 파이프로 튼튼하게 여러 층의 계단식 기둥을 만든 후 나무판을 깔고 그 위에 좌석번호를 부여한 개인별 의자를 설치하여 만들어져 있다. 입장료는 1등석은 200프랑(40,000원), 2등석은 170프랑(34,000원), 3등석은 140프랑(28,000원)이다.

그 밖에도 고등학교 운동장, 엑스포공원, 채석장(ex: 불봉 채석장은 1998년도 아비뇽 페스티벌에서 특별 초청된 한국공연단의 공연장소이기도 하다), 거리와 광장 등의 야외무대에서 공연이 이루어진다. 그러나 공연에 따라서는 특별한 무대장치나 배경장면이 필요한 경우가 있으므로 실내에서도 공연이 이루어진다.

실내공연장으로는 시립극장, 교회, 실내체육관이나 대형 천막, 심지어 수도원도 공연장소로 사용된다.[28] 이러한 공연장소 선택의 유연성이 연극과 무용 세계에서의 실험정신과 다양성을 고무시킨다는 것은 높이 평가할 일이다.

3) 축제 프로그램

아비뇽 페스티벌의 가장 중요한 특징은 '공공성 연극축제'이다. 아비뇽 페스티벌은 상업적 원칙을 따르거나, 단순한 오락으로 관광객들을 끌어들이지 않는다. 공연되는 작품은 크게 공식선정 부문(In)과 자유참가 부문(Off)로 나누어진다. In은 주최 측에서 엄격한 심사과정을 거쳐 선정한 작품을 말한다. 공식선정 부문에서 공연되는 연극은 대부분 새로운 작품이다. Off 공연은 노천극장에서 행해지며 연극을 비롯한 음악, 무대장식 등 각국의 다양한 공연이 자유로운 분위기 속에서 열린다.[29]

축제가 끝난 뒤에는 대체로 프랑스나 유럽의 다른 도시에서 공연된다. 매년 약 40여 편의 작품이 20여 곳의 무대에서 공연되고, 자유참가 부문은 매년 700편 내외의 작품이 100여 곳의 장소에서 공연된다.

공식선정 부문도 자유참가 부문도 아닌 제3의 공연도 있다. 그것은 평소에 아비뇽 시내에서 공연을 해오던 공연단들에 이해 행해지는 공연이다. 이들의 공연 일정은 공식선정 부문 프로그

---

28) 김춘식·남치호, 『세계 축제경영』, (서울: 김영사, 2002), pp.16~30.
29) 서태양 외 2인, 『세계화시대의 지역축제경영』, (서울: 기문사, 2008), p.227.

램 부록으로 'Avignon sur Festival'이라는 이름으로 특별 브로슈어에 목록이 올라 있다.

아비뇽 페스티벌이 세계적인 명성을 떨치며 발전을 할 수 있었던 주요 요인으로는 첫째, 축제가 관 주도가 아닌 전문 예술인들에 의해 주도되어 왔기 때문이다. 둘째로는 상업성을 배제한 예술성이 바탕이 된 연극 공연을 목표로 하고 있기 때문이다. 이러한 장점에도 불구하고 현재의 아비뇽 페스티벌의 약점을 든다면, 관객 분포가 교수, 학술 전문가, 예술 관련 직업인, 기업체 간부 등 중상류 계층의 40~50대 연령층 비율이 젊은 관객보다 높다는 데 있다.30)

따라서 서민층과 소외계층까지도 끌어들일 수 있는 프로그램의 개발과 더불어 고급문화예술 장르만으로 치닫는 위험을 줄여 나가는 것이 바람직할 것으로 보인다.

4) 축제 재정과 행정

아비뇽 페스티벌의 재정은 국가나 광역자치단체 및 아비뇽 시와 같은 지방자치단체로부터 받는 축제보조금은 전체 예산(약 20억 원)의 55% 정도이다. 축제보조금만으로는 턱없이 부족하므로 많은 기관, 단체들로부터 재정적 지원을 받아야 한다. 그러므로 축제의 운영은 근본적으로 정부의 보조금 및 민간의 후원금과 분리해서 생각할 수 없다.

입장권 요금은 프로그램이나 좌석의 위치에 따라 다르며, 공

---

30) 신화정, 「서울국제공연예술제의 변천과정과 성과」, 석사논문, 중앙대학교 예술대학원, 2011, pp.33~34.

식선정 부문의 입장료는 12유로(14,000원)에서부터 33유로(38,000원)까지이다. 단체와 25세 미만 및 실직자에게는 할인혜택이 주어진다. 이러한 아비뇽 축제의 총수입은 약 936만 유로(113억원)로 추정된다.

1980년대 이래 아비뇽 페스티벌은 유럽의 거의 모든 페스티벌 단체와 마찬가지로 비영리조직에 의해 운영되고 있다. 최고 의사결정기관은 이사회이다. 이사회는 보조금을 지급하는 국가, 지방자치단체(광역도, 도, 시) 및 축제 관련 문화단체 대표들로 구성된다. 이사장은 규정에 의해 아비뇽 시장이 맡는다.

축제를 실제로 기획하고 이끌어가는 사람은 행정국장과 예술감독(director)이다. 이들은 아비뇽 시장과 문화부 장관의 동의를 거쳐 이사회에 의해 임명되며 임기는 5년이다.

5) 성공요인

① 바캉스 시즌에 맞추어 개막

아비뇽 페스티벌이 열리는 7월 초가 되면 프랑스는 바캉스 시즌에 접어든다. 아비뇽은 관광객들이 바캉스를 즐기기에 안성맞춤인 곳과 동시에 세계 최고 수준의 연극축제로 명성이 널리 알려져 있다.

② 공식선정 부문(In)과 자유참가 부문(Off)

현재의 행사는 발레와 드라마, 고전적인 콘서트 등이 'In'과 'Off'로 나누어진다. Off 공연은 노천극장에서 행해지며 연극을 비롯한 음악, 무대장식 등 각국의 다양한 공연이 자유로운 분위기 속에서 열린다.

이 중 축제분위기 조성의 일등공신은 자유참가 단체들로 거리, 광장, 지하철, 창고 등 그들의 작품을 공연할 장소만 있다면 누구라도 아비뇽에 와서 자신들의 작품을 공연할 수 있다. 자유참가 공연들은 지칠 줄 모르는 호기심으로 새로운 연극을 찾는 관중들로부터 높은 평가를 받고 있다.

③ 아비뇽 지역 공연단

공식선정 부분도, 자유참가 부분도 아닌 제3의 공연이 있다. 그것은 평소에 아비뇽 시내에서 공연을 해오던 공연단들에 의해 행해지는 공연이다.

아비뇽 축제는 관중들의 높은 관람 수준으로 공연의 질은 매우 높으며 축제 조직인원은 평소에는 소수이나, 축제가 열리는 기간에는 아비뇽 시민 수백 명이 자원봉사자로 활동하는 등 주민 참여도가 높다.

또한 페스티벌의 성과 측면에서는 1990년대부터 10만에서 14만 정도의 관객 수, 3천 명 이상의 전 세계 전문가들이 참석하였고, 4~5개 종류의 언론매체가 모인다. 축제기간을 7월에만 한정시키지 않고 19개 극단이 상설 공연하고 있으며, 오페라 극장, 8개 박물관, 국립음악학교, 예술학교 등 140개가 넘는 문화협회들이 아비뇽의 공연예술 산업을 받쳐주고 있다. 아비뇽은 이제 극장과 공연 관계자들이 작품과 예술가들을 하나씩 평가하고 주목하는 공연 사업의 유럽 시장이 되었으며, 칸(Cannes)영화제, 엑상 프로방스(Aix-en-Provence) 축제와 더불어 프랑스 3대 축제의 하나로 평가받고 있다.

아비뇽 시는 이 축제를 통해 지방의 소도시이지만 세계적으로 알려졌고, 공연예술을 통하여 문화산업과 지역경제도 활성화되었다. 또한 농업 중심지에서 축제를 통하여 문화도시로 발전하였고, 최근 10년 동안 인구증가와 함께 높은 경제성장을 나타내고 있다.[31]

(2) 에든버러 프린지 페스티벌(Edinburgh Fringe Festival)

영국(The United Kingdom)은 크게 나누어 런던을 중심으로 한 남동부의 잉글랜드(England), 서남부의 웨일즈(Wales), 북부의 스코틀랜드(Scotland) 그리고 북아일랜드(Northern Ireland)의 네 지역으로 구성되어 있다. 에든버러(Edinburgh)는 스코틀랜드 지방의 행정·문화의 중심지로서 옛 스코틀랜드 왕국의 수도이다. 인구는 45만 명으로, 많은 역사적 건축물과 함께 아름다운 경관을 지닌 도시로 '근대의 아테네'라고 불린다.

에든버러 축제는 세계 3대 공연축제로 1947년 제2차 세계대전의 상처가 유럽 전역으로 감싸고 있던 시기에 시작되었다.

글린데본 오페라단의 행정관이었던 루돌프 빙을 포함한 몇몇 뜻있는 사람들이 재기의 바람을 불어넣어 전쟁의 상처를 치유하기 위하여 나온 아이디어였다. 이는 유럽 대륙에서도 호응을 받

---

31) 조매정, 「공연예술축제 현황분석 및 발전방안 연구」, 석사논문, 단국대학교 정책경영대
   학원, 2011, pp.29~30.

아 몇몇 도시에서 참가를 알려오기 시작하며 발전하였다.

에든버러 축제는 약 60년의 역사를 지닌 축제로, 매년 전 세계 30여만 명의 관객이 연극, 영화, 무용, 음악 등 다양한 공연 문화 관람을 위해 모이는 장소이며 화제작들이 판매되는 장소이다. 보통 1,500편 이상의 작품이 소개되며, 기네스북에도 '지구 상에서 가장 큰 예술축제(the largest arts Festival on the planet)'로 기록된 바 있고, 매년 유명 인사들이 참석해 엄청난 성황을 이루고 있다.

에든버러 축제는 단일 축제가 아니고, 독립된 여러 축제가 연결되어 인터내셔널 페스티벌, 프린지 페스티벌, 군악대 페스티벌, 영화 페스티벌, 민속 페스티벌, 북 페스티벌, 사이언스 페스티벌 등 20여 종에 가까운 축제를 1년 연중 개최하면서 현재에는 그 각각이 운영위원회를 두고 진행할 만큼 세계적 규모로 성장하였다. 이 중에서 가장 많은 대중적 인기를 누리고 있는 축제는 종합 연극 축제인 에든버러 프린지 페스티벌이다.

프린지(fringe)란 본래 '가장자리' 또는 '주변'이라는 뜻으로 이러한 이름이 붙은 것은 공연을 취재한 한 기자가 공연에 대한 기사를 쓰면서 '페스티벌의 변두리에서(on the Fringes of the Festival)'라는 말을 쓴 데서 유래하였다고 한다. 축제 첫해에 8개 극단이 변두리 작은 극장에서 자발적으로 모여 공연한 것으로부터 출발하였다. 1957년 마침내 '페스티벌 프린지 협회(The Festival Fringe Society)'가 결성되었으며, 지금은 페스티벌의 주요 부문으로 정착되어 해마다 세계 2,000여 개의 공연단체가 프린지 부문에 참가하고 있다.

1) 축제 시기와 특징

스코틀랜드의 수도에서 열리는 <에든버러 프린지 축제>의 축제 기간은 매년 8월 초에 시작하여 약 3주간 총 23일 동안 진행되며(8월 첫째 주 일요일에 시작하여 마지막 주 월요일에 폐막), 세계 최대의 공연예술축제인 만큼 세계 각국의 프로모터 및 극장 관계자가 모여드는 국제적인 아트마켓의 성격을 가지고 있다. 또한 기네스북에도 '세계 최고의 예술 축제'로 기록되어 있을 만큼 규모가 크고 구성도 탄탄하다. 오늘날 유럽 및 세계 공연예술시장으로 향하는 전략적 거점으로, 에든버러 프린지의 이러한 성공은 다른 지역으로 프린지 현상을 확산시키는 계기가 되어 1970년대에 들어 아비뇽 페스티벌에도, 캐나다 알베르타 지역에서 에드몬튼 프린지 페스티벌이 창설된 밴쿠버(1985), 빅토리아(1987), 위니펙(1988), 토론토(1989), 색서툰(1990), 몬트리올(1991), 올랜도(1992) 등 북미 전역으로 급속히 확산되었다.

매년 일요일에 시작하여 월요일에 마치는 프린지 축제는 시작 당시부터 지금까지 지켜오고 있는 세 가지의 특징이 있다. 첫째, 프린지 축제위원회는 공연자를 초청하지 않는다. 즉, 누구나 참가할 수 있고 축제참가 여부에 아무런 제약도 없다. 주최 측에서는 공연단을 초청하거나 선정하지 않는다. 그러므로 축제에 참가하기를 희망하는 공연단은 스스로 공연할 장소를 물색하고, 스폰서를 구하고, 자신이 비용을 마련하고, 스스로 광고를 해야 한다. 적자가 될지도 모르는 위험을 감수하고 공연해야 한다. 이 점이 엄격한 심사를 통해서 수준 높은 예술작품만을 공연하는 에든버러 국제축제와 크게 다른 점이다.

둘째, 비전통적인 공연공간을 사용하고 재정적인 위험부담은 스스로 감수한다. 셋째, 관중의 수요에 적응하느냐 여부에 따라 살아남거나 퇴출된다는 점이다. 이러한 특징처럼 주류를 뛰어넘은 비주류의 공연예술이 성공할 수 있었던 것은 오랜 세월 다채로운 예술문화축제로서 크고 작은 공연들은 새로운 실험의 장으로 '아트마켓(Art Market)'의 기능을 최대한 활용하였기 때문이다. 따라서 예술가들 사이에서 특별히 '가장 참여하고 싶은 축제'로 자리매김하고 있다.[32]

2) 프린지 축제 프로그램[33]

프린지 축제에서는 공연수입이 보장되어 있지 않다. 따라서 세계 각국의 공연단들이 재정적인 손해의 위험성을 감수하면서, 심지어 적자를 보면서까지 참가한다. 왜냐하면 에든버러 프린지 축제가 국제적인 예술 공연물 견본시장이기 때문이다.

프린지 축제에는 참가자격에 제한이 있는 것이 아니고 누구나 장소만 확보되면 참가할 수 있다. 현재 세계 각국의 공연기획자들은 프린지 축제에 와서 공연되는 작품들을 보고 예술성과 상품성을 평가하여 마음에 드는 작품이 있으면 구매해간다. 그러므로 프린지 축제는 공연예술을 선보이고 사가는 견본시장의 역할을 하고 있다.

축제참가자의 입장에서 보면 프린지 축제는 자신들의 기량과 작품을 세계에 알릴 수 있는 절호의 기회이다. <미스터 빈>을

---

32) 김춘식 · 남치호, 『세계 축제경영』, (서울: 김영사, 2002), pp.113~124.

33) http://www.edfringe.com

비롯해 <델라구아다>, <검부츠> 등이 에든버러 프린지 축제
에서 공연되었다가 세계적으로 유명해진 대표적인 작품들이다.[34]

우리나라의 <난타(Cooking)>도 1999년도 프린지 축제 공연
축제 공연(8.6~30)에서 좋은 평가를 받은 이후 국내는 물론 세
계적인 상품이 되었다. 그 이후 2007년에는 창작뮤지컬 <비보
이를 사랑한 발레리나>와 2008년 넌버벌 형식의 힙합, 재즈, 현
대무용 등 여러 장르의 춤으로 구성된 <사랑하면 춤을 춰라>
가 소개되기도 했다.[35]

프린지 축제에서는 다양한 형태의 작품들이 엄청나게 많이 공
연되고 실험적인 작품도 많이 나온다. 매년 쏟아지는 1,500여
개 가까운 공연작품 중 한국 작품은 몇 편 정도에 불과한 것을
보면 우리나라 공연단들도 프린지 축제에 대한 인식을 달리할
필요가 있다.

매년 프린지 축제에서는 상상할 수 있는 거의 모든 형태의 예
술이 공연된다. 따라서 다른 축제처럼 매년 어떤 테마가 있는 것
이 아니다. 그러나 편의상 주최 측에서는 이들 작품을 크게 8개
분야로 나누어 분류하고 있다. 즉, 어린이를 위한 공연, 코미디
와 익살극, 댄스와 신체적 표현, 음악, 뮤지컬과 오페라, 토크와
이벤트, 연극, 비주얼아트 등이다.

3) 축제 재정과 행정

공연단의 요구에 따라 프린지 축제위원회(The Festival Fringe

---

34) 동아일보, 2002.8.19.
35) 신화정, 「서울국제공연예술제의 변천과정과 성과」, 석사논문, 중앙대학교 예술대학원, 2011, p.35.

Society)가 1959년에 조직되었다. 프린지 축제위원회는 출판과 티켓 판매, 그리고 공연자와 관객들에게 종합적인 정보제공 서비스를 하는 것을 임무로 하고 있다. 순수민간단체로 축제위원회 아래 운영위원회가 있고, 평소에는 운영위원장을 포함 8명이 근무하며, 축제 기간 중에는 5주에서 5개월까지 근무하는 임시직원이 50～100명까지 늘어난다.

앞서 살펴보았듯 관람객 수가 100만 명에 달하는 에든버러 프린지 축제의 상근 인원은 8명이고, 연간 예산도 약 16억 원에 불과하다. 다른 축제에 비해 경비도 거의 들지 않고 인원도 소규모로 운영하고 있으며 가장 저렴한 비용으로 축제를 운영하고 있다.

프린지 축제가 지역에 미치는 경제 효과는 1억 3,500만 파운드, 약 2,340억 원에 달하며 축제의 효과는 7,500만 파운드, 약 1,300억 원에 달한다.

〈표 8〉 에든버러 프린지 축제의 총수입 내역(2007년)36)

항목	금액	비율(%)
기증 및 협찬	271,505파운드(5억 2,000만 원)	20
투자 수익	17,213파운드(3,300만 원)	8
사업 수익	907,253파운드(17억 4,000만 원)	67
에든버러 시 보조금	27,500파운드(5,300만 원)	2
스코틀랜드 정부 보조금	25,500파운드(4,900만 원)	2
기타수입	108,282파운드(2억 1,000만 원)	8
총수입	1,357,253파운드(25억 9,000만 원)	100

---

36) 상게서, p.36.

3. 해외 공연예술축제 성공 비결

영국 스코틀랜드의 에든버러는 인구 45만 명으로 스코틀랜드에서 글래스고우(61만 명) 다음으로 큰 도시이다. 프린지 축제만으로도 100만 명의 관광객을 유치하여 지역경제 활성화는 물론, 유명관광지로의 부상이 가능하다는 사례를 보여주고 있다.

에든버러 페스티벌은 독립된 여러 개의 축제와 연결되어 있어서 관광객이 여러 축제의 다양한 프로그램을 관람할 수 있는 크로스오버 효과를 볼 수 있다는 점이 특징 중 하나이며, 철저한 프로그램 기획을 통하여 성공적인 축제를 이뤄내고 있다.

앞에서 살펴본 두 축제에서 우리가 배울 점은 다음과 같이 요약할 수 있다.

(1) 민간전문가의 축제를 향한 열정과 노력이다

우리나라의 경우 대부분의 지역축제가 전문성이 부족한 공무원이나 주관단체 담당자들에 의해 주도되고 있는 실정이다. 그러나 관료조직이나 아마추어 단체가 창의성과 역동성, 경영마인드를 생명으로 하는 축제를 이끌어나가는 것에는 무리가 있다고 생각된다.

(2) 행정기관은 '지원은 하되 간섭은 하지 않는다'는 원칙과 전통 확립이 필요하다

아비뇽 페스티벌은 예술감독과 행정국장에게 5년간의 임기를 보장하고 있다. 축제를 실질적으로 주도하는 예술감독은 프로그램에 관한 전권을 가진다. 이사회는 어떠한 경우에도 프로그램에 관한 한 일체 간섭하지 않는다는 원칙과 전통을 유지해오고 있다. 우리나라의 경우 축제나 이벤트에 대한 전문지식이 없는 관료들이 축제에 지나치게 개입하고 있다.

(3) 항상 새롭고 신선한 것을 추구하는 왕성한 실험정신에 있다

이에 비해 우리나라의 축제는 선례답습적인 축제를 벌이고 있다. 과거의 작품을 재탕 삼탕 하거나 다른 곳에서도 볼 수 있는 공연이 대부분이다. 새로운 많은 창작품들의 공연이 아쉬운 실정이다. 같은 내용이라도 기존의 것과는 다른 형식을 위한 실험적 노력이 필요하다.

(4) 축제장소의 발상 전환이 필요하다

아비뇽 페스티벌의 경우 교황청 마당, 교회, 학교, 채석장 부지, 거리나 광장 등을 모두 공연무대로 활용한다. 고풍스러운 성곽이나 거리나 광장이 그들에게는 하나의 훌륭한 무대가 된다. 이러한 발상은 여러 가지 면에서 좋은 점이 많다. 우선 시설비가 거의 들지 않는다. 또한 비위생적인 포장마차가 등장할 필요도 없고 시내에 있는 식당이나 상점들이 그 직접적 수혜자가 되므로 주민들이 적극 참여하게 되는 것이다.

객석은 대체로 철제 받침대를 계단식으로 조립하여 그 위에 나무판자를 깔고 의자를 설치하여 만든다. 그리고 축제를 마치면 걷어두었다가 다음 해에 다시 사용한다. 우리나라는 최근 몇 년간 광역자치단체가 주관한 축제나 박람회의 대부분이 축제장을 짓는 데 수백억 원씩의 돈을 쏟아 부었다. 또 축제가 끝나면 그 시설을 해체하는 데 수억 원의 돈을 들인다. 한마디로 주민의 혈세를 낭비하는 축제를 벌이고 있다.

(5) 이웃 도시를 배려하는 공존의 자세가 필요하다

아비뇽 축제의 경우 이웃 도시에 피해를 주지 않기 위해 이웃 도시에서 개최하고 있는 클래식 음악과 오페라는 공연하지 않는다. 우리는 이런 배려가 너무 부족하다. 어느 곳에서 영화제가 성공한다 싶으면 너도나도 영화제에 뛰어들고, 어느 도시에서 어떤 축제가 성공한다 싶으면 바로 옆에 있는 도시들도 너나없이 비슷한 유형의 축제를 만들어서 결국에는 모두 다 관객으로부터 외면당한다.

(6) 지속적인 평가와 토론·교육이 필요하다

아비뇽 페스티벌의 경우 자유로운 토론, 교육은 끊임없이 축제의 수준을 높이고 있다. 그들 축제에는 공연과 함께 비평과 토론, 그리고 교육 등이 함께 자리 잡고 있다. 축제가 지속적으로 발전되기를 원한다면 축제기간 중 공연과 축제 전반에 대한 활발한 평가와 토론이 필요하다. 또한 객관적인 평가보고서를 통해 잘못되었거나 부족한 점은 지속적으로 보완하고 개선해나가는 노력이 필요하다.

제2부

오페라와
뮤지컬

4장 오페라의 이해

　오페라(Opera)는 대본을 바탕으로 하여 일관성 있게 작곡되는 가창을 중심으로 한 음악이라 정의할 수 있다. 오페라는 이탈리아 말로서 어원은 '음악으로 된 작품'이라는 뜻의 'Opera in musica'의 준말로 이 말은 17세기 중엽, 오페라가 발생하고 나서 반세기가 지난 후에야 장르의 명칭으로 굳어지게 되었다. 하지만 아직 우리나라에는 고급예술이라는 인식 때문에 대중화의 어려움을 겪고 있다. 경기가 나쁘면 가장 먼저 타격을 보는 것이 바로 고급문화예술인 오페라 같은 장르이다. 현시점에서 볼 때 세계 클래식 시장은 '불황의 늪'에 빠져 출구가 보이지 않는다. 70년 역사의 뉴욕 시티 오페라단도 파산하였다. 약간의 희망이라면 오페라의 대중화에 음악인 스스로가 발 벗고 나서야 한다는 점이다. 본문을 통해 오페라가 대중화되기 위해서 갖추어야 할 양식들을 이해하고, 누구나 즐길 수 있는 공연예술의 한 장르라는 것에 동의해주길 바란다.

1. 오페라의 정의 및 역사

(1) 오페라의 정의

오페라란 이탈리아어로 여러 가지 의미를 갖는다. 즉, 노동, 공과, 성과, 작품, 연극, 단체 등이다. 그러나 그 여러 뜻 가운데 가장 가까운 것은 '작품'이란 뜻이다. Opera의 어원은 라틴어의 opus의 복수형에서 파생된 것이다.

오페라는 이탈리아 말로서 'opera in musica'라고 한다. 이는 '음악으로 된 작품'이란 뜻이다. 또한 오페라는 작품 외에 연극이라는 뜻도 있다. 그래서 '오페라 인 무지카'는 '음악으로 만들어진 연극'이라는 뜻이 된다. 초기의 오페라는 dramma in musica 또는 dramma per musica라 불리었으나, 그 후 opera in musica로 불렸으며, 여기에 musica가 생략되어 opera로 부르게 되었다.

오페라는 대본을 바탕으로 하여 작품 전체가 일관성 있게 이루어진 복잡한 종합예술을 의미한다. 즉, 음악적 요소는 물론이고 문학적 요소인 대본과 시각적 요소, 미술적 요소인 무대장치와 의상, 무용적 요소가 종합된 것으로 극적인 요소와 음악적인 요소를 완벽하게 조화시킨 음악극을 뜻한다.

한편, 오페라는 고전 오페라와 낭만 오페라로도 분류될 수 있으며, 각각의 특징에 대하여 서술하면 다음과 같다. 고전이란 하이든, 모차르트, 베토벤 등이 활동한 1750~1820년경까지의 시대적 배경을 지닌 음악에 적용되었다. 이것은 객관성을 바탕으로 하는 형식과 균형의 조화를 추구하는 음악을 지향하는 것으로써, 대위적인 음악보다는 호모포니(homophony)[1]적 음악을 선호하고, 개성적인 감각의 성악음악보다는 기악음악이 인기가 있다는 것을 말한다. 이 시기의 오페라는 커다란 발전은 없었지만 글룩에 의한 오페라 개혁운동이 오페라의 종합적 예술성을 중요시하는 발판을 마련하는 계기가 되었다. 이러한 시기에 가장 빛나는 오페라 작곡가는 모차르트라고 규정하고 있다.

낭만 오페라는 19세기 초에 오페라 부파에서 오페라 세리아로의 전환기를 맞이하게 되었다. 이 시기 오페라의 특징은 주요 줄거리가 아리아와 레치타티보, 그리고 간주로 구분되어 있었고, 각 아리아는 마치 하나의 독립된 곡처럼 연주하고, 오페라 중간이라도 한 아리아가 끝나면 그에 대한 환호로 박수도 허용될 정도로 그 구분 요소가 독립적으로 다루어졌다. 독일이나 프랑스 오페라에 비교해서 이탈리아 오페라는 이러한 면에서 더욱 특징적이었으며 무척 열정적이라 해도 과언이 아니다. 음악형식의 중요함보다는 인간 감정의 자유로운 표현을 더 중요시해 노래를 불러야 하는 것이 낭만주의 오페라의 특징이라 할 수 있다.

오페라는 귀족적인 타입과 민중적인 타입으로 구분되었고, 귀족적 오페라는 복음악적이고, 민중적인 오페라는 '화성적'이라고 한다. 이러한 차이는 지리적인 환경에서 오는 것으로, 북방 사람들은 대위법과 복잡한 것을 즐겼고, 이탈리아와 같은 남방 사람들은 아름다운 멜로디와 단순함을 중요시하였기 때문이다. 서곡에 있어서도 프랑스풍은 복음악적이고, 이탈리아풍은 화성적이

---

1) 호모포니(homophony): 어떤 한 성부(聲部)가 주선율(主旋律)을 담당하고 다른 성부는 그것을 화성(和聲)적으로 반주하는 형태의 화성적 음악양식을 말한다.

었다. 이성보다는 감정에 바탕을 둔 표현을 강조했으며, 그 내용은 보통 자연을 배경으로 삼아 민담의 내용이나 초자연적인 것을 주제로 다루었고, 화려한 음악을 추구하였다.[2]

오페라는 극과 음악이 복합된 하나의 예술형태로서, 인간의 삶 전체를 음악이라는 수단을 통하여 무대에서 표현한 것이라 할 수 있다. 오페라에 필요한 요소는 오페라 배우, 오케스트라, 합창단 등 수많은 인원과 무대 안팎의 현장 스태프들이 무대 미술, 조명, 음향 장치를 3~4시간 내내 동시에 움직이며 역동적인 조화를 이루어내는 감각적인 예술이다.

오페라를 구성하는 연극적인 요소는 무대장치와 대·소도구, 소품, 분장, 의상, 조명 등을 통해 완성되며, 음악적인 요소는 크게 성악 부분과 관현악 부분으로 나눌 수 있다. 성악 부분은 독창, 중창, 합창으로 구성되고, 독창은 레시터티브(Recitative)와 아리아(Aria)로 이루어진다. 그리고 프랑스 오페라의 경우는 발레가 삽입되는 작품이 많이 있다.[3]

(2) 오페라의 역사

최초의 오페라는 1598년 플로렌스에서 상영된 극들 중 최초의 기록에 오른 야코포 페리(J. Peri, 1561~1633)의 <다프네>를 들 수 있다. 이 최초의 오페라는 바르디 백작 궁정에 모인 카

---

2) 고은주, 「Mozart 오페라 Aria와 Verdi 오페라 Aria의 특징 비교연구」, 석사논문, 단국대학교 대학원, 2006, pp.3~5.
3) 김정희, 「한국 창작오페라의 발전과정에 대한 연구」, 박사논문, 계명대학교 대학원, 2005, pp.8~9.

메라타 회원들이 고대 그리스극을 상연하자는 논의를 한 뒤 그리스신화를 바탕으로 만들어져 4개의 악기만으로 공연되었다. 현재 이를 오페라의 기원으로 보고 있다. 현존하는 최초의 완본 오페라는 1600년에 발표한 페리(Peri)와 카치니(Caccini)가 각자 하나씩 쓴 <에우리디체>인데, 여기서 오페라의 체계가 확립되기 시작했다.

1607년에는 오페라의 아버지로 불리는 몬테베르디(C. Monteverdi, 1567∼1643)가 36개의 악기로 늘어난 오페라 <오르페오>를 상연하여 제 모습을 갖추기 시작했다. 만투아 궁정에서 일했던 몬테베르디는 드라마 내용을 완전하게 음악에 삽입시킨 가장 중요한 작곡가이다. 그의 오페라 <오르페오>는 이 장르를 규정하는 모든 본질적인 특징들을 보여주고 있다. 당시의 악기를 모두 오케스트라로 편성하여 장면마다 적절한 악기를 연주하여 풍부한 음악적 표현을 마련했다.

프랑스에서는 17세기경 오페라를 수입해 전통발레를 오페라로 접합시키는 데 성공한 륄리(J. B. Lully, 1632∼1687)에 의해 프랑스적인 오페라 서정적 비극이 탄생하였고 라모(Rameau)가 국민의 기호에 맞는 독창적인 오페라로 발전시켰다.

영국 오페라는 가면극에서 시작되었는데 이를 위대한 수준으로 끌어올린 사람은 퍼셀(H. Purcell, 1659∼1695)이다. 이후 영국으로 귀화한 헨델(G. F. Handel, 1685∼1759)이 오페라계를 지배하게 되면서 영국 오페라의 전통이 무너지게 되고, 다만 이러한 형태를 풍자하여 만들어진 <거지 오페라>만이 서민들의 인기를 끌었다.

1728년 런던에서 공연된 <거지 오페라(Beggar's Opera)>는 최초의 Ballad Opera이다. 이 오페라는 잘 알려진 대중적·민속적 선율을 차용하여 거기에 가사를 붙인다. 이 오페라의 성공 이후 영국에서 수많은 후속작품들이 따른다. 발라드 오페라는 독일 징슈필의 탄생에도 영향을 미친다. 20세기 브레히트와 바일에 의해 <거지 오페라>는 <서푼짜리 오페라(Dreigroschenoper, 1928)>로 다시 태어난다.

독일 오페라는 1627년 쉬츠(H. Schütz, 1585~1672)와 대본작가 오피츠(Martin Opitz)가 리누키니(Rinuccini)의 <다프네>를 개작하여 최초의 독일 오페라를 만들었으나 현존하지는 않는다. 이후 대화체와 유절가곡으로 구성되어 있는 징슈필이 최초의 오페라로 불리고 있다.

독일의 독창적인 오페라는 글루크(C. W. Gluck, 1714~1787)의 오페라 개혁을 통해 모차르트와 베버에 이르러 완성된다. 글루크는 가수 중심의 오페라를 작곡가 중심으로, 음악 중심을 드라마 중심으로 바꾸었고, 드라마 내용도 오페라 본연이었던 고대 그리스신화에서 구하고 그 내용을 복잡하지 않게 간단하게 바꾸었다. 글루크는 대본가 칼자비지(R. Calzabigi, 1714~1795)와 <오르페오와 에우리디체>를 제작하면서 그들의 오페라에 대한 견해를 피력한다.

18세기 오페라의 정점은 모차르트(W. A. Mozart, 1756~1791)에 의해 이루어지고 그는 완벽한 음악적인 감각과 극에 대한 이해로 오페라를 작곡했다. 그의 오페라 양식 중 첫째는 오페라 부파(Opera buffa)로 <피가로의 결혼>, <여자란 다 그런 것>, <돈

조반니>가 이에 속한다. 또 하나는 오페라 세리아(Opera seria), 즉 심각한 오페라로 <이도메네오>와 <티토 황제의 자비>가 이에 속한다. 마지막으로 대사와 노래가 섞여 있는 독일식 뮤지컬인 징슈필로 대중을 위해 작곡된 <후궁으로부터의 도피(후궁탈출)>, <마술피리>가 있다.

이탈리아는 19세기에 들어와 기악보다는 오페라에 집착하였고 고도의 기교와 맑은 음색을 바탕으로 한 벨칸토 창법으로 성악 예술의 진수를 선보인다. 대표적인 작곡가로는 로시니, 도니체티, 벨리니 등 3대 거성을 비롯해 가장 위대한 작곡가인 베르디가 있다. 로시니(G. A. Rossini, 1792~1868)는 벨칸토 시대를 연 인물로 그의 작품은 명료하고 간결성을 지닌다. 그의 작품으로는 <세빌랴의 이발사>, <윌리엄 텔> 등이 있다. 도니체티(G. Donizetti, 1797~1848)는 풍부한 선율과 이탈리아적 정서가 넘치는 작품을 많이 작곡했으며 <돈 파스콸레>, <사랑의 묘약> 등이 유명하다. 벨리니(V. Bellini, 1801~1835)는 서정적인 선율과 감각적인 화성이 바탕을 이루며 <노르마>, <청교도>가 유명한 작품으로 꼽힌다.

베르디(G. Verdi, 1813~1901)는 오페라의 거장으로 그의 음악사적 행적은 한 시대의 한 지역의 음악사라해도 과언이 아닐만큼 그의 작품 영역은 범위가 넓다. 그의 초기 오페라는 주로 독창 아리아에 의존하는 다소 소박한 오페라를 소개했고, 내용은 인간사회의 심각한 이야기를 멜로로 구성했다. 예를 들면, <일 트로바토레>와 <리골레토>가 이에 속한다. 그의 중기 오페라는 <아이다>로, 그의 작가적 완숙도를 과시한 것으로, 규모가 크고 단단하며 성격과 감정묘사가 탁월하다. 후기 작품으로는 <오텔로>와 <팔스타프> 같은 후기의 작품을 통해 오페라의 완성에 접근했다. 그의 오페라는 정치적·사회적 오페라로 권력과 사회, 교회와 국가, 전쟁과 평화, 전통과 개인, 관습과 자유 등을 테마로 하며 어느 것이나 인간의 자유에 대한 열망으로 가득하다.

독일 오페라는 19세기에 들어 최고의 위치를 차지하는데 이는 베버(C. M. Weber, 1786~1826)에 의해 시작되고 바그너에 의해 완성되었다. 주 내용은 중세기의 전설, 민속, 신화 등 초자연적이고 신비롭고 기이한 요소에 많은 치중을 하였으며, 풍부한 화성과 관현악적인 요소와 이탈리아 양식의 아리아와 민속적 양식의 선율을 사용하였다. 베버의 <마탄의 사수>는 독일 낭만주의 오페라의 기원이 되었다.

바그너는 극과 음악의 일치를 보여주었으며 종합적 예술작품으로써의 악극이론을 완성하였다. 또한 문학과 음악, 제반 요소를 통합하여 음악극(Musikdrama)이라는 형식을 창출하였으며 유도동기(Leitmotive)를 사용하였다.[4]

그의 오페라는 <탄호이저>에서 기본적인 골격이 유지되고 <니벨룽겐의 반지>를 쓰면서 변모한다. 바그너의 오페라는 신과 인간, 많은 인원들을 요구하는 대규모의 전쟁 등 광역화되어 있다.

19세기에 들어오면서 프랑스 오페라는 파리를 중심지로 여러 유형의 오페라를 나타낸다. 대하 오페라인 마이어베어(G. Meyerbeer,

---

4) 음악적 주제나 동기, 극 중의 주인공이나 그 밖의 특정 대상이나 생각 등 음악 외적 요인들과 직접적으로 연관되어 있어 이러한 대상이 출현할 때마다 이에 상응하는 음악적 동기가 주로 관현악에 의해 연주되는 것이다. 오페라 <트리스탄과 이졸데>에 잘 나타나 있다.

1791~1864)의 <위그노 교도들>, 베를리오즈(L. Berlioz, 1803~
1869)의 <트로이 사람들>이 있으며 서정 오페라인 구노(C. Gounod,
1818~1893)의 <파우스트>와 비제(G. Bizet, 1838~1875)의 <카
르멘> 등이 프랑스 오페라의 명성을 세계에 떨쳤다.

후기 낭만주의시대의 작곡가로는 리하르트 슈트라우스(R. Strauss,
1864~1949)가 있는데 그의 작품으로는 <살로메>가 있으며 엥
겔버트 훔퍼딩크(E. Humperdinck, 1854~1921)의 동화에 기초
한 <헨젤과 그레텔> 등의 작품이 있다.

19세기 말경에는 자연주의에 영향을 받은 베리스모(Verismo)
오페라가 나타나는데 대표적인 작곡가로는 피에트르 마스카니(P.
Mascagni, 1863~1945)의 <카발레리아 루스티카나>가 있다. 또
한 푸치니(G. Puccini, 1858~1924)도 <라 보엠>, <토스카>,
<투란도트>, <나비부인> 등 예술작품을 만듦에 있어 현실 그
대로를 반영하는 것을 지향하고 있다.

20세기의 현대 오페라는 클로드 드뷔시(A. C. Debussy, 1862~
1918)의 <펠리아스와 멜리장드>로 시작되어 다양하게 전개되고
있다. 야나체크(l. Janac, 1864~1928)의 <예누파>, 버르토크(B.
Bartol, 1881~1945)의 단막극인 <푸른 수염 공작의 성>, 베르크
(A. Berg, 1885~1935) 자신이 대본을 쓴 <보체크>, 힌데미트(P.
Hindemith, 1895~1963)의 <화가 마티스> 등의 작품이 있다.

2. 오페라의 구성 요소

오페라는 연극과 음악을 결부시킨 것으로서 극이라 볼 수 있

으며, 부분적이거나 전체적이거나 간에 노래와 오케스트라를 수
반한 여러 가지 표현 형태를 의미한다. 오페라는 유럽의 전통적
인 공연예술장르로서 한국에서는 1948년 조선 오페라 협회가 무
대에 올린 베르디(Giuseppe Verdi, 1813~1901)의 "춘희(La Traviata)"
가 최초의 공연이었다. 이 공연의 성공적인 출발은 우리나라에서
서구 오페라에 대한 관심을 유발시키는 것 외에도, 사회적으로 음
악 예술의 취향을 결정시키는 중요한 역할을 하였다.[5]

　　오페라는 대사, 배경, 장치, 의상, 연기, 무용 등이 종합적으로
이루어져 있어야 한다. 오페라는 연극과 마찬가지로 무대 위에
서 상영되었고, 배우의 동작, 배경, 의상, 소도구, 조명 등을 포
함하고 있다. 오페라의 가사는 대본(libretto)이라고 부른다. 또한
5개 이내의 막으로 이루어지며, 각각의 막은 몇 개의 장면들로
구성된다. 하나의 막은 노래하는 부분과 오케스트라만 나오는
부분이 조화를 이루어 진행된다. 오페라의 구성요소는 다음과
같이 크게 3가지로 나누어 구분할 수 있다.[6]

(1) 연극적 요소

　　대본(libretto): 오페라의 가사나 줄거리를 '대본'이라 부르며
레치타티보 부분은 대부분 산문 형식으로 되어 있으나 아리아는
시적 형식을 가진다. 대부분의 경우 저자, 즉 대본가는 그 소재

---

5) 권빈나, 「오페라 공연의 마케팅 전략수립을 위한 관객특성에 관한 연구」, 석사논문, 추계
　　예술대학교 예술경영대학원, 2004, p.1.

6) 이성혜, 「고등학교 음악 교과서에 나타난 오페라 감상 지도 방안에 관한 연구」, 석사논문,
　　계명대학교 교육대학원, 2007, pp.14~15.

를 연극이나 이야기 또는 역사적 사건에서 끌어와서 오페라의 특별한 요구에 맞는 형태로 각색한다. 작곡자 자신이 직접 대사를 쓰는 경우와 소설이나 희곡 등에서 각색하는 경우, 특정한 작가를 위해 극작가가 특별히 사용되는 경우 등이 있다.

(2) 청각적 요소

서곡(overture): 오페라가 시작되기 전 극의 분위기를 암시하는 곡이다. 낭만주의 중기에 들어서면서 오페라의 주된 선율로 작곡되었으며, 서곡이 없는 경우도 생겨났다.

간주곡(intermezzo): 막과 막 사이에 연주되는 기악곡으로, 오페라 세리아 사이에 막간을 이용해 공연되던 짧은 희극 오페라를 말한다.

서창: 언어적 악센트를 중요하게 표현하여 마치 대사를 하는 듯, 한 부분으로 말하듯이 억양을 붙여서 노래하는 오페라에 있어서 노래보다는 말의 내용이 잘 전달되도록 하는 데 중점을 둔 부분이다.

전주곡(prelude): 시작이나 도입을 알리는 곡으로 오페라에서 새로운 막이 시작되기 전에 연주된다.

아리아(aria): 줄거리가 전개되면서 주인공의 내면을 표현해주는 독창곡이다. 극적인 느낌을 시적이며 음악적으로 표현하는 독창자의 역할로서 독창곡 중에 큰 비중을 차지하며 오페라에서 가장 인기 있는 대목이다.

레치타티보(recitative): 극의 줄거리를 끌고 나가면서 극적 긴장감을 주도하는 역할을 하며 언어적 악센트를 중요하게 표현하여 마치 대사를 하는 듯한 부분으로 말하듯이 억양을 붙여서 노래하는 대화체의 노래이다. 레치타티보 세코와 레치타티보 아콤파냐토로 구분된다.

카발레타(cabaletta): 오페라 중의 짧은 노래로서 쉬운 형식과 간결한 것이 특징이다. 롯시니의 작품에서 종종 볼 수 있다.

중창(ensemble): 등장인물들이 화음, 또는 정해진 형식 안에서 노래하여 대비와 질서의 오묘한 조화를 이루는 것으로, 2, 3, 4, 5중창 등 다양하게 이루어진다. 등장인물의 극적인 갈등, 감정, 대립, 사랑 등을 표현한다.

합창(chorus): 군중 장면으로 처리되는 부분의 음악처리로 사용되거나 적극적인 방법으로 강렬한 표현장면 등에 삽입된다. 또한 독창만으로 불가능한 풍성한 음향과 극적 효과를 연출할 뿐만 아니라 오페라가 음악적 균형을 유지하도록 하는 중요한 역할을 담당한다.

관현악(orchestra): 서곡의 연주뿐 아니라 장면이 바뀔 때마다 사용되는 간주곡이나 아리아, 레치타티보, 합창, 무용에 대한 반주의 역할을 한다. 또 등장인물의 성격을 묘사하고 정서적 분위기를 조성하거나 흥분을 고조시키거나 하는 역할로도 사용된다.

여기서 성악가의 역할은 매우 중요하다. 따라서 성악가와 성부를 이해함으로써 한층 더 오페라의 매력에 빠져들 수 있으며 사람의 목소리는 발성범위(소리의 높낮이)와 음색에 따라 나누어진다.

소프라노(soprano): 여성의 최고 성역으로 높은 음역을 낸다. 소프라노는 세 가지로 나눌 수 있다. 첫째, 콜로라투라 소프라노는 경쾌한 움직임과 화려한 음색을 지니고 특히 최고음역이 정확해야 한다. 우리나라의 조수미의 경우이다. 둘째, 리리코 소프라노는 달콤하고 서정적인 음색을 지니며 높은 음역에서의 약음에 독특한 매력이 있다. 셋째, 드라마티코 소프라노는 특히 넓은 음역과 풍부한 음량을 지니며 극적인 표현에 적합하다. 마리아 칼라스의 소리는 드라마티코 성악가로 분류할 수 있다.

메조소프라노(mezzo soprano): 소프라노와 알토의 중간에 속한 낮은 소프라노를 말한다.

알토(alto): 라틴어 altus(높다, 깊다)에서 나온 말이며 그 음역은 보통 g(솔)에서 f음(파)까지에 이른다. 여성으로서는 가장 낮아 음색도 가라앉고 중후하다.

테너(tenor): 음악에서 최고 높은 음을 내는 음역의 남성을 말한다.

바리톤(baritone): 음색은 깊이와 차분함, 테너의 화려함은 함께 지녀 남성 목소리를 상징한다. 음역이 넓다.

하이바리톤(hi-bariton): 세분하여 높은 음역을 지닌 것이며 테너의 음색에 가깝다.

베이스바리톤(bass-bariton): 낮은 음역을 지닌 것을 베이스바리톤이라 하며 베이스 음색에 가깝다.

베이스(bass): 남성의 음역 가운데 가장 낮기 때문에 음색이 엄숙하고 깊이가 있다. 오페라에서는 주로 귀인이나 노인 역할 등을 한다.

(3) 시각적 요소

무대장치: 오페라는 극장 예술인데 여기에는 의상, 무대장치,

조명, 안무 등의 무대기술이 골고루 필요하며 이러한 시각적 효과는 오페라에 있어 상당히 중요한 부분을 차지한다.

무용: 가극의 스토리와는 별로 관계없이 일종의 여흥으로 삽입되기도 하는데 특히 프랑스 오페라에서는 발레가 큰 몫을 차지한다.

3. 오페라의 유형

(1) 오페라 세리아(Opera Seria): 18세기 이탈리아 오페라로서, 레시타티보와 아리아를 중히 여기며, 중창이나 합창은 간혹 사용한다. 소재로는 신화, 영웅적인 테마를 주로 사용하는 오페라이다.

(2) 그랜드 오페라(Grand Opera): 17세기 초 이탈리아의 오페라 세리아에 대해 프랑스에서 나타난 대 가극이다. 19세기 프랑스의 특징 있는 양식으로, 서사적이고 역사적인 성질의 비극을 테마로 한다. 합창을 중히 다루고, 발레를 넣어 프랑스 사람들의 기호에 알맞게 했다.

(3) 오페라 부파(Opera Buffa): 18세기 초 이탈리아에서 생긴 희가극으로서, 차차 유럽 여러 나라에 퍼졌는데 19세기 중엽까지 성행하였다. 소재는 서민생활이나 미담을 주로 하였고, 그 취재나 형식을 확립한 것은 페르골레지이다. 모차르트의 <여자는 모두 이런 것>과 롯시니의 <세빌랴의 이발사> 등이 이에 속한다.

(4) 오페라 부프(Opera Bouffe): 프랑스 희가극으로, 어원적으

로 오페라 부파와 비슷한 점이 있으나 양자 사이에는 다소 차이가 있다. 오페레타와 가벼운 음악희극으로, 대화의 부분에 대사를 사용한다. 뒤니(Duni)가 창시자이다.

(5) 오페라 코믹(Opera Comique): 희가극의 일종으로 음악 사이에 대화와 독백이 있는 것이 특징이다. 코믹이라 하지만 줄거리가 희극적이어야 한다는 것은 아니다. 이는 18세기 후반, 프랑스에서 생긴 것으로 처음에는 희극적이었지만, 후에는 상관없이 대사가 있는 오페라가 되었다. <카르멘>이나 <미뇽> 등의 오페라를 오페라 코믹이라 불렀다.

(6) 발라드 오페라(Ballad Opera): 18세기 영국에서 성행한 오페라로 노래가 중심이 된 내용에 민요나 오페라 선율이나 각 곡을 패러디해서 사용한 형태이다.

(7) 징슈필(Singspiel): 18세기 독일에서 생긴 가벼운 내용의 오페라를 말하며 가곡이나 춤곡 형태를 가진다.

(8) 오페레타(Operetta): 소형의 오페라, 희가극, 또는 경가극 등으로 번역된다. 19세기 중엽 주로 프랑스에서 오펜바흐의 <천국과 지옥>에 의해서 처음 창시되었다. 극적인 진행에 있어서도 대사를 동반한다. 여기에 노래와 무용이 들어가기는 해도 음악적인 내용은 낮은 편이며 또한 오케스트라도 소규모적이다.

4. 종합예술로서의 오페라

노래를 중심으로 한 극의 형태로 상연되는 오페라는 음악을 위시하여 시, 연극, 미술, 무용 등으로 이루어지는 극히 복잡한 예술이다. 즉, 어떤 작품을 무대 위에서 오케스트라 반주로 일관성 있게 노래하는 비극적 또는 희극적인 드라마라고도 말할 수 있으며, 거기에 문학적인 요소를 가진 대사와 연극적인 요소의 구성과 연기가 따르기 때문이다. 여기에 덧붙여 발레와 무용이 있고 무대장치와 의상 등 미술적인 요소가 있다. 그러므로 오페라는 이러한 모든 자매예술을 총망라한 종합예술이라고 볼 수 있다.[7]

오페라는 앞서 말한 바와 같이 Opus의 복수형, 즉 작품이라는 라틴어의 복수형에서 온 말이다. 따라서 오페라는 많은 작품의 합성, 즉 결합물을 뜻한다. 무대장치를 하고 의상을 입은 가수들이 연기를 하면서 독창, 중창을 하는 호화로운 결합체인 것이다. 여기에는 관현악 반주가 수반되며, 오케스트라가 수반되는 서곡, 간주곡, 무도곡, 행진곡이 따르고 많은 경우 발레가 삽입된다. 오페라가 연극의 형식을 갖는 이상 장치나 조명, 의상 등을 소홀히 할 수 없는 일이며, 인물의 연기가 사건의 줄거리나 무대 감정의 조성에 부합되도록 능숙해야 한다.

오페라는 흔히 종합예술이라 한다. 이는 예술의 모든 부분이 다 모여서 이루어진 형식이라는 말이다. 그러므로 자연히 여러 가지가 감정의 포인트가 될 수 있고 그만큼 감상할 거리가 많다는 뜻이다. 영화와 연극의 경우와 달리 오페라는 줄거리만 알았다고 감상이 되지는 않는다. 줄거리는 시작일 뿐이다. 이렇듯 음악이 가장 중요한 역할을 한다는 것은 음악이 그 어떤 다른 예술보다도 '극의 진행'에서 주요한 역할을 하기 때문이다.

---

7) 이성삼, 『세계명작 오페라 해설』, (서울: 세광음악출판사, 1981), p.24.

5. 오페라와 뮤지컬의 차이점

(1) 음악의 차이점

오페라의 음악은 줄거리의 흐름, 분위기 묘사, 감정 묘사에 중요한 역할을 하는 것이 일반 연극과 다른 점이다. 또한 음악이 가장 중요한 요소이기에 다음과 같은 차이점을 가지고 있다.[8]

1) 발성법과 음색·음역의 차이점이다

뮤지컬과 오페라의 발성 원리는 같다. 즉, 호흡은 같으나 창법이 다르다. 창법이 다른 이유는 뮤지컬 장르의 다양한 결합 때문이다. 뮤지컬과 오페라의 발성법과 음색·음역의 차이는 뮤지컬 또한 다양한 장르에 의해 발성법이 다르고, 작품 안에서도 캐릭터의 성격과 극의 상황에 따라 달라진다. 하지만 오페라는 음색과 음역이 정해져 있고 작품에 가수의 기량에 따라 다르며, 하나의 발성법을 원칙으로 한다는 점이다.

오페라 발성은 뮤지컬과 달리 형태가 정해져 있다. 발성법으로는 흉성의 사용을 자제하고 두성을 최대한 이용하여 아름다운 소리, 즉 벨칸토 발성을 원칙으로 한다. 따라서 음색과 음역이 정해져 있다. 정해진 음색과 음역 안에서 가수를 캐스팅하고 캐릭터를 정한다. 오페라는 타고난 자신의 소리를 오랜 연습을 통해 음색과 음역이 뚜렷이 구분되며, 자신만의 소리를 갖는다. 목소리의

---

8) 어은정, 「Opera와 Musical의 비교 분석을 통한 차이점 연구」, 석사논문, 단국대학교 대중문화예술대학원, 2008, pp.24~30.

구분은 아주 뚜렷하다. 예를 들면, 여자의 최고 음역 소프라노도 크게는 두 가지, 작게는 네 가지로 구분된다. 그 음색과 음역은 잘 변화되지 않는다. 아름다운 소리, 부드러운 가락, 훌륭한 연주 효과 등에 중점을 두고 있으며, 벨칸토 창법을 기본으로 한다.

이와 달리 뮤지컬의 발성은 작품이 정해지면 장르와 캐릭터에 의해 음역이나 음색이 결정된다. 뮤지컬 발성은 한 장르에 음색이나 음역에 국한되지 않는다. 다양한 장르 대중가요, 성악, 재즈, 팝, 록, 창 등에 배우는 여러 가지 음색의 변화를 주어야 하며 뮤지컬의 극적 요소 춤·연기·대사 톤이나 감정표현에 적합한 발성을 해야 한다.

2) 소리전달의 차이점이다

뮤지컬은 1940년대부터 도입되기 시작한 마이크와 확성기, 그리고 고도로 발달된 음향통제 장치들의 도움으로 음질의 손상을 최대한 억제하면서 객석에 골고루 양질의 음향을 전달할 수 있게 되었다. 확성장치의 사용으로 음향기술자의 역할이 중요하게 되었으며, 뮤지컬 배우는 전달에 있어서 공명이라는 발성 대신 정확한 가사전달에 신경 쓰게 되었다.

하지만 오페라는 마이크 없이 청중에게 감동을 주어야 하므로 공명을 위한 발성을 하는 것이 목적이다. 오페라는 몸의 울림, 즉 공명으로써 마이크를 대신하여 공명의 효과를 극대화하기 위해 소리를 몸 안으로 최대한 끌어올려 두부공명을 주로 하여 동체 공명까지도 한다.

3) 현장성의 MR과 라이브의 차이점이다

뮤지컬은 음향의 발달로 때로는 노래와 반주 전체가 사전에 녹음된 MR을 사용하는 예외적인 경우도 있다. 배우들은 약속된 부분에서 입만 맞추어 공연되는 것이다. 격렬한 춤을 추면서 배우의 뛰어난 가창력을 기대하기는 어려운 게 현실이다. 하지만 현장성을 살리며 배우의 뛰어난 가창력을 라이브로 하는 것이 뮤지컬의 기본이다.

오페라의 경우는 이런 예외적인 경우가 드물다. 따라서 라이브가 절대적이다. 현장에서 라이브를 원칙으로 하여 가수들의 뛰어난 아리아를 생생하게 청중에게 느끼게 하는 것이 목적이다.

4) 음악어법의 차이점이다

오페라가 전통적인 클래식 음악어법을 지속하고 있다면, 뮤지컬은 그 시대의 대중적 기호에 따르는 음악어법을 사용하고 있다. 오페라의 어법은 전통적인 이탈리아어를 기본으로 하며 가령 그 나라의 어법을 해석하더라도 언어의 내용과 표현의 한계가 있어 대중에게 다소 이질감을 불러일으키며 언어의 중요성을 무시하고 음악의 선율만을 의지하여 오페라를 감상하게 된다.[9]

뮤지컬은 오페라에 비해 감정의 표현이 용이하고 현대의 대중과 직접적인 친밀성을 가지며 전달의 목적으로 분명하고 쉽게 대중에게 이해시키는 어법을 사용한다.

---

9) 송인준, 「뮤지컬의 정극화를 위한 연구」, 석사논문, 연세대학교 교육대학원, 2000, p.16.

5) 뮤지컬과 오페라의 극적 음악 비중의 차이점

오페라의 대본은 대부분 음악으로만 되어 있다. 오페라의 대사는 레치타티보이며 드라마는 관현악의 반주와 아리아를 듣고 극의 분위기와 줄거리를 알게 된다. 청중은 음악을 듣기 위해 오페라를 찾으며 꼭 극의 스토리를 알아야 한다고 생각하지 않는다. 따라서 오페라의 극은 명료하고 단순하며, 명확해야 한다. 즉, 복잡하지 않다. 청중이 그다음 스토리에 대해 생각할 시간이 없기 때문이다. 오페라의 대본은 음악으로 시작해서 노래나 음악이 끊이지 않고 계속 연주된다. 따라서 다른 요소들 무용, 연기, 무대 등 극적 기능을 음악으로만 표현되고 표현할 수 있는 것이 오페라이다.

뮤지컬은 배우의 연기 속에 노래가 포함되어 있는 것이며, 노래도 연기의 일부분이다. 따라서 오페라의 음악과 뮤지컬의 음악은 극의 전체 비중에 있어서 차이가 있다.

6) 음악적 요소 사용의 차이점이다

오페라의 음악은 깊이 있고 어려우며 복잡하다. 아리아에서는 고도로 복잡한 기법으로 가수의 기량을 드러내며, 어택, 레가토, 장식음 등의 기교를 자랑하며, 선율에서의 깨끗한 정리와 풍부함이 갖춰져서 청중에게 감동과 즐거움을 준다. 최고 성역의 콜로라투라 소프라노는 장식음과 기교가 가장 뛰어나며 청중들은 콜로라투라의 음악적 기교에 크게 감탄한다.

오페라는 가능하다면 다양한 음악적인 요소를 활용하려고 노력한다. 특히 19세기 이후 합창은 매우 중요한 요소로 오페라의 첫 장면에 가장 즐겨 사용했다. 아리아도 중요 인물마다 배정하였고, 여러 종류의 중창을 적절한 위치에 배치하여 음악적인 다양성을 꾀하였다.

한때는 청중을 사로잡기 위해 장식음의 트릴, 카덴차, 그 밖의 온갖 장식들이 끝도 없이 쏟아져 의미 없는 오페라 공연이 되기도 했다. 이러한 다양한 요소를 무리하게 끼워 넣느라 극의 흐름을 방해하는 경우도 많았다. 이런 것들이 오페라의 관습이었던 시절이었다. 극의 흐름을 방해하더라도 다양한 요소들을 음악에 사용하는 방법이었다.[10]

이에 비해 뮤지컬 음악은 대부분 단순하며 관객이 듣고 따라 부를 수 있게 음악적 요소들을 자제한다. 또한 음악적 주제와 동기를 극의 스토리에 맞게 반복 사용하여 신경 쓴다. 즉, 오페라가 기교적인 테크닉 음악을 청중에게 각인시킨다면 뮤지컬에서는 레프리제(reprise)를 주 멜로디로 각인시킨다.

뮤지컬 <미스 사이공>의 음악적 특징이 바로 레프리제(reprise)다. 중요한 극적 순간에 앞의 노래가 다시 연주되는 것으로 선율이 반복되는 것이다. 주 멜로디에 조바꿈을 하거나 박자의 변화를 주는 편곡을 하여 다시 연주되는 경우가 뮤지컬의 음악적 특징이다. 따라서 대중들은 뮤지컬 공연이 끝나면 하나의 멜로디를 따라 부르게 된다. 이것은 뮤지컬과 오페라의 작곡기법의 장식음과 기교의 차이점에서 오는 현상이다.

---

10) 허영만, 『오페라 이야기』, (서울: 심설당, 2002), p.118.

5장 뮤지컬의 이해

　요즘은 가격 부담이 크고 이해하기 어려운 오페라보다 뮤지컬이 대세다. 특히 20대 젊은 층은 뮤지컬을 선호하며 주제가들을 따라 부르는 등 뮤지컬의 매력에 듬뿍 빠져 있다. 일각에서는 뮤지컬이 대중성만 추구하는 저급한 공연예술이라 하지만 관객들이 무대의 배우와 호흡하며 관객 자신의 욕망을 해소하고, 관객들과 상호작용(interaction)을 우선시하는 공연예술이다. 요즘은 뮤지컬에서도 여성 지휘자가 대세이다. 여성 음악감독이 뮤지컬 시장의 80%를 점유하고 있다. 이러한 뮤지컬의 구성요소와 특징들을 알아보고 대중예술의 꽃이 될 수 있었던 이유를 알아보자.

1. 뮤지컬의 정의와 역사

(1) 뮤지컬의 정의

　뮤지컬(Musical)이란 종합예술이며 이는 음악, 무용, 연기, 의상, 무대장치, 조명, 분장 등 각 분야가 세부적 완성도를 기하면

서 총체적인 조화를 이루어내는 대중적인 성격을 가진 음악극의 한 분류로 정의될 수 있다.11)

뮤지컬은 오페레타, 코믹 오페라, 보드빌, 팬터마임, 발레 등 수많은 장르들이 혼합되어 새롭게 탄생한 음악극이라고 하였다. 또한 사실주의 연극이라고 하기보다는 낭만주의 연극에 가깝다고 볼 수 있다. 뮤지컬 음악은 오페라와 같은 형식일 수도 있으나 보다 대중적이라고 볼 수 있으며 배우와 관객과의 특수한 약속에서 출발하여 음악적 리듬과 템포, 그리고 음악적 앙상블이 극적 시공간을 구축하고 있다.12)

초기 뮤지컬 연극의 명칭은 뮤지컬 코미디(Musical Comedy)라고 불렀다. 뮤지컬 코미디는 20세기에 접어들면서 완전히 자리 잡기 시작하는데, 이 무렵까지도 오페레타가 함께 성행했지만 뮤지컬 코미디가 점차 확연한 우위를 점하기 시작했다. 뮤지컬 코미디가 점차 사실적으로 탈바꿈하기 시작하여 비극으로 엔딩이 되는 심각해지는 스토리가 나오면서 코미디라는 단어가 떨어져 나가고 그냥 '뮤지컬(Musical)'이라고 불리게 되었다.

(2) 뮤지컬 발전사

뮤지컬은 기원전 5세기 고대 그리스 연극에서 뮤지컬의 최초 형태가 나타났다. 이 시기의 연극에서 음악적으로 대사를 했고

---

11) 홍세진, 「뮤지컬에 나타나는 음악의 기능적 역할에 관한 연구」, 석사논문, 상명대학교 대학원, 2004, p.5.
12) 이수연, 「Bob Fosse의 뮤지컬 작품에 나타난 Jazz Dance의 특징에 관한 연구」, 석사논문, 대구가톨릭대학교 일반대학원, 2008, p.4.

중세에는 민스트럴(Minstrel)이라는 음유시인들이 노래로 이야기를 전했다. 중세에 들어와 생겨난 종교극 또한 음악적 요소를 많이 사용하여 성경의 내용을 무대에 보여주었다.

영국에서는 산업혁명으로 도시에 모여든 노동자들은 저녁이나 주말에 저렴한 비용으로 시간을 보낼 수 있는 오락이 필요하였고 이에 따라 뮤직홀 쇼가 나타났다. 뮤직홀 쇼는 전체가 하나의 드라마로 꾸며지거나 일관성 있는 이야기를 하는 형태가 아닌 코믹한 노래, 유명인물 풍자, 일상생활의 감상적인 이야기로 꾸며진 버라이어티 쇼였으며 미국의 보드빌(Vaude Ville)과 독일의 카바레 쇼의 원조라 할 수 있다.

19세기 말의 영국은 정치적·경제적으로 막강한 국가였으며 세계 중심지로서 부가 집중되는 곳이었다. 세계의 무역상들과 부호들은 거래를 위해 런던으로 모여들었으나 당시의 영국은 이들을 위한 적당한 오락물이 없었다. 이에 <인 타운(In Town, 1892)>을 시작으로 <게이어티 걸(A Gaiety girl, 1893)>은 뮤지컬 코미디의 시작을 알리게 되었다.

한편 미국에서의 최초의 뮤지컬로 알려진 작품은 <아처스(The archers, 1796)>로, 음악은 오페라와 많이 흡사하지만 내용은 대중적인 오락물 형태로 오페레타 형식을 띤 작품이다. 19세기 중반에는 버라이어티 쇼와 민스트럴 쇼가 미국 내에서 큰 인기를 끌게 되었다. 그리고 산업혁명 이후 도시의 보통사람들에게 재미있고 수준 있는 건전한 쇼가 나타났는데 그것이 바로 보드빌(vaudeville)이다. 보드빌은 1890년대 중반에서 1930년대 초 사이에 미국에서 인기 있던 가벼운 연예 쇼였다. 이것은 영국의 뮤직홀과 버라이어티 쇼에 해당되는 것으로, 1930년대 대공황과 라디오, 텔레비전의 발전으로 인하여 급속히 몰락하였다.

1927년 공연된 <쇼 보트(Show Boat)>는 최초의 본격적인 뮤지컬 작품으로 꼽히며 이 작품을 계기로 하나의 공연예술로 자리 잡게 되었다. 당시 다른 뮤지컬에서는 다루지 않던 인종편견, 결혼파탄 등을 소재로 종래의 뮤지컬과 선을 크게 달리하여 앞으로 태어날 뮤지컬 작품들의 기반을 다져놓았다. 또한 1943년 <오크라호마!(Oklahoma!)> 작품의 성공은 미국 뮤지컬이 하나의 예술 형식으로 정착하게 된 계기를 마련하게 된다. 그 뒤 반세기 동안 미국은 콜 포터(Cole Poter), 레너드 번스타인(Leonard Bernstein), 조지 거슈인(George Gershwin) 등의 작품들로 세계 뮤지컬을 주도하였다. 이런 미국의 뮤지컬들은 전후 런던 무대를 점령하여 미국 뮤지컬의 황금기를 맞게 된다.

1950년대 제2차 세계대전이 끝나고 미국은 세계의 정치, 문화를 이끌어가는 부강한 국가가 되었고 두 차례의 세계대전으로 많은 예술가들이 미국으로 이주하게 되어 결과적으로 뮤지컬의 분야에도 많은 예술가들의 관심이 집중되어 미국 뮤지컬은 황금시대를 맞이하게 된다. 평화로운 시대를 되찾은 1950~1960년대에는 하나의 버라이어티 쇼라는 인식에서 벗어나기 위해 작사가, 작곡가, 안무가들이 등장하여 보다 전문적인 양식을 만들어 갔다.

연도	제목	작곡자
1948	Kiss me Kate	Cole Poter
1951	King and I	Richard Rodgers, Oscar Hammerstein
1956	My Fair Lady	Frederick Loewe
1956	Candide	Leonard Bernstein
1957	West Side Story	Leonard Bernstein
1959	Sound of Music	Richard Rodgers, Oscar Hammerstein

1960, 70년대는 뮤지컬 역사에 중요한 전환점을 가져다준 시기였다. 시대적인 상황이 반영되어 뮤지컬에 사회적 문제들이 사실적으로 나타나고 문학성과 예술성이 높은 진지한 작품들이 나오게 되었다. <카바레(Cabaret, 1966)>, <시카고(Chicago, 1975)>는 전통적으로 사용해오던 세미클레식적인 오케스트라 편성이 아닌 소규모 재즈 밴드 중심으로 연주되어 본격적인 재즈 뮤지컬의 시작을 알렸고 최초의 록 뮤지컬인 <헤어(Hair, 1967)>는 강한 록큰롤 음악이 앰프를 통해 소리가 확장되어 나온 획기적인 작품으로 궁극적으로는 마이크 없이 생음악을 연주하던 전통적인 뮤지컬을 사라지게 한 계기가 되었다.

〈표 2〉 1960~1970년대 대표적 뮤지컬 작품 목록

연도	제목	작곡가
1965	Fiddler on the Roof	Jerry Bock
1967	Hair	Galt MacDermot
1971	Jesus Christ Superstar	Andrew Lloyd Webber
1971	Godspell	Stephen Schwartz
1972	Grease	Warren Casey
1972	Pippin	Stephen Schwartz
1975	Chorus Line	Marvin Hamlisch

| 1975 | Chicago | John Kander |
| 1978 | Evita | Andrew Lloyd Webber |

1980년대에는 뮤지컬이 하나의 독특한 장르로서 인정을 받으면서 대형화·상업화하는 데 성공하여 뮤지컬이 산업화한 시기로, 이 시기에 제작된 작품들은 상업적으로 큰 성공을 거두게 되었고 하나의 문화상품으로 자리 잡게 된다. 이 시기에 두드러진 활약을 펼친 작곡가는 <캐츠>, <오페라의 유령>을 작곡한 앤드류 로이드 웨버와 <레미제라블>, <미스 사이공>을 작곡한 클로드 미셸 쇤베르크(Claude-Michel Schoenberg)를 들 수 있는데 이 작품들은 카메론 메킨토시(Cameron Mackintosh)의 제작 아래(캐츠, 레미제라블, 미스 사이공) 막대한 자본과 인력으로 화려한 의상과 무대장치, 최첨단 기술이 함께한 뮤지컬 양식으로써 북 뮤지컬이나 쇼 뮤지컬, 록 뮤지컬 등 여러 뮤지컬 양식의 성격을 적절히 배합하여 최고의 퀄리티(quality)로 만들어졌다. 이런 블록버스터 뮤지컬은 세계 4대 뮤지컬이라 불리기 시작하여 오늘날까지 브로드웨이와 웨스트엔드에서 흥행에 성공하고 있다.

이 뮤지컬들은 세계시장에서 어필할 수 있는 글로벌한 주제의 공연으로 제작되어 각국에 수출했을 뿐만 아니라 공연에 따른 부대사업을 활성화하여 얼마나 큰 상업적인 이윤을 창출할 수 있는지 보여주었다. 더욱이 무대 공연보다 먼저 음반을 발매하여 많은 관객들이 쉽게 공연을 접할 수 있게 하였고 감동을 주는 스토리에 스펙터클한 무대장치로 다양한 효과를 선보여 세트의 화려함이 주는 매력이 대단했다.

예를 들면, <캐츠>의 하늘로 올라가는 거대한 타이어, 샹들리에가 떨어지고 안개를 헤치며 배를 저어가는 <오페라의 유령>, 실물로 착각할 만한 거대한 헬기가 등장하는 <미스 사이공>으로써 무대가 음악이나 배우, 드라마 같은 비중을 차지하는 중요한 요소로 떠올랐다. 그리고 제3세계의 입장에서도 뮤지컬들을 다시 보게끔 하는 계기를 마련했다. 관념적인 주제와 깊이 있는 음악을 바탕으로 국제적인 감각을 내세워 세계를 감동시켜 여러 나라의 뮤지컬 팬들을 급격히 확산시킬 수 있었다.

90년대 이후의 뮤지컬은 블록버스터 뮤지컬을 토대로 다양한 소재를 가지고 발전되고 있다. 기업형 뮤지컬이 출현하여 다양한 관객을 위한 가족 뮤지컬을 만들었고 쇼 뮤지컬적 성향의 비언어 뮤지컬은 물론 여러 장르의 크로스오버 현상으로 현재적으로 포함되어 있지 않은 양식적·문화적 재료들이 뮤지컬의 영역 안으로 들어오면서 계속적으로 변화 발전되는 중이다.13)

〈표 3〉 1990년대 이후 대표적 뮤지컬 작품 목록

연도	제목	작곡가
1994	Beauty and Beast	Alen Menken
1994	The Lion King	Elton John
1996	Rent	Jonathan Larson
2000	Aida	Elton John
2001	Producers	Mel Books
2001	Mamma Mia	그룹 ABBA의 곡을 편곡
2003	Wicked	Stephen Schwartz

13) 임현진, 「뮤지컬 미스 사이공 분석을 통한 음악적 특징 연구」, 석사논문, 이화여자대학교 실용음악대학원, 2007, pp.4~9.

2. 뮤지컬의 구성 요소

(1) 뮤지컬의 특징

뮤지컬의 특징은 음악, 무용, 연기 등이 어우러져 있는 종합예술이라는 점이다. 뮤지컬의 음악은 대중적인 요소가 살아 있어야 하기 때문에 팝, 재즈, 랩, 클래식, 가요 등의 다양한 기법이 작품에 포함된다. 따라서 뮤지컬의 특징은 다음과 같다.

① 뮤지컬은 '종합극(Total Theatre)'이다. 음악적 기본요소에 춤과 연기, 현대 무대기술의 공연물이다.
② 뮤지컬은 '대중극'이다. 심각한 주제보다는 쉽게 이해할 수 있고 웃을 수 있어서 기분전환을 할 수 있는 요소가 가득하다.
③ 뮤지컬은 형식상 특수한 '연극적 약속'을 필요로 하는 극이다.
④ 뮤지컬은 '제시주의적인 연극'이다. 배우는 무대 위에서 끊임없이 관객을 의식하며 공연한다. 뮤지컬에서 배우가 상대역보다는 관객을 향해 노래 부르고, 또는 관객이 여기에 박수로 호응하는 것이 한 예라 할 수 있다.
⑤ 뮤지컬은 음악적 리듬과 템포, 그리고 음악적 앙상블이 극적인 시공간을 구축한다. 음악의 절대적인 힘으로 극적 시공간을 과거, 현재, 미래로 이동시켜 작품의 스케일을 자유자재로 만들어낸다.
⑥ 뮤지컬은 낭만주의 연극으로 볼 수 있다. 사실주의가 가능

한 현실을 정확하게 표현하려는 반면, 낭만주의는 이상적인 면에 치중한다. 뮤지컬이 화려하고 낙천적이며 환상적인 표현을 나타내는 것은 낭만성을 가진 영향이라고 할 수 있다.

(2) 뮤지컬의 구성 요소

뮤지컬은 오페라의 구성요소인 극(대본), 음악(독창, 제창, 합창, 관현악), 연기, 춤, 미술(분장, 무대의상, 무대장치) 등의 요소를 그대로 갖추었다.[14]

1) 극본(Book): 공연의 내용이며, 먼저 극본이 있고 그 뒤에 음악과 춤이 강조되더라도 여전히 연극의 한 장르의 성공적인 뮤지컬이 되기 위해서는 훌륭한 극본이 선행되어야 한다.
2) 음악(Music): 좋은 극본은 음악이 따라야 좋은 작품으로 형상화된다. 음악은 극에 적절한 분위기를 형성할 수 있고 유지한다. 극의 목적, 가사와 선율의 특성 등에 따라서 노래를 분류할 수 있으며, 다양한 선율과 악기를 사용하는 특성을 가지고 있다.
3) 가사(Lyrics): 뮤지컬의 노래는 멜로디와 가사로 되어 있다. 그 가운데 가사는 매우 중요하다. 뮤지컬의 가사는 음악과 합쳐 가장 효과적인 전달을 목적으로 관객에게 심금을 울리며 표현을 부여해주는 역할을 한다. 아름답고 훌륭한 노

---

14) 어은정, 「Opera와 Musical의 비교 분석을 통한 차이점 연구」, 석사논문, 단국대학교 대중문화예술대학원, 2008, pp.30~31.

래일수록 멜로디와 가사는 일체를 이루어 하나의 하모니를
연출해낸다.

4) 안무(Choreography): 뮤지컬의 춤은 연기의 일부이다. 전체
적인 작품의 흐름을 자연스럽게 이어주는 극적인 연기이
자, 드라마로써의 기능을 한다.

5) 무대: 현대뮤지컬이 대형화·상업화되면서 웅장하고 스펙
터클한 무대는 관객에게 볼거리를 제공하고 뮤지컬 극장을
찾는 가장 중요한 요인이다. 환상적이며, 화려함 등 상상
이상의 엄청난 상징적 이미지를 표현하며 발휘한다.

6) 연출: 연출가는 모든 것을 도출하고 억제하며, 강조되고 발
전시켜서 제시하며, 모든 부분의 균형을 이루게 하고 작품
에 통일성을 부여하는 연출가의 역할이 중요하다. 정점의
순간으로 안내하는 작품해석의 중심적인 인물이다.

7) 제작자: 상업적인 예술이기 때문에 이윤을 남기는 것을 목
적으로 한다. 이윤이 남기 위해서는 좋은 작품을 선정하여
투자한다.

(3) 뮤지컬 안무

무용은 몸짓이 가지는 보편적 언어의 특성에 의해 언어나 음
악으로 표현할 수 없는 극적 상황을 관객들로 하여금 직접적이
고 쉽게 이해할 수 있도록 시각화해 준다. 이것은 본질적인 표현
성과 예술성으로 극에 이바지한다고 볼 수 있다.

무용의 기능은 초기 뮤지컬의 무용은 아무 때나 춤을 추어 극

을 장식하기 위해 화려한 의상을 입은 여자들이 여흥을 제공하는 데 지나지 않았다. 그러나 현대에는 장식적이거나 극적으로 통합된 분위기를 조성해주는 것 이상의 의미를 지닌다.[15]

첫째, 무용은 극의 극적 전달 수단으로써 시간적 경과에 의한 줄거리를 전개, 주제를 묘사하며 관객에게 정보를 제공·과장·확대하는 기능을 한다.

둘째, 등장인물의 성격이나 인물이 처한 상황에 따른 내적 심리를 묘사 극대화시킨다.

셋째, 시대, 장소, 환경 등 배경의 분위기와 환경을 관객에게 인식시키는 기능을 한다.

넷째, 관객에게 볼거리를 제공하기 위해 화려한 의상이나 춤, 그리고 독특한 무대장치를 이용하여 흥미를 증진시킨다.

다섯째, 대사나 음악으로는 표현할 수 없는 극적 상황의 보조 역할을 한다. 관객들에게 빠르고 쉽게 전달하고 이해시키는 역할을 하고 있다.

여섯째, 장면이 요구하는 분위기를 가장 짧은 시간에 정착시키며 극의 시각적 효과를 극대화시킨다.

한편, 뮤지컬에 나오는 춤의 형태는 다음과 같이 6가지로 볼 수 있다.[16]

---

15) 정미례, 「뮤지컬에서 안무가 역할에 관한 연구」, 석사논문, 한남대학교 사회문화대학원, 2005, pp.32~33.
16) 차태호, 『뮤지컬 연출 체크 리스트』, (서울: 남지, 1998), pp.93~94.

<표 4> 뮤지컬 춤의 6가지 형태

구분	내용
오프닝 넘버	뮤지컬의 도입부에 소개되는 것으로 전체 코러스들의 대담하고 화려한 형태를 보여주는, 뮤지컬만의 독특한 춤으로, 작품 전체의 분위기를 설정하는 기능을 하는 군무장면을 말한다.
독무	배우 혼자서 내적 심리상태를 표출하기 위해 추는 춤으로 간주곡에 주로 쓰인다
듀엣	배우 상호 간의 갈등이나 애정을 몸짓으로 표현하는 춤이다.
앙상블	남과 여의 성 대결에서 협력과 대립을 표현한다.
프로덕션 넘버	뮤지컬만의 쇼적인 춤으로 작품의 전개과정과는 별도로 화려하고 신나는 리듬과 의상, 조명, 장치들이 어우러지는 별도의 스펙터클한 군무를 말한다.
발레 시퀀스	액션을 강화시키거나 논쟁이나 대립을 유발시킬 때 사용하며 대개 크로스오버의 위치에서 상연한다.

위에서 살펴본 바와 같이 뮤지컬 무용 안무의 특성은 뮤지컬에서 무용은 많은 변화와 중단 및 노래나 대사로의 전환을 처리해야 하고, 동시에 발생되는 청각과 시각 사이에서 관람객들의 주의를 분산시킬 필요가 있기 때문에, 일반적으로 다른 무대 무용의 형태에 비해 보다 덜 복잡한 전개를 가진 안무로 이어지며 그 특성은 다음과 같다.

첫째, 뮤지컬용 무용에는 속도, 리듬과 추진력이 필요하다.

둘째, 무용은 세련되어야 하고 명확한 디자인을 제시하여야 한다.

셋째, 시간적으로나 공간적으로 정확해야 한다.

넷째, 동작 표현법은 스타일에 따라 매우 다양할 수 있지만, 노래를 크게 할 수 있을 정도의 충분한 호흡이 가능하도록 제한된다.

다섯째, 동작은 목소리의 화음을 제한해서는 안 된다.

3. 뮤지컬과 오페라의 차이점

(1) 안무의 차이점

오페라와 뮤지컬의 안무의 차이점은 다음과 같이 3가지로 요약될 수 있다.

① 기능과 목적의 차이점이다

오페라에서 무용은 장면의 효과를 위해 존재한다. 춤사위에 관객들을 매혹시키는 일과 의상이 주는 화려함 등이다.

오페라의 무용은 프랑스오페라에서 발레를 처음 삽입하여 점차 이탈리아나 독일 오페라에 확대되었고 구성요소에도 발레가 삽입되었다. 하지만 기능 면에서는 장면의 효과를 위해 사용되고 있으며, 극의 전달수단이나, 인물의 성격 등 무용과 극에서는 크게 영향을 끼치지 않는다. 간혹 글루크의 오페라에서는 발레를 극과 음악을 관련시키는 매체로 사용하였고, 극의 내용의 극대화를 위한 중요한 역할을 하였다. 단순성 위에 극적 효과를 내고자 하였다. 그러나 대부분의 오페라 무용은 극적 효과보다는 장면효과를 위해 사용된다.

또한 오페라 <나비부인>에서 무용의 요소는 전체 극의 2시간 공연 중 5분 정도이다. 그것도 이국적 배경을 바탕으로 기모노를 입은 여자의 독무로 된 춤사위이다. 움직임이 거의 없는 것이 특징이다. 즉, 오페라에 있어서 무용은 필수요소가 아니다. 오페라는 시대에 따라 무용이 필수 불가결할 때도 있었으나 무용적인 요소를 사용하지 않았을 때도 있었다.

뮤지컬의 무용은 극적 표현 수단으로 극의 진행에 크게 영향을 끼친다. 뮤지컬 속의 춤은 대사이자 극이며 음악이다. 즉, 연기의 일부이며 극적 표현 수단으로 아주 중요한 기능을 한다.

뮤지컬에서의 무용은 주인공이 아무 때나 춤을 추었고, 극의 장식 목적이나 여흥을 제공하기 위해 쓰였으나 현재는 뮤지컬의 3대 구성요소로써 음악만큼 중요한 기능을 한다. 무용은 극의 극적 전달 수단으로써 시간적 경과에 의한 줄거리를 전개, 주제를 묘사하며 관객에게 정보를 제공·과장·확대하는 기능과 장면이 요구하는 분위기를 가장 짧은 시간에 정착시키며 극의 시각적 효과를 극대화시킨다.

뮤지컬 안무에서 가장 중요한 것이 안무가이며, 안무가는 대본을 바탕으로 극의 분위기나 장면마다의 상황을 관찰한 후 창의력을 발휘하고 대본의 플롯전개를 중심으로 전체적인 형태를 결정한다. 그리고 극 중 인물과 연기자, 공간, 소품이나 장치, 음악 등의 요소들을 움직임과 결부시켜 작업을 해나간다. 뮤지컬의 언어로써 살아 있는 움직임을 표현하는 중요한 작업이다.

오페라나 뮤지컬의 안무에서 공통적으로 중요한 것은 창의성이며, 안무가는 시대의 경향을 읽고, 관객취향의 변화를 민감하게 의식하면서 안무한 작품에 신선함과 생동감을 불어넣어야 한다. 타당한 극적 동기를 춤으로 보여줘야 한다.

② 안무자의 노력의 차이점이다

오페라에서 춤은 가수에게 큰 노력을 기대하지 않는다. 오페라는 뮤지컬과 달리 음향효과를 사용하지 않는 경우가 많기 때문에 춤동작을 만들어서 춤을 보여주는 것보다는 연출가가 정해놓은 동선을 따라서 관객이 지루하지 않게 느낄 만큼만 움직인다. 오페라에서는 화려한 동작이 아니라 주로 노래에 초점을 맞추기 때문이다. 따라서 오페라 가수는 춤을 무대에서 보여주기 위해 따로 공부하거나, 청중을 위해 볼거리를 제공하기 위해 몸의 선을 예쁘게 만들지 않고, 공연을 위해 강렬한 춤을 추기 위해 많은 시간 노력하여 춤을 추지 않는다. 즉, 오페라에 있어서 춤은 필수 요소가 아니고 가수에게 있어서 꼭 해야 하는 것이 아니다. 가령 테크닉적인 춤을 요하는 경우도 있다. 이런 경우 전문적인 무용수가 오페라에 출연하여 춤을 추게 된다. 뮤지컬 배우처럼 기술적 기량을 기대하지 않는 것이다.

뮤지컬의 춤은 배우에게 많은 시간 노력을 기대한다. 뮤지컬 배우는 춤을 추며 노래를 부르는 경우가 흔하며, 테크닉적인 안무를 위해 끊임없이 노력하여 기량을 쌓는다. 뮤지컬 공연을 하기 위해서 배우들은 많은 시간 춤을 연습한다. 배우를 캐스팅할 때 노래와 연기만큼 춤을 보는데 앙상블에서는 춤을 가장 많이 보고 앙상블의 대부분은 무용을 전공하거나 몇 년씩 배운 사람이다.

③ 무용 종류의 차이점이다

뮤지컬 무용은 어느 스타일에 국한되지 않고, 움직이는 모든 동작에 의미를 부여하여 다양한 무용 형식을 적용한다.

뮤지컬 무용에서 쓰이는 움직임의 스타일은 거의 무한하며, 작품에 따라서 필요한 스타일을 어디에서든 끌어올 수 있다. 특정한 움직임의 스타일로 규정지을 필요도 없다. 필요에 따라서는 여러 스타일이 복합된 형식으로 짜이기도 한다. 예를 들면, <토요일 밤의 열기>에서 안무는 무도회의 춤과 스페인 춤, 재즈, 디스코 및 애크러배틱 무용을 혼합해놓은 것이다. 그래서 관객이 한 작품 안에서 볼 수 있는 무용스타일은 실로 다양하다. 이러한 무용스타일들을 살펴보면 재즈, 탭, 발레, 현대무용, 시대무용, 민족무용, 애크러배틱 무용, 브레이크 댄스, 힙합, 스트립 댄스 등 춤이라 일컫는 모든 움직임이다. 즉, 뮤지컬 무용의 종류는 다양하다.

(2) 목적과 의도의 차이점

뮤지컬과 오페라의 일반적 의도와 목적은 네 가지의 차이점을 가지고 있다. 첫째, 뮤지컬과 오페라는 목적의 차이점으로, 뮤지컬은 이윤 극대화를 추구하고 오페라는 순수예술로 예술성을 추구한다는 점이다. 뮤지컬의 도시 브로드웨이의 가장 큰 목표는 상업적 성공이다. 예술의 고상함을 즐기려는 이들을 위해서가 아니라 시장을 위해 존재한다. 뮤지컬이 전 세계적으로 선호하는 이유는 라이브 엔터테인먼트로서 충분한 볼거리와 이해하기 쉬운 오락적인 내용을 대사와 노래, 그리고 춤으로 표현하여 재미와 감동을 극대화하기 때문이다.

오페라는 순수예술의 예술성을 추구로 상업적인 것이 아니다. 순수한 예술성을 바탕으로 작곡가 개인의 성향이나 자신만의 음악의 색을 가지고 만들어진다. 오페라의 가치는 작품성에 있는 것이다. 순수예술의 산출은 문화적 자본을 갖춘 상대적으로 소수인 지배계층의 높은 지불의사에 의해 유지되는 것이다. 클래식 음악에서의 예술적인 면은 각 작곡가의 개성과 성향이 매우 뚜렷하다. 따라서 오페라의 작품성은 대중에게 호응을 얻기 힘들다. 그래서 시간이 흐른 뒤에야 작품성을 인정받는 경우가 대부분이다.

둘째, 뮤지컬과 오페라의 작곡가와 작사자의 차이점이다. 뮤지컬 작곡가의 의도는 오로지 대중적인 흥행에 목표를 두고 쓰인다. 그 이유는 작품성이 아무리 뛰어나다 해도 대중적인 호응을 얻지 못하면 더 이상 공연을 올릴 수 없기 때문이다. 그래서 작곡가와 작사가 연출가는 거의 대부분 오랜 시간 같이 의견을 나누고 작업을 한다. 뮤지컬은 오로지 흥행을 위해 좋은 작품을 만드는 것이다. 뮤지컬의 가사는 멀리보다는 정확하게 전달하는 역할로 어려운 단어를 피하고 생활에서 사용하는 일반적인 언어를 사용한다. 셋째, 뮤지컬과 오페라는 연출가의 역할의 차이점이다. 연출가는 공연의 전체 제작과정의 중심적인 역할의 권한을 부여받는다. 모든 공연 작업에 확실한 방향을 제시하고, 진행해나갈 역할로 모든 문제에 관한 '최종 결정권자'의 역할과 조정자로서의 역할을 한다.

뮤지컬 연출가는 작품을 제작할 때 자신의 오랜 경험을 바탕으로 좋은 작품을 만든다. 배우, 디자이너들뿐 아니라 제작자,

작곡가, 작사가, 안무가, 음향, 무대감독, 스텝 등 수많은 사람들과 긴밀한 협동 작업을 벌이며 상업적 이윤을 포커스에 맞추어 흥행할 수 있도록 수단과 방법을 가리지 않는다. 유명 배우, 가수, 작곡가 등을 섭외하고 흥행할 수 있는 모든 것을 확대한다.

이에 비해 오페라 연출가는 뮤지컬 연출가와 달리 역할이 제한된다. 오페라 연출의 역할은 지휘자의 방해를 받지 않을 만큼의 영역에서 음악과 극의 조화를 이룰 수 있는 한계까지 모든 요소를 신경 쓴다. 오페라의 연출은 투자를 받아도 이윤을 남기기 위해 많은 부분 흥행할 수 있는 부분을 늘리지 않는다. 다만 그 배역에 맞는 오페라 가수를 섭외하는 데 신경을 좀 더 쓰는 정도이다.

오페라는 연출가보다 지휘자의 역할이 더 중요하다. 지휘자는 음악감독의 역할을 맡아서 오케스트라, 독주자, 합창단원 등의 청각 분야의 책임을 맡는다. 오페라의 특성상 음악이 중요하기 때문이다.[17)]

넷째, 캐릭터의 의도와 목적의 차이점이다. 오페라의 캐릭터에는 애매한 성격의 캐릭터는 존재하지 못한다. 악한이면 악한, 희생자면 희생자로 뚜렷한 성격의 캐릭터만 존재한다. 그 이유는 오페라의 특성상 의사전달 능력이 떨어지고 극의 구조가 탄탄하지 못하기 때문이다. 즉, 문학적 상상력을 자극하는 요소들을 만들지 않는다. 오페라 작곡가 베르디는 셰익스피어의 작품 <리어왕>을 항상 머릿속에서 맴돌다가 계획에 그쳤다고 한다. 그것은 리어왕에 등장하는 인물들의 성격과 상황이 뚜렷하지 않

17) 정진수, 『연극과 뮤지컬의 연출』, (서울: 연극과 인간, 2004).

았기 때문이다. 오페라 작품의 소재는 맥베스와 오텔로처럼 마음만 먹으며 바로 실행에 옮기는 인물들이어야 한다는 것이다. 또한 오페라 가수는 등장인물의 음역이 3명을 넘겨서는 안 된다. 그 이유는 등장인물의 성격이 비슷해질 수 있고, 오페라의 길이가 길어지기 때문이다. 오페라의 등장인물은 비중에 따라 차이는 있지만 하나 이상의 아리아를 부르기 때문이다. 오페라의 등장인물이 노래를 부르게 되어 있던 관습은 모차르트시대까지는 지속되었다.

이에 비해 뮤지컬은 문학적 소재를 바탕으로 관객으로 하여금 문학적 상상을 기대할 수 있게 하기 때문에 뚜렷한 성격의 캐릭터만을 요구하지 않는다.

(3) 의상의 차이점

뮤지컬과 오페라는 공연예술이기에 무대의상(stage costume)을 필수로 한다. 무대의상의 분류는 크게 성격의상(character costume)과 시대의상(historic costume)으로 분류할 수 있다. 그러나 성격의상과 시대의상을 따로 분리하여 생각할 수는 없으며, 극 중 인물이 처한 상황과 성격을 모두 고려하여 디자인하여야 한다.

무대의상의 특징은 무대공연을 목적으로 하는 의상으로 무대미술의 한 범주 안에 속한다. 무대의상은 극을 이해하는 데 있어 여러 가지 정보를 제공하는 중요한 역할을 하고 있으며 무대조명이나 소품, 무대장치 등과 조화를 이루어 관객들이 극을 관람하는 데 있어 시각적으로 도움을 주는 요소이다. 오페라의 경우 발성을 위해 호흡에 편리한 의상이어야 하며 오케스트라 연주를 듣는 것을 방해받지 않도록 머리장식에도 신경을 써야 한다.[18] 오페라는 19세기 이전의 오페라로 주로 바로크시대의 유럽 귀족의 의상이었으나 오늘날에는 연출자의 의도에 따라 개성적이고 추상적인 의상을 입기도 한다. 다만, 오페라는 극장의 크기가 대극장이 80% 이상을 차지하고 있다는 점은 오페라가 대중화되기 어려운 점이기도 하다. 왜냐하면 뮤지컬은 소극장 30%, 중극장 30%, 대극장 40%로 고르게 분포되어 있어서 관객들과 만날 수 있는 기회가 훨씬 많기 때문이다.

4. 뮤지컬의 종류

(1) 창작 뮤지컬

뮤지컬은 곡의 분위기나 대상, 목적, 가사와 선율의 특성 등에 따라 노래를 분류할 수 있다. 국내에서 음악과 대본 혹은 음악을 순수하게 창작하는 뮤지컬을 말한다(예를 들면, <김종욱 찾기>, <오 당신이 잠든 사이>).

(2) 라이선스 뮤지컬

외국의 대본과 음악을 가져와 국내 배우와 스텝들이 제작하는

---

18) 어은정, 「Opera와 Musical의 비교 분석을 통한 차이점 연구」, 석사논문, 단국대학교 대중문화예술대학원, pp.38~39.

뮤지컬을 말한다(예를 들면, <오페라의 유령>이나 <아이다>).

(3) 오리지널 뮤지컬

외국의 공연 팀이 직접 국내에 들어와 전국순회와 같은 공연을 하고 나가는 뮤지컬로서, 캐츠(미국), 노트르담 드 파리(프랑스)와 같은 작품이다.

따라서 뮤지컬 장르의 범위를 살펴보면, 창작뮤지컬, 라이선스 뮤지컬, 내한 오리지널 뮤지컬, 그리고 넌버벌 퍼포먼스(non-verbal performance) 등으로 구분된다. 넌버벌 퍼포먼스는 엄밀히 따지면 뮤지컬 영역이라고 할 수 없으나, 음악적 요소가 가미된 대중적인 성격의 공연이라는 공통분모를 가진다.

제3부

청소년과 실버 세대
음악문화 활동

6장 청소년을 위한 공연예술

　우리나라의 청소년들은 중학교에 입학하면서부터 학업에 전력을 다한다. 학업이 최우선이므로 여가생활이나 취미는 시간적 여유가 없다. 일상은 늘 시간에 쫓기고 경쟁 속에서 살아간다. 심적인 여유나 배려 없이 학습이 전부다. 이러한 청소년들의 여가생활에 대한 연구는 그들의 심미적 음악체험을 위한 배려와 음악적 심성을 풍부하게 가꾸어주는 관점에서 접근하여야 한다. 우리는 어떤 음악문화 활동을 하며 청소년기를 보내었는가? 우리 청소년들의 음악문화의 현주소를 알아보고 그들의 삶의 질을 높이는 음악문화 활동의 방법들에 대한 연구가 필요한 시점이다.

1. 청소년기의 음악문화 활동의 필요성

(1) 아름다움을 느끼는 감수성 함양

　모든 인간은 태어날 때부터 소리와 함께 시작하여 평생 동안 온갖 소리에 둘러싸여 생활한다. 자신의 첫 울음소리에서부터 어머니의 자장가 소리, 집 안에서 들리는 크고 작은 소리에 이르기까지 유아는 다양한 소리를 포함한 음악적 환경에서 자라게 된다. 유아 자신도 신체의 반응과 소리로 반응함으로써 그들의 생을 엮어나가게 된다. 이런 음악 활동은 기쁨, 즐거움, 창조적인 것을 표현하게 하고 감정 또한 자라난다. 듣기와 청각의 식별능력을 증진시켜 주고 아이들의 목소리를 통해 언어능력과 음성의 발달에 기여한다. 이러한 것을 담당하는 음악교육은 아이들의 창의성과 정서함양에 큰 도움이 된다.

음악은 인간에게 진정한 아름다움을 경험하게 하고 조화로운 인간으로 성장하게 한다는 점에서 그 가치가 있다. 감수성이 예민하고 상상력이 풍부한 청소년기에 참된 음악을 통하여 의미 있는 음악경험을 제공하는 것은 이러한 '아름다움'을 발견하고 향유하는 능력의 바탕을 마련한다는 점에서 매우 중요하다. 청소년기에 경험하는 음악의 질은 평생 동안 음악경험의 질을 좌우하기 때문이다.

그러나 과연 어떤 음악이 조화로운 인간을 형성하게 하는 음악인지 선별하기란 쉽지 않다. 이에 대해 머셀(J. L. Mursell)[1]은 인간에게 유익하며, 총체적이고 풍부한 교양이 있는 것, 인간에게 봉사하기 위해 존재하는 것이야말로 '참된 음악'이라고 하였다. 또한 이강숙[2]은 심미적 가치나 의미를 발생시키는 토양, 인간이 하는 판단이나 사유를 통제하는 요인 혹은 무언으로 약속한 공감대 등의 의미로써 '문화적 믿음'이라는 용어를 사용하였

---

1) Mursell, J. L. 『음악교육과 인간형성』, 한국음악교재 연구회 역, (서울: 세광음악출판사, 1987).
2) 이강숙, 『음악의 방법』, (서울: 민음사, 1986), p.22.

으며, 음악이 인간의 복된 삶 전체와 긍정적으로 관련될 때 비로소 그 값어치가 인정되어야 한다고 믿는 믿음을 '새로운 음악 문화적 믿음'으로 정의하여 음악과 우리 삶의 복지와의 관련성을 설명하고 있다.

또한 음악은 인간에게 진정한 아름다움을 경험하게 하고 조화로운 인간을 형성하게 한다는 점에서 그 가치가 있다. 감수성이 예민하고 상상력이 풍부한 청소년기에 참된 음악을 통하여 의미있는 음악 경험을 제공받는 것은 이러한 '아름다움'을 발견하고 향유하는 능력의 바탕을 마련하기 때문에 매우 중요하다.

청소년기는 사춘기에서 시작하여 다양한 성숙과정을 거쳐 사회·문화적으로 한 사람의 독립적인 성인으로 인정되는 성인기 이전까지를 의미한다. 청소년 기본법(동법 제3조 제1호)에서는 9세에서 24세 이하를 청소년으로 보고 있지만, 개정된 청소년 보호법(동법 제2조 제1호)에서는 '19세 미만'으로 규정하고 있으며, 실제로 약 13세에서 18세 사이의 중·고등학교 청소년층을 청소년 세대로 보는 것이 일반적이다.

청소년기는 단순한 신체적·생리적 성장뿐만 아니라 정신적·정서적·지적·사회적 성숙 등 다양한 변화와 발달이 일어나는 인간 성숙의 과정으로서 한 사람의 개인적 특징이 형성되는 시기이므로, 이 시기의 성장과정과 경험은 개인의 가치관과 인성 형성에 중요한 영향을 미치며, 나아가 이들이 주인공이 될 사회와 국가의 미래를 좌우하기에 이른다.

주지할 점은 후기 산업화의 영향으로 청소년기가 점차 연장되어 감에 따라 청소년 집단이 사회의 주도층으로 등장함으로써 사회의 흐름을 바꿀 수 있는 중요한 사회적 변수가 되었다는 것이다. 따라서 청소년들에 대한 올바른 이해와 관심을 바탕으로 그들이 자아정체성을 확립하고 아름답게 성장해가도록 돕는 일은 매우 시급하고 중요한 일이다.[3]

(2) 청소년 음악문화는 우리의 미래

일반적으로 '문화'란 우리 삶의 전체를 집약적으로 가리키는 것으로서 삶을 전체적으로 볼 수 있는 어떠한 통찰력이나 의식, 태도 등을 의미하는 것이다. 그렇다면 '청소년 문화'는 바로 청소년들의 삶 전체를 집약적으로 가리키며 그들에게 특이하게 존재한다고 생각되는 가치관 및 태도들을 의미하므로 그들의 사고와 이념, 감정, 장래 포부, 이상 등을 나타내는 수단이 된다고 볼 수 있다.

청소년 문화는 자기들만의 독자적인 생활과 세계를 체험하게 하고 그때 자기가 누구인가를 발견하고 자아정체성을 확립하게 하며, 그들 내부에 내재되어 있는 사상, 감정, 잠재 능력 등을 자유롭게 표현하며 또 그것들을 스스로 창조하도록 한다는 점에서 매우 중요한 의미를 갖는다.[4]

또한 청소년 문화는 그들 나름의 행동방식과 정신적 지표가 된다. 청소년 문화를, 전체 사회 문화나 주류문화에 대해 하나의 부분을 이루는 '부분 문화' 또는 '하위문화'로 보는 관점도 있으

---

3) 한상철 외 2인, 『청소년 심리학』, (서울: 양서원, 1998), p.50.
4) 권이종, 『청소년의 두 얼굴』, (서울: 중앙교육진흥연구소, 1996), p.110.

나, 실상 청소년 문화는 하위문화의 일정한 수준이나 단계에 머무르는 정체현상을 보이지 않고 그 이상의 세계로 발전, 추구해 나아가고 있다. 이러한 특징 때문에, 청소년 문화는 주도 문화의 자체 개혁과 개선의 촉진제가 되어 사회발전에 긍정적인 역할을 하기도 하며, 동시에 존재하는 사회 문화 가치와 사회현상에 항거하는 부정적·반사회적 문화를 발전시켜 나갈 가능성도 가지는 것이다.

이에 청소년 문화가 지닌 독자적 기능은 첫째, 가족과 사회, 아동기와 성인기의 중간적 매체로서의 역할이다. 둘째, 대중문화와 지배문화 사이에 잠재되어 있는 긴장을 창조적으로 해소시킬 수 있는 능력이 있어 문화의 조화를 이루게 한다. 셋째, 인생 안내자의 역할, 규범과 가치관을 제시해주며 젊음의 격정과 낭만을 건설적으로 승화시켜 그들의 정력을 건전한 문화 창조로 전환시켜 준다. 넷째, 과도기로서의 청소년기에 안정과 소속감을 제공하여 이탈행위를 줄일 수 있다는 것이다.

따라서 건전한 청소년 문화의 존립을 위하여 우리 사회는 청소년들이 그들만의 사상과 감정, 숨겨진 세계를 마음껏 표현·표출할 수 있도록 독자적인 문화 창조 및 문화 활동의 기회를 제공하여야 한다. 더 나아가 청소년 문화가 청소년들의 바람직한 성장에 있어 가지는 의미와 중요성을 알고 청소년 문화를 이해와 사랑으로 적극 지원함으로써 청소년들이 자신들의 문화세계를 마음껏 펼쳐 나갈 수 있는 기름진 토양을 마련해주어야 한다.

청소년 문화에 있어서 음악문화는 가까운 미래의 우리 사회 일반의 음악문화이다. 풍부하고 다양한 음악경험을 통해 삶을 더욱 아름답게 가꾸어가는 사람들이 만들어갈 미래가 더욱 밝고 긍정적임을 생각할 때, 청소년들이 그들 자신의 음악문화를 창출할 수 있는 주체가 되도록 음악적 환경의 기반을 마련하여 주며, 그들이 보다 나은 음악문화를 향유하도록 도와주어야 한다.

1980년대 미국 버클리 대학 심리학 연구소가 발표한 '세계적으로 성공한 600명에 대한 연구' 결과, 성공한 사람들은 1) 강한 집중력, 2) 살아 있는 감수성, 3) 창의적 사고, 4) 정직한 마인드, 5) 풍부한 독서 등 다섯 가지 특징을 가지고 있다고 한다. 이런 능력들은 제대로 된 예체능 교육을 통해 충분히 길러질 수 있는 것들이다.

따라서 선진국들은 예체능 교육을 필수로 여기고 있다. 하버드대, 옥스퍼드대 같은 세계적인 명문대 학생들이 뛰어난 음악이나 체육 실력을 자랑하는 것만 봐도 잘 알 수 있다. 그러므로 선진국이 지향하는 문화강국 중심에 음악이 있다는 것을 말해준다.

2. 우리나라 청소년 음악문화의 실태

(1) 공연 체험 실태

2009년 공연예술실태조사에 의하면 우리나라의 공연장은 927개로, 대공연장이 75개(8.1%), 중공연장 383개(41.4%), 소공연장이 396개(42.7%), 모름/무응답 73개(7.8%)였다. 공연시설은 수도권이 399개(54.5%)로 절반 이상을 차지하고 있다. 이러한 공연 하드웨어를 갖추고 있는데도 불구하고 우리나라 청소년들의 음악문화실태는 여러 가지 문제점을 보여준다.

다음은 우리나라 청소년들의 음악 공연 체험에 관한 설문조사 결과이다.[5]

〈표 1〉 음악 관련 공연장 체험 실태

1년에 한 번도 안 간다.	65%
1년에 1~2회 간다.	25%
1년에 3회 이상 간다.	7%

위의 <표 1>에서와 같이 응답자 중 과반수가 음악 관련 공연을 관람한 적이 없다고 한다. 따라서 청소년들의 직접적인 음악 감상 체험은 매우 부족함을 알 수 있다. 예술작품에 대한 이해는 체험과 훈련으로부터 체득되는 것이다. 음악을 이해하기 위해서는 직접 음악을 듣게 하고 스스로 표현하고자 하는 태도를 가지게 되는 것이 가장 중요하다.

다음 <표 2>는 청소년들이 공연장을 찾지 않는 이유에 대한 설문조사 결과이다. 따라서 학부모나 관련 기관이 연대성을 갖고 청소년 음악문화를 돕기 위한 관심과 노력을 기울여 나가야 한다.

〈표 2〉 음악 관련 공연장에 가지 않는 이유

시간 부족	비용 부담	내용 부실, 이해의 어려움	공연에 대한 정보 부족, 교통 불편	기타
28%	37%	5%	23%	7%

---

5) 이수경, 「청소년 음악문화의 질적 향상을 위한 방안 연구」, 석사논문, 한국교원대학교 대학원, 2004, pp.31~32.

청소년들이 공연장을 찾지 않는 주된 이유를 순서대로 나열하면 비용 부담(37%), 시간 부족(28%), 공연에 대한 정보 부족 및 교통 불편(23%), 기타(7%), 내용 부실 및 이해의 어려움(5%)이다. 아무리 좋은 공연일지라도 관객이 찾지 않는 공연이라면 의미가 없다. 이는 공연공급자인 예술가나 수요자인 청소년의 입장에서 볼 때 서로 손실이라고 할 수 있다. 그러므로 청소년 공연문화의 비용 부담을 줄이고 그들의 여가 시간이 음악문화 활동으로 연결될 수 있는 정책적 방안이 마련되어야 한다.

(2) 청소년 음악문화 활동의 문제점

청소년들의 음악문화에 대한 연구는 그들의 심미적 음악체험을 위한 배려와 음악적 심성을 풍부하게 가꾸어주는 관점에서 논의되어야 한다. 청소년 음악문화의 실태조사 결과, 문제점은 다음과 같다.

1) 청소년들의 여가 시간

한국방송공사에서 실시한 '국민생활시간조사'에 따르면 우리나라 청소년들의 평균 여가는 평일 세 시간 반, 토요일 여섯 시간, 일요일 여덟 시간 정도로 나타나고 있다. 또한 서울 시정개발 연구원에서 조사한 청소년들의 여가 활동 내용을 구체적으로 살펴보면 인터넷 33%, TV 시청 31%, 쇼핑 8%, 종교 활동 6%, 그림·음악 등의 창작 활동 6%, 운동 5%, 영화·전시회·음악회 등의 감상 활동 2%, 기타 9%였다. 이는 청소년들이 여가 시간에 주로 인터넷과 TV 시청인 정적 활동에 그친다는 것을 나타낸다. 감상과 창작 활동은 극히 부족하며 여가를 이용한 음악 활동의 가능성도 대중매체에 의존하고 있음을 알 수 있다.

다음 표는 청소년들의 음악 선호도에 대한 것이다.

〈표 3〉 청소년들의 음악에 대한 선호도

좋아하는 음악 장르는?					
대중가요	팝송	클래식	기타	계	
74.8%	11%	4.4%	9.2%	100%	
음악정보를 얻는 곳은?					
인터넷	TV	라디오	신문/잡지	기타	계
52%	40%	4%	0.8%	3.2%	100%
하루 평균 음악 감상 시간은?					
30분 이하	30분~1시간	1~2시간	2~3시간	3시간 이상	계
28%	33.2%	12.8%	12.4%	13.6%	100%

위의 <표 3>에서 나타난 바와 같이 청소년들이 좋아하는 음악 장르는 대중가요가 74.8%로 절대적인 위치를 차지하고 있다. 그들이 음악정보를 얻는 곳은 인터넷과 TV 매체를 통해서이며 이것은 청소년들의 음악경험은 주로 '듣기' 위주의 수동적인 태도라는 것을 알게 한다. 하루 평균 음악 감상 시간도 1시간 미만인 응답자가 61.2%라는 것을 볼 때 그나마 감상에 한정된 음악 경험조차도 부족하다는 것을 보여준다.

2) 학교 음악교육의 한계성

미적 성향이나 기호가 교육을 통해서 재생산된다는 점에서 볼 때 한 사회가 어떤 음악문화를 소유하게 되느냐는 것은 전적으로 교육의 영향에 달려 있다고 볼 수 있다. 그러나 앞의 조사에서 보았듯이 우리나라 청소년의 음악문화는 의도적인 학교 음악교육보다 의도되지 않은 학교 밖의 대중음악에 더 치중되어 있다. 따라서 학교 음악교육의 질이 나아지지 않는 한 이와 같은 양상은 계속될 것이다.

다음은 청소년들의 음악수업에 대한 인식을 알아보기 위한 설문조사 결과이다.[6]

〈표 4〉 학교 음악수업에 대한 의견

질문 \ 응답	매우 그렇다	그렇다	보통이다	별로이다	그렇지 않다
음악에 대한 관심이 높은 편이다	25.6%	30%	31.6%	6.0%	6.8%
음악수업에 만족한다	2.8%	14.5%	26.9%	33.5%	25.9%
수업시간에 배운 음악은 실생활에 많은 도움이 된다	0.3%	9.0%	27.2%	35.2%	28.3%

위의 <표 4>에서 나타난 것과 같이 청소년들은 음악에 대한 관심은 높은 편이지만, 학교 음악수업에 대한 만족도는 대단히 낮다. 과반수의 학생이 음악수업은 실생활에 거의 도움이 되지 않는다고 생각하고 있다. 이미 자극적이고 흥미 위주의 대중음악에 노출되어 익숙해져 있는 청소년들에게 학교 음악수업은 더이상 아무런 흥미도, 관심도 끌지 못하는 수업이 되어 결국 실제생활과는 동떨어진 음악을 배우는 곳이 되어버렸음을 보여주고 있다. 우리의 음악교육이 왜 이렇게 되어버렸는지에 대한 뼈아픈 자각과 해결점을 찾아야 한다.

---

6) 상게서, p.27.

3. 프랑스, 독일, 미국의 사례

외국의 여러 나라는 '음악 활성화 작업', '청소년 음악운동'을 통해 음악문화에 대한 그들의 관심과 정책을 지속적으로 펼쳐 나갔다. '활성화(animation)'라는 개념은 우리에겐 비교적 생소한 것이지만, "음악적 바탕이 없는 대중을 음악적 체험을 통해 참여할 수 있도록 유도하는 어떤 사태가 일어나도록 한다"는 뜻을 내포하고 있다.[7] 이 '활성화'의 개념과 운동은 1940년 벨기에와 프랑스를 축으로 하여 국제적인 운동으로 발전하였다.

특히 음악 활성화를 주도해온 나라들은 음악에 많은 관심을 갖고 있는 젊은 청중의 요구를 만족시켜야 할 필요성을 인지하고 있다. 또한 광범위한 계층의 대중을 끌어들이고 생활 현장과 미디어를 통해 청소년들에게 다양한 종류의 좋은 음악에 대한 보다 적극적인 관심을 불러일으켜야 할 필요성에 주목하고 있다.

그 결과 청소년 개개인의 음악적 경험과 경험과정, 이를 통한 자기표현 능력의 향상과 다양한 세대 간·계층 간의 의사소통을 가능하게 할 수 있는 지속적인 음악적 환경을 조성하고 있다. 청소년 음악문화는 그들이 속한 사회 전반의 음악적 환경과 맞물려 있다. 사회 전반의 음악문화가 건전하고 풍부할 때, 청소년들의 음악문화도 올바른 방향에 놓일 수 있는 것이다. 이러한 관점에서 외국의 문화 선진국들은 자국 음악의 보존과 계승, 평생으로 이어지는 사회 음악교육, 사회적 지위나 빈부에 영향을 받지 않는 고른 문화적 혜택에 관심을 가지고 기성세대와 청소년 간

---

7) 이강숙, 『종족음악과 문화』, (서울: 민음사), 1982, p.151.

의 음악을 통해 소통을 가능하게 하였다. 1940년대부터 음악을 '활성화'시켜 온 프랑스, 독일, 미국의 사례를 소개하면 다음과 같다.

(1) 프랑스

프랑스는 청소년들을 위한 문화예술교육 정책에 있어 세계에서 앞서 가는 나라이다. 프랑스의 청소년을 위한 예술과 문화교육은 문화감수성을 일깨우는 교육, 즉 문화예술에 대한 지식과 체험 활동 활성화를 통한 문화감수성 함양에 집중해오고 있다.

프랑스의 음악 활성화 작업을 위한 최초의 정부지원 기구는 파리의 '국립 음악 활성화 센터(C.N.A.M)'이다. 이 기구는 대중들에게 음악을 개방하고, 확대된 음악의 세계가 어린이와 청소년, 성인들로 하여금 현대의 새로운 음악을 이해할 수 있도록 하기 위해 노력하고 있다.

'활성화'라는 말이 생기기 이전에도 활성화 전문가들의 활동이 있었는데, 그 가장 좋은 보기가 메이어(Mayer. Robert)의 경우이다. 그는 1923년 런던에서 어린이 콘서트를 시작했는데, 청소년들에게 저렴한 비용으로 최상의 음악을 감상할 수 있는 기회를 주기 위한 의도를 가지고 '로버트 메이어 콘서트', 'Youth and Music'으로 명칭을 바꾸며 계속 활동하였다. 그는 음악의 질에 관해서는 절대로 타협하지 말라는 성공 비결을 남겼으며, 이 음악회는 BBC의 후원을 받아 현재까지 계속되고 있다.

한편 프랑스 농촌지역에는 '뮤직버스'를 통해 음악의 영역을 확대하기 위한 노력을 하고 있으며 이는 큰 성과를 올렸다. 밝은 색의 페인트칠한 2층짜리 런던버스에 다양한 음악기재를 설치하여 마을을 순회하는 이 프로그램은 지역사회로 하여금 자신들의 음악 활동을 위해 필요한 것을 갖추도록 권장하였고, 이제까지는 음악 활동이 전혀 없었던 곳에 실질적인 형식의 음악 활동을 벌이도록 만들었다.

문화에 대한 무관심, 경제적인 이유나 거리상의 이유로 문화에 접근하지 못하는 사람들에게 여러 가지 형태의 문화와 쉽게 접할 수 있도록 하면서 각 개인이 문화적 존엄성을 인정받고 문화적 욕구를 충족시킬 수 있도록 하려는 프랑스 정부의 문화정책은 '프랑스 시민'으로서 자긍심을 갖게 한다.

이러한 정책의 바탕에는 각 개인에게 문화·예술을 접할 기회를 평등하게 제공하여 시민으로서의 자신을 자각할 수 있는 가능성을 열어줄 수 있게 한다. 또한 문화·예술교육을 통해 프랑스가 안고 있는 문제점을 인식하고 세계를 이해하며 자신이 사회의 일원임을 알게 한다.

비록 사회·정치·문화적 상황은 다르지만, 프랑스의 음악 활성화 작업에 대한 검토는 우리 음악문화의 구조를 점검하고 청소년들에게 보다 나은 음악환경을 제공하는 것에 관한 구체적인 대안을 마련하는 데 도움을 줄 수 있을 것이다.

(2) 독일

독일 전 지역에는 청소년과 일반 음악애호가를 위한 음악교육기관인 '음악학교'가 있다. 넓은 의미에서의 음악학교란 일반 학교제도 이외의 기관을 말한다. 그러나 전문가 양성을 목적으로 하는 '컨서버토리움(Konservatorium)'[8]의 제도적 형태는 오늘날 독일 전역에 보급된 좁은 의미에서의 음악학교(Musikschule)와는 근본적으로 다르다. 좁은 의미에서의 음악학교는 청소년음악운동에 기인한 국가적 차원의 학교이다. 이러한 청소년음악운동의 주창자는 오늘날의 독일 음악문화생활에 지대한 영향을 끼친 독일의 음악교육학자 프리츠 외데다.

외데(Jöde Fritz)에 의해 시작된 독일의 청소년 음악 운동은 음악의 생활화를 통한 '새로운 음악문화 형성'이라는 국민 문화의 개혁적 차원에서 강하게 전개되었다. 제1차 세계대전 후 당시의 문화적 위기를 해결할 수 있는 힘을, 음악교육에서 찾으려는 노력이었다. 외데는 케쉬텐베르그와 슈토르크의 국민음악학교(Volksmusicschule) 설립에 관한 구상을 실천에 옮겨 1923년에 청소년 음악학교(Jugendmusicschule)를 설립하였다. 그가 제시한 "청소년 음악학교의 상위 목표"는 다음과 같다.

첫째, 청소년의 활기 있고, 의욕 있는 생활을 위하여 음악 활동을 중요시한다. 둘째, 국민의 복지 향상을 위한 차원에서 청소년의 음악적 문화생활을 강조한다. 셋째, 국가의 음악문화에 대한 끊임없는 관심 속에서 사회와 공동체에서의 다양한 청소년 음악 활동을 장려한다는 것이다.

외데에 의해 창시된 '청소년 음악학교'는 모든 사회적 계층에

---

8) 독일에는 각 주의 국공립 음대와 주요 음악도시에 국공립 컨서버토리를 두고 있다. 그중에서 브람스가 함부르크에서 태어나서 음악 활동을 한 것을 기념하여 정부가 설립한 국립 브람스 컨서버토리와 사립인 함부르크 컨서버토리가 유명하다.

서의 음악적 재능이 뛰어난 청소년들, 특히 경제적으로 가난하지만 재능 있는 청소년들이 음악수업을 받을 수 있도록 진행되었다. 특히 악기 임대 제도와 경제 여건에 따른 수업료 할인제도, 다양한 교육과정을 통해 소외되는 청소년이 없이 누구나 음악을 사랑하고, 아끼며, 즐길 줄 아는 평범한 음악시민으로 양성하도록 하였다.

음악과 청소년을 결합시키기 위해 생동적인 음악교육을 위한 새로운 교육방법을 전제로 하였던 청소년음악운동은 현재 독일 전역의 1,000여 개의 음악학교로 이어져 독일의 음악교육에 중요한 역할을 감당하고 있다. 이와 같이 독일은 학교의 음악교육을 능가하는 사회 음악교육을 통해 학교와 사회가 공동으로 음악문화를 구축해나가고 있다.

(3) 미국

미국은 정치·경제적으로는 강한 나라지만 짧은 역사로 인해 그들 고유의 문화적 뿌리는 약하며 다문화 사회다. 따라서 인구 구성상 다문화적 상황에 처한 미국의 경우 음악교육에서의 다문화주의를 가장 먼저 표방한 나라이다. 1963년에 열린 예일 세미나를 비롯하여 1965년부터 5년간 수행된 맨하탄빌 음악교육과정연구, 1967년에 개최된 탱글우드 심포지엄에서 본격적으로 논의·강조되었다.

미국 음악교육의 전면적인 재평가와 미국 사회에서의 음악적 역할에 대한 철저한 분석을 위해 개최되었던 것이 바로 '탱글우드 심포지엄'이다. 이 심포지엄은 미국 음악의 뿌리를 찾는 한편 변해가는 시대의 요구에 알맞은 문화를 발전시키려는 노력의 하나로 출발했다. 이 심포지엄에 참석한 철학자, 교육자, 과학자, 노조 지도자, 음악 후원자, 사회 과학자, 신학자, 기업가, 정부와 재단의 대표자, 음악 교육가, 기타 다른 음악가들은 미국 사회와 교육에 있어서의 음악의 역할을 면밀히 검토하여 다음과 같은 선언문을 채택하였다.

교육의 가장 중요한 지표는 삶의 방법을 가르치고 개인의 특성을 키워주며 창조성을 길러주는 데 있다고 믿는다. 음악 학습이 바로 이 목적 달성에 크게 이바지할 수 있기 때문에 우리는 음악과목이 학교 교육과정의 중심에 위치해야 한다고 주장한다.

예술은 인류사회 심미적 전통을 계승하는 것이다. 비언어적 특성을 가진 음악과 기타 예술은 자기 발견과 자기실현을 위하여 노력하는 인간의 사회적·심리적·생리적 근본에 기초해서 표현된 것이다.

교육자들에게는 가치 변화에서 오는 결과와 인간 소외, 세대 간에 갖는 적대관계, 인종 차별과 국제간의 긴장, 그리고 새로운 여가선용 형태의 개발 등등의 결과에 의해서 만연되고 있는 개인의 사회의 욕구를 충족시켜 줄 수 있는 계기를 마련해줄 책임이 있다.9)

이 심포지엄에서 발표된 선언문은 미국 음악교육계에 지대한 영향을 끼쳤다. 특히 음악의 음악학적 정의보다 문화적 정의를 받아들이기 시작한 것이 이때부터였다고 볼 정도이다.

---

9) 최시원, "미국 음악교육의 변화와 새로운 동향", 『연세논총』, Vol.23, No.1, 1987, pp.174~175.

탱글우드 선언문의 내용은 모두 8가지 조항으로 다음과 같은 사항이다.

- 1항: 음악은 예술로서의 그 순수성이 유지될 때 가장 훌륭한 음악이 될 수 있다.
- 2항: 역사를 통해서 볼 수 있는 모든 음악과 모든 양식의 음악, 모든 형식의 음악, 그리고 다른 문화권의 모든 음악이 교과과정에 포함되어야 한다. 음악의 레퍼토리는 10대에서 유행되는 대중음악과 아방가르드 음악, 미국 민요, 다른 문화권의 음악 등을 포함한 다양하고도 풍부한 오늘날의 음악으로 크게 확장되어야 한다.
- 3항: 각급 학교와 대학에서는 학령 전 아동교육으로부터 성인교육 또는 평생교육에 이르기까지의 프로그램에서 음악 수업이 적절히 제공되어야만 한다.
- 4항: 예술교육은 고등학교의 중요한 교양과목이어야 한다.
- 5항: 교육공학, 텔레비전의 교육방송, 프로그램 된 학습방법, 컴퓨터 이용학습 등의 개발이 음악학습과 연구방법에 응용되어야만 한다.
- 6항: 학생 개인의 필요성을 충족시키고, 목표를 달성할 수 있도록 하고, 잠재능력을 개발할 수 있도록 도와주는 일을 더욱 강조해야만 한다.
- 7항: 음악교육 전문가들은 문화적인 혜택을 받지 못하는 지역과 도심지역의 긴급한 사회문제 해결을 돕는 일에 자신들의 기능과 능력과 식견을 제공하여야만 한다.
- 8항: 고등학교에서 음악사와 음악문헌, 인문학과 관계예술학

등을 가르칠 수 있는 음악교사와 어린이, 어른, 불우한 학생, 정서 불안정 학생 등을 가르칠 수 있는 교사를 양성하는 교사교육 프로그램이 확장되어야 하고, 개선되어야만 한다.[10]

4. 우리나라 청소년을 위한 음악문화 활동

(1) 음악 교과서에 대한 바른 인식

우리나라 청소년들은 입시 위주의 교육제도로 인하여 사회 전반과 청소년들의 음악 교과에 대한 인식은 스트레스 해소, 시간만 채우고 마는 오락시간일 뿐이다. 감성적 체험이 없는 주지주의적 학습에만 익숙해져 있기 때문에 수많은 음악 속에 담긴 깊은 의미와 아름다움을 발견할 수 있는 시각이 상실되었다. 단지 일시적인 즐거움을 주는 음악에 스스로 만족해하며 살아가고 있는 것이다.

현행교육제도에서 확보되어 있는 음악수업 시수(중학교 1학년은 주당 2시간, 2 · 3학년은 주당 1시간, 고등학교는 선택과목)로는 청소년들의 다양한 음악적 욕구와 메마른 감성을 채워주기에 역부족이며, 자연히 청소년들이 학교에서의 음악수업을 통하여 얻게 되는 감동과 심미적인 체험의 기회도 적을 수밖에 없다. 결국 청소년들이 실생활에서 이해하고 사용할 수 있는 음악이 아닌, 그저 학교에서만 사용하고 평가를 받기 위한 과정으로서의

---

10) Judith Murphy George Sullivan, Music in American Society (Washington, D.C.: Music Educators National Conference, 1968), p.56.

음악 수업으로만 인식되고 있는 것이 우리 교육제도의 현주소이다.

그러므로 당장 교육제도를 고치기에는 갈 길이 멀고 아이들은 기다려 주지 않고 자라난다. 따라서 학교마다 수업시간뿐만이 아니라 학교 밖 생활 속에서 음악문화를 자연스럽게 녹여나가는 방법들을 고안해야 한다.

(2) 음악교사의 역할

음악뿐만 아니라 다른 과목에서 교사의 중요성은 매우 크다. 하지만 음악은 특히 소통, 즉 나와 다른 남을 인정하는 인간교육을 포함하고 있기 때문에 음악교사가 학생들에 대해 열린 마음을 가지는 것은 매우 중요하다. 학생들의 상태나 감정을 고려하지 않고 준비된 수업진도를 마치는 것에 목표를 둔 음악교사, 자신의 전공 분야에 치우쳐 학생들에게 다양한 음악적 경험의 기회를 제공하지 못하는 교사 등 음악교사의 질은 음악수업의 질에 직접적인 영향력을 미친다. 이러한 이유로 음악교사 스스로의 노력과 더불어 국가적 차원의 재교육과 물질적·제도적 지원이 따라야 한다.

(3) 감수성을 위한 음악교육

우리나라 음악교육은 문화적 감수성을 키우기에 매우 부족하다. 더구나 지금은 다문화 사회이다. 다양한 나라의 고유한 음악을 접하는 지구촌이며 세계화시대이다. 따라서 우리 고유의 음악과 더불어 다양한 장르의 음악들을 접함으로써 학교 음악교육의 한계를 극복하고 나아가 성인이 되어서도 문화적 감수성을 잃지 않고 살아갈 수 있다.

음악을 통해 '차이'와 '공통점'을 발견하고 모든 음악이 변화와 질서 속에서 움직이고 있음을 아는 것은 매우 중요하다. 이러한 깨달음은 자기 자신에 대한 태도뿐만 아니라, 타인에 대해 긍정적인 태도를 형성하게 하며 모든 사물을 있는 그대로 보고 받아들이는 눈을 갖게 해준다.

우리나라의 피아노 교육만을 보더라도 조기 음악교육에 있어 필수과정이 되었지만 그 효과는 교사와 교육과정의 문제들로 인하여 기능에 치우치고 있다. 정작 중요한 감수성은 뒷전으로 밀리고 삶에 영향을 주는 음악교육과는 거리가 있다. 이러한 교육을 받은 학생들이 공연장에 가고 싶지 않은 것은 당연한 결과이기도 하다. 공연장의 프로그램은 청소년들의 상황과 수준을 고려한 것이 아니기 때문에 더욱 거리감이 느껴지는 것이다.[11]

그러므로 음악은 수업에 있어서도 교과서만을 강요하지 말아야 한다. 학생들의 흥미에 편향하라는 것이 아니라 문화적 감수성에 대한 고려를 하며 접근해나갈 것에 중심을 두어야 한다는 것이다. 최근 대중음악의 교육적 활용에 대한 관심이 높아지고 있고 실제 수업 현장에서도 많이 적용되고 있다. 앞서 살펴본 미국의 탱글우드 선언문의 2항과 같이, 청소년이 좋아하는 대중음악이 인문적 교양을 갖춘 음악교사에 의해 창의적으로 진행된다면 음악교육의 질은 한층 더 높아질 것이다.

---

11) 이수경, 「청소년 음악문화의 질적 향상을 위한 방안 연구」, 석사논문, 한국교원대학교 대학원, 2004, pp.27~29.

7장 실버 세대를 위한 음악 활동

우리는 모두 늙어간다. 우리 사회는 전체 인구에 대한 노인인구의 비율이 7% 이상인 고령화 사회(Aging society)에 진입하였다. 한국금융연구원에서 발표한 '고령화 진전에 따른 정책과제' 보고서에 따르면 우리나라는 고령화 사회(2000년)에서 초고령사회(2026년)로 진입한다.[12] 이러한 시점에서 문화 활동은 주로 청소년이나 성인계층이 중심이 되어왔지만 이제는 노년인구의 공연예술 향유 방안들을 개발하고 연구해야 한다. 실버 세대를 위한 공연예술의 현주소를 알아보고 발전방안을 모색해본다.

1. 노인의 정의와 특징

(1) 노인

지난 수세기 동안 우리 사회는 많은·변화를 거쳐 오늘날에 이

---

12) 유엔 기준에 따라 초고령화 사회는 전체 인구 중에 65세 이상 고령인구비율이 20% 이상, 고령사회는 14% 이상, 고령화 사회는 7% 이상인 사회를 가리킨다.

르렀고, 오늘날 경제 및 생활환경은 하루가 다르게 발전하고 있다. 이러한 인간생활의 발전과 의료 및 보건 기술의 발달로 인하여 세계 인구는 기하급수적으로 증가하고 그중에서도 노인인구의 증가율은 전체 인구의 증가율보다 약 2배 정도 빠르게 증가하고 있다. 이는 바로 인구 전체가 고령화되고 있음을 뜻한다. 고령화 사회(aging society)라는 것은 65세 이상의 인구비율이 7% 이상인 사회를 뜻하고 있으며 65세 이상 인구비율이 15% 내외가 되면 고령사회(aged society)라고 할 수 있다.13)

최근 OECD 2009년 통계 연보를 보면 한국은 세계에서 가장 낮은 출산율을 보이는 '저출산 국가'일 뿐 아니라 가장 빨리 고령화를 보이는 '고령화 국가'이다. 고령화는 노인인구의 증가를 의미하며 이러한 고령화 사회에서는 많은 문제들이 나타나고 있다. 일반적으로 수입의 급격한 감소에 따라 노인의 빈곤문제, 노화에 따른 건강문제, 역할상실에 따른 무위문제, 사회·심리적 갈등에 따른 소외문제로 요약될 수 있다.

또한 고령화 사회의 노인들은 소외감, 긴장완화와 더불어 고령화 사회가 갖고 있는 부정적인 특징들에서 해소되고 싶은 마음을 가지고 있다. 따라서 노인들은 내·외적 변화에서 오는 문제들을 놀이문화를 통하여 개인적으로는 자유감을 느낄 수 있고 자기실현의 기회나 표현의 욕구를 충족하는 것 외에, 한 사회나 집단에 대해서도 공동가치나 의식을 부여한 공감대 형성을 통하여 소속감이나 일체감이 높아질 수 있다.

노인(the old aged)에 대한 개념을 규정하기는 쉽지 않지만,

---

13) 김성순, 『고령화 사회와 복지행정』, (서울: 홍익재, 1990), pp.18~19.

국제노년학회에 따르면, 노인은 "인간의 노화과정에서 나타나는 생리적·심리적·환경적 변화와 행동의 변화가 상호작용하는 복합형태의 과정에 있는 사람"으로 정의[14]하였으며, 이는 신체적 나이 외에도 사회적 지위와 경제적 지위상실 등을 고려한 개념으로 이해할 수 있다.

노년기는 생물학적·심리학적으로 개인 간에 서로 차이는 있지만 젊은 세대에 비하여 육체적·정신적 기능이 쇠퇴하는 시기이나, 나이가 몇 살부터 노인으로 보느냐 하는 것은 각 사회와 시대에 따라 다르다. UN에서는 노인을 65세 이상인 자로 규정하고 있으며, 이에 따라 고령사회 및 고령화 사회로 구분하고 있다.

제도상으로 노인복지법에서는 연금 수혜자를 65세 이상으로 하는 반면, 국민연금법 수혜 대상 및 고용촉진법에서 권고하는 평균정년은 60세로 규정하고 있다.[15] 본 강의에서도 정년퇴직 후 본격적인 여가 시간이 늘어난다는 점을 고려하여 60세 이상을 노인의 개념으로 정의하였다. 하지만 일반적으로 사용하는 연령기준에 의한 노인의 개념규정은 매우 임의적인 것이라 할 수 있다.

노인을 정의하는 데 있어서 대체로 ① 늙음 자체, ② 연대적인 연령과 사회적 역할, ③ 늙음에 대한 자각의 관점 등을 기준으로 잡는다.[16] 따라서 노인의 개념 규정에서 가장 보편적으로 사용되고 있는 연령적 기준에 의한 정의를 적용하였다. 이러한 정의는 일괄적으로 적용되기 때문에 용이한 점이 있는 반면에

---

14) 1951년 제2회 국제노년학회 개념 규정.

15) 노동부 법률 제8472호 4장 제19조 정년(2008년 1월 1일 시행).

16) 최순남, 「현대노인복지론」, (한신대학교 출판부, 1999), p.65.

다양한 특수성을 포괄하지 못하는 단점이 있지만 이를 사회학적 현상과 고려해볼 때 타당성 있는 정의라 볼 수 있다.

한편, 우리나라는 일반적으로 연령이 65세 이상 되는 인구를 노인으로 규정하고, 인구에 대한 거시적 분석의 하나로 0~14세를 연소인구, 15~64세를 생산연령 인구, 65세 이상을 노년인구 등으로 구분하고 있다. 이러한 연령 구분은 한 인구 집단의 경제활동력 및 부양 능력 등의 분석에 이용되어 사회분석의 기초가 되며, 그 기초에 근거한 사회정책이 형성되고 있다.[17]

따라서 65세 이상을 노인인구로 본 우리나라 성 및 연령별 노인인구를 살펴보면, 1990년부터 노인인구는 매년 늘어나고 있으며 2020년을 기점으로 고령화 사회가 됨을 알 수 있다. 또한 많은 국가들이 2020년에 이르면 노인인구 비율이 전국 인구비율의 25% 이상을 차지할 것으로 예측하고 있다.[18]

(2) 노인의 특징

노인들의 특징은 첫째, 생물학적 측면에서 감각기능·운동능력·지능의 변화로 구분하며 노인은 시각·청각·미각·후각·촉각·통각에 쇠퇴현상이 일어나고 힘이나 속도와 같은 운동능력의 쇠퇴로 인해 새로운 기술습득능력이 줄어들고 학습력·추리력·창조력·회상력에 감퇴현상이 일어나는 특징을 갖고 있다.[19]

둘째, 사회적 측면에서 정년퇴직으로 인하여 노인은 중요한

---

17) 노인복지편람, 아산사회복지사업재단, 1985.

18) 이혜원, 『노인복지론』, (서울: 유풍출판사, 1998), p.50.

19) E. B. Hurlock. Development Psychology. 4th, ed. New York, McGraw-Hill, 1975, pp.310~368.

사회적 역할인 직업역할을 상실하게 되고 또 실질적인 지식과 기술을 계속 습득할 수 있는 기회가 없어 지위의 영향력도 약화된다고 하였다. 또한 언제부터 노년기의 역할을 해야 하는지 분명하지 않아 혼란스럽고, 사회화 과정에서 소외, 고립의 증가, 수입 감소, 의존성의 증가, 사기저하로 사회적 손실이 발생하게 되는 것이다.[20]

셋째, 경제적 측면에서 노인들은 은퇴 이후의 소득이 보장되지 않아 정신적인 만족과 육체적인 안식을 찾지 못하는 경제적 문제를 안고 있다는 점이다. 노인의 경제적 빈곤은 평균수명이 증가함에 따라 더욱 심각한 문제로 대두되고 있으며, 현대사회의 산업화·도시화·핵가족화로 인한 가족과 사회에서의 노인의 권위와 지위의 하락은 노인을 소외시키고 외적인 상태로 이끌어가 노인의 경제적 빈곤을 가중시키고 있어 노인을 육체적·정신적으로 괴롭히는 원인이 되고 있다.[21]

이와 같이 노인은 신체적으로는 장기의 위축과 신체구조의 비대화 등으로 노인 특유의 상태를 형성한다는 약점을 갖고 있다. 정신적으로는 건망증이 빈번하게 나타나기 쉽고, 심리적으로는 자아중심적인 고집, 회의적인 사고방식, 고독감, 무질서한 언쟁 및 보수적 판단 등의 상태를 나타내고 있는 것이다. 이러한 개인적인 노화현상들은 노인의 특징으로서, 이것은 고령화 사회가 갖는 또 다른 약점이 될 수 있다.[22]

---

20) I. Rosow, Socialization to Old Age, Berkeley, C. A.: Univ. of California Press, 1974, p.27

21) R. C. Holdon, R. V. Burkhauser, D. A. Myers, "Income Transitions at Older Stage of Life", The Gerontologist, Vol.26, No.3, 1986, p.292.

22) M. Bromwick and A. G. Hopueood, Accounting Standards Setting An International Perspective (New York: Pitman, 1983), p.42.

따라서 생산적인 젊은 노동인구 수보다 고령인구의 비중이 높은 사회현상에서 미래사회의 정치·사회·경제 등의 모든 측면에서 위험한 요소가 증가될 것이라는 것은 자명한 일이다. 그러므로 고령화 사회에서 노인에 대한 여러 가지의 정책적 대안을 구상하고 실천하지 않는다면 이것은 미래사회의 유지와 인간 역사의 발달에 또 다른 문제점을 야기할 수 있다.

2. 노인의 놀이문화 이해

(1) 놀이문화의 개념

인간은 살아가는 데 있어 문화적이고 건강한 생활을 향유할 권리가 있다. 따라서 국가는 모든 국민이 사람답게 살 수 있도록 노력을 기울여야 하며, 국민의 복지를 향상시키는 데 기여해야 한다. 특히 노인은 현재 우리 사회의 기반을 이루는 데 중추적 역할을 담당한 사람들이므로 그 권리의 정당성을 확고히 보장받아야 한다. 이는 국민의 놀이문화생활에 대한 개념을 기초로 접근해나가야 한다.

호이징하(1872~1945)[23)에 의하면, 오늘날 놀이(play, spiel)는 문화보다 오래되었다. 놀이의 정의는 쉽지 않지만, 놀이는 순수한 생리 현상이나 심리적인 반사작용 이상의 것이라는 점이다. 놀이는 순수한 물리적 또는 순수한 생물학적 행위의 한계를 넘어선 것이다. 놀이는 하나의 의미 기능이며 이것은 뜻을 가지고

---

23) Johan Huizinga, Homo Ludens, A Study of the play Element in Culture, The Beacon Press, Boston, 1955.

있다는 것이다. 놀이 속에는 생활의 직접적인 욕구를 초월하고 동시에 생활 행위에 의미를 부여하는, "놀고 있는(at play)" 어떤 것이 있다. 이것은 놀이가 그 자체의 본질 속에 어떤 비물질적인 성질을 가졌음을 함축하고 있다.

또한 놀이를 보는 시각을 문화 요소로서의 놀이와 독립적 범주로서의 놀이로 구분하였다. 첫째, 문화 요소로서의 놀이는 문화를 "놀이의 한 형태(sub specie ludi)"로 보는 것이다. 인간 사회의 중요한 원형적 행위에는 처음부터 전부 놀이가 스며들어 있으며, 이를 언어를 통해서 입증하였다. 즉, 인간은 말과 글을 통해 삶을 표현하는 것으로, 은유를 통해 인간은 시적인 제2의 세계를 창조하기 때문에 언어는 문화이기 전에 놀이가 될 수 있다.

두 번째, 독립적 범주로서의 놀이는, 놀이의 독립성에 관한 것으로, 진지함(seriousness)과 관련성이 있다. 일반적으로 놀이는 진지하지 않다는 명제는 놀이의 적극적인 성질에 대하여 전혀 말하지 않았을 뿐만 아니라, 매우 쉽사리 반박될 수 있다. 또한 우리가 놀이와 외관상으로 연관된 것 같은 여러 다른 형식들로부터 놀이라고 불리는 형식을 구별하면 할수록 놀이 개념의 절대적인 독립성이 드러나게 됨을 뜻한다.

한편, 문화 요소로서의 놀이문화의 개념은 시대에 따라, 사회 계층과 직업에 따라 또는 국적과 종교에 따라 그 정의를 달리하고 있어서, 놀이문화에 대한 명확하고 보편타당한 개념이 존재하기 어려움을 의미한다.

놀이문화를 시간개념·활동개념·주관적 및 심리적 개념 등의 세 가지로 구분할 수 있는데 첫째, 시간개념이란 생활 총 시간에서 노동 시간·생리적 필수 시간 등을 제외한 나머지 시간을 의미하며, 둘째, 활동개념이란 자유 시간에 행하는 활동을 의미하며, 셋째, 주관적 및 심리적 개념은 인간의 전면적 발달을 위하여 주체성을 지니고 자유롭게 행동하는 심리적 상태를 의미한다.[24] 전체론적 관점에서 볼 때 놀이문화는 개인적인 면에서 자유 시간에 이루어지고, 참여자에 의해 놀이문화로 인식되며, 심리적으로 즐겁기를 기대하는 것이며, 레크리에이션·개인적 성장·타인에 대한 이해와 봉사의 기회를 제공하여 스스로 결정하는 활동과 경험으로 구성되는 것으로 개념화된다.[25]

최순남은 '놀이문화 활동'이란 것은 노동에 반대되는 개념이고 강제성·의무성이 희박한 선택적 행위이며 정신적·정서적인 면에서 자유·즐거움·휴식 등과 관련되어 있다고 하였다. 놀이문화 활동은 일반적으로 자유 시간이나 비의무적인 시간에 자유재량으로 행해지는 자발적인 행동과 관련된다. 그러므로 놀이문화는 자유 또는 비의무적이라는 시간적 특성과 자유재량 또는 자발적이라는 활동의 주체적 특성을 주축으로 하는 개념이다.[26]

따라서 고령화 사회에서는 주거, 문화, 산업구조 등이 새롭게 변화할 것이므로 그중에서도 놀이문화가 주는 변화를 눈여겨보아야 한다. 왜냐하면 놀이문화 시간이 증대되었고, 놀이문화를 즐김으로써 삶을 재충전할 수 있다는 데에는 누구나 공감하지만, 놀이문화를 충분히 만끽하고 있는 사람은 많지 않기 때문이다.

---

24) Parker S., The sociology of leisure, London: George Allen & Unwin, 1979.

25) 홍성희. "주부의 여가 활동과 여가제약 요인에 관한 연구". (서울: 대한가정학회지, 1991), pp.74~153.

26) 최순남, 『현대노인복지론』, (오산: 한신대학교출판부, 1997), pp.228~29.

(2) 놀이문화의 역할

놀이란 간접적이며 실제적인 목적을 추구하지 않으며, 움직임의 유일한 동기가 놀이 자체의 기쁨에 있는 정신적 또는 육체적 활동이다. 또한 놀이란 모든 참여자에 의해 인정받는 어떤 일정한 원칙과 규칙, 즉 "놀이 규칙"에 따라 진행되는 활동이며, 거기에는 성취와 실체, 이기는 자와 지는 것에 있다. 본 연구에서는 경쟁에 관한 놀이보다 놀이 자체에 목적을 두고 있는 것을 놀이의 진정한 동기로 보았다.

따라서 현대에 와서 놀이란 것은 인간의 욕구를 충족시켜 주는 하나의 수단으로서 매슬로우(A. Maslow, 1908~1970)의 욕구단계설은 이를 대변해주고 있다.27) 욕구단계설의 단계는 다섯 가지 욕구로서, 생리적 욕구(physiological needs), 안전욕구(safety needs), 소속 및 애정의 욕구(belongingness and love needs), 존경욕구(esteem needs), 자아실현욕구(self-actualization needs)를 말한다. 이러한 욕구들이 단계를 이루고 있어서 첫째, 하위의 욕구가 충족되지 않는 한 그 상위의 욕구는 발생하지 않기 때문에 개인은 자신이 현재 충족시키고자 하는 한 단계의 욕구에 의해서만 동기부여 되며, 둘째는 사람들은 이미 충족되어 버린 단계의 욕구에 의해서는 더 이상 동기부여 되지 않는다고 주장하고 있다.28)

놀이의 경우 신체적·정신적 만족을 충족시키기 위한 것으로

---

27) Abraham Maslow, Motivation and Personality, New York: Harper & Row, 1954.
28) 김종재, 『인간관계론』, (서울: 박영사, 2006), p.119.

예술과 관련하여 본다면 사회적 욕구와 자존의 욕구, 자아실현의 욕구가 이에 해당된다고 하겠다.[29] 더구나 목표를 두지 않는 사람들의 놀이 동기는 목표에 가까워졌건 도달했건 또는 실패했건 그런 것과는 전혀 관계없이, 기쁨을 추구하는 것에 있으므로 이는 놀이가 창작적이고 예술적인 것에 가깝다는 것을 의미한다.

놀이문화 활동 동기를 연령별로 살펴보면 놀이문화 활동 동기가 '즐겁고 흥미가 있어서'의 응답을 10대는 25.2%, 20대는 18.8%로 높은 응답을 보인 반면, 30대와 40대는 '보다 나은 삶을 영위하기 위해서'의 응답이 각각 19.3%, 26.5%로 두 번째 순위로 나타났으며, 50대와 60대는 '건강에 도움이 되기 위해서'가 16.2%, 40%로 각각 나타났다. 이를 통해 알 수 있는 것은 놀이문화 활동의 동기가 연령별로 각각 다르게 나타난다는 점이다.

그러므로 놀이의 주체인 예술 소비자들의 소비 동기를 파악하는 일은 곧 놀이의 동기와 깊은 관련성이 있으며, 놀이와 예술은 서로 밀접한 관련이 있다. 60대 이상의 경우는 현재까지 노후준비를 채 해놓지 않은 상태에서 노년기를 맞이한 세대이기 때문에 구매력은 상당히 제한되어 있는 편으로 주요한 소비자층을 형성하고 있지 않은 편이다.

---

29) 이영옥, 「20대 오페라 및 뮤지컬 관객의 관여도에 대한 연구」, 박사논문, 추계예술대학교 대학원, 2009, p.107.

3. 놀이문화로서의 음악 활동

(1) 국내 노인들의 라이프스타일과 놀이문화 활동

음악을 통한 놀이문화는 공연예술이 비교적 접근하기 쉬운 장르로서 연극, 오페라, 음악, 무용 등이 포함되며 세분시장으로 오페라, 재즈, 클래식, 뮤지컬로 라이프스타일로 볼 수 있지만 입장료 등으로 인한 문제가 있는 것도 사실이다.

한편, 고령화 사회에서 새로운 소비자는 베이비 버스터(Baby Busters) 집단이다. 그들은 1966년에서 1976년 사이에 출생한 사람들로 2010년 현재 34~44세의 사람들이다. 2030년부터 이들은 고령화 사회의 시민으로 접어들며 또한 노인이 된다. 그러므로 현재 시점에서 이들의 여가 실태와 문화소비 실태를 파악하는 것은 중요하다. 특히 여가 시간에 있어서 음악 활동의 중요성은 더 말할 나위가 없다. 그들은 영양과 보건의 향상으로 생물적 생산력이 여전히 왕성한 노인이 크게 늘어날 것이다.

노인 소비자의 구매행동과 크레디트카드 사용, 매체습관, 여가 활동에 대한 조사에서 노인들이 젊은 층보다 할인점을 덜 이용하고 전통적인 백화점을 더 이용하고 있으며, 크레디트카드는 덜 이용하며, 35세 이하의 연령층보다 신문을 더 읽지만 35~64세의 연령층보다는 덜 보는 것으로 나타났다. 또한 젊은 층보다 FM방송을 덜 듣고, TV를 더 시청하고, 독서, 스포츠관람, 영화, 외식, 종교행사에 덜 참석하는 것으로 나타났다.[30]

---

30) K. L. Bernhardt & T. C. Kinnear, Profiling The Senior Citizen Market, in advences in

이를 통해 알 수 있는 것은, 고령화 사회의 성인 및 노인들을 위한 음악 활동이란 것도 소극적인 방향에 머물 것이 아니라 적극적인 체험의 시간으로 가능하리라는 것이다. 기존의 성인이나 노인의 음악 활동이란 것은 20대에서 50대는 "음악 감상", 60대는 "주부가요교실"이 주를 이루었다. 또한 음악 활동으로서의 음악회 체험은 극히 빈약하였다. 노인들의 경우 1993년 대한상공회의소에서 조사한 라이프스타일을 기준으로 <표 5>와 같은 내용으로 음악 활동을 구성해보았다.

이것은 본 연구에서 세부적으로 연구해야 할 중요한 부분으로, 고령화 사회의 노인들의 라이프스타일은 매우 다양하게 나타날 것이기 때문에 더 세분화(segmantation)되어 포지셔닝(positioning)될 수 있도록 구성되어야 한다.

현재 노인들을 위한 복지 프로그램과 제도를 간단히 살펴보면, 노인들을 위한 상담실 운영, 청춘대학 혹은 노인대학 운영, 각종 후생복지사업들, 도우미 봉사, 각종 절기나 혹은 축제에 무료 참여와 혜택 등이 있다. 특별히 노인대학이나 청춘대학에서는 어학이나 다양한 분야의 지식을 전수하며 전통음악이나 대중문화의 다양한 분야를 알려주는 강좌를 통해 보다 적극적인 노인들의 활동을 돕고 있다. 그러나 여가와 놀이가 포함된 전통음악이나 대중음악 프로그램 개발이 미흡한 관계로, 앞으로는 다양한 음악 활동의 세부적 지침이 마련된다면 노인세대의 삶은 더욱 풍요롭게 완성될 것이다.

Consumer Research, Vol.3. ed. B. B. Anderson, Cincinneati: Association for Consumer Research. 1975, pp.449~452.

〈표 5〉 노인의 라이프스타일에 따른 음악문화 활동 내용

		노인의 라이프스타일과 음악 활동
1	진보적 패션 추구형	- 의식주생활에서 과시성/전원보다는 도시생활 선호 - 백화점 구매 선호/독서, 영화감상, 운동경기관람 - 음악 활동: 음악 감상(Hiart)/음악 동아리 가입
2	합리적 생활 추구형	- 의식주생활에서 편리 · 간편 추구 - 계획적인 생활/다양한 문화생활 추구 - 음악 활동: 악기연주, 음악회(Hiart/Trad/Pop 모두 참가)
3	전통적 보수 추구형	- 의식주생활에서 과시적 소비에 부정적이나 실제적으로는 　타인 의식 - 여가생활에 대해 특별한 생각 없음/휴가 시 주로 휴식 - 음악 활동: 가장 손쉬운 것부터 해야 함/노래 부르기 등

자료출처: 김원인, 2007:322. 참조하여 재구성.

(2) 음악 활동의 유형

놀이가 자발적인 행위라는 것은 중요한 전제로서, 명령에 의한 놀이보다는 스스로, 자발적으로 참여하는 형태가 진정한 놀이문화라고 할 수 있다. 아이와 동물은 놀이하는 것을 즐기기 때문에 논다. 그리고 거기에 바로 그들의 자유가 있는 것이다. 어쨌든 성인이나 책임이 있는 인간에게 놀이는 도외시하여도 무관한 기능이다. 이것은 놀이는 여분의 것이라고 생각하기 때문이다.

그러나 놀이문화는 결과적으로 문화, 과학, 예술, 스포츠를 낳게 하는 모체이며 특히 문화적 · 사회적 가치와 밀접한 연관성을 가진다. 즉, 지적 · 사회적 · 예술적 · 신체적 · 취미적 · 관광적 내용을 망라하고 있다. 누구든 이러한 다종다양한 활동에 참가함으로써 여러 가지 경험을 얻게 될 뿐 아니라, 폭넓은 교양과 인격을 갖추게 되어 자기 발전을 기할 수 있는 훌륭한 기회를 갖게 되는 것이다.

이러한 놀이문화 활동 이유에 대하여 권순호(2001)의 연구를 살펴보면, 놀이문화 활동을 하는 이유가 스트레스 해소와 마음의 안정(31.6%)의 응답 수가 가장 많았고, 보다 나은 삶을 영위하기 위해서(16.9%), 즐겁고 흥미가 있어서(15.8%), 문화생활을 즐기기 위해서(14.1%), 자기 발전을 위해서(7.5%)의 순으로 나타났다. 즉, 일에서 오는 압박에서 벗어나 자유로운 마음과 정신 상태를 가지기 위해, 문화생활을 통해 보다 나은 삶을 영위하기 위해, 그리고 자기 발전을 위해 놀이문화 활동을 한다는 것을 알 수 있다.

권순호의 연구 결과에 의하면 이러한 놀이문화 활동 중 음악 활동 유형은 20대는 "음악 감상", "노래방", "피아노", "합창단", "그룹 활동" 등의 순으로 수치가 비교적 골고루 분포되어 나타났다. 특히 음악 감상과 노래방의 수치의 차이가 타 세대보다 가장 낮게 보인다. 이는 시간을 보낼 수 있는 활동 영역의 범위가 넓음을 알 수 있다. 하지만 선호하는 장르에 대한 연구가 있어야 하며 그들의 선호도에 의하면 음악문화 활동의 교육적 부분에 대한 고찰이 가능하다 하겠다.

30대에서 50대는 놀이문화에 그다지 많은 시간을 할애할 수 없는 환경에서 보다 풍요로운 삶을 위해 노력하는 세대이다. 따라서 "음악 감상"과 집에서 시간을 내어 할 수 있는 유형의 음악 활동을 많이 한다. 60대는 건강을 위해서 놀이문화를 하는 세대이기에 밖에서 모임을 통하여 활동적이고 유익한 음악 활동을 하는 것으로 나타났다.[31]

---

31) 권순호, 『놀이문화로서의 음악 활동』, (서울: 음악과 문화 제5호, 2001), p.15.

4. 실버 세대 음악 활동의 효과

(1) 음악연주와 교육을 통한 노화 예방

놀이에 있어서 그 종류는 매우 다양하지만 노인들의 놀이에 있어서 음악 활동은 자아성취와 사회 소속감을 느끼게 하며, 노화에서 겪는 우울증을 해소할 수 있으므로 이는 심리적 안정에 기여할 수 있다. 왜냐하면 현대사회에서 노인은 소외되고 고독하고 무기력한 존재로 비치고 있으며 대부분의 경우 노인에 대한 이미지는 고지식하고, 변화를 싫어하며, 성적인 기능을 못 하고, 의존적이라는 오해를 가지고 있기 때문이다. 또한 자율성과 생산성을 강조하는 현대의 사회 분위기는 노인들을 적응하기 힘들게 하는 또 다른 장애요소이기 때문에 음악 활동을 통한 자존감 회복은 매우 중대하다.

이러한 노인 연구의 임상적 연구는, 국내에서는 1980년대에 노인 연구가 체계적으로 시작되어, 병원환자들을 대상으로 임상적 진단에 대한 통계적 역할 조사나 한국 노인에게 가장 잘 일어나는 치매, 우울증에 관한 연구 정도가 대부분이었다.[32] 그러나 이후의 노인 연구는 노인의 소외 문제, 노인 여가 선용 문제, 노인 의료시설의 문제 등으로 점차 다양하게 그 영역이 확장되고 있다는 것은 노인의 자아회복을 위한 구체적인 실행 방법들을 찾기 위함이라 볼 수 있다.[33]

---

32) 김도환, 「도시 노인의 가족지지와 정신건강과의 관계 연구」, 『노인복지학(11)』, 2001, pp.171~193.
33) 안영미, 「노인의 삶의 의미와 자아 존중감 및 정신건강과의 관계연구」, 석사논문, 이화여

노인의 음악치료에 대한 논문으로 현재연의 연구를 살펴보면[34] 고령화 사회에서 성인 및 노인들을 위한 음악 활동은 인지영역, 운동영역, 언어영역, 사회·정서영역 등의 네 가지 영역이다. 따라서 여가나 놀이영역을 세부적으로 살펴보면 첫째, 인지영역과 관련된 음악 활동 중에서는 유행했던 친숙하고 익숙한 노래를 들려주어 기억과 회고의 기회를 주며, 젊어서 좋아했던 노래나 음악 감상은 회상력을 증진시킬 수 있다.[35] 기억력의 경우는 새로운 악기를 배우거나 합주과정을 통해 인지 기술을 추진할 수 있다. 기억력 개선과 관련된 다른 많은 연구들은 노래 부르기나 음악 감상과 같은 다양한 기법을 통해 기억하는 것을 훈련하였을 때 유의미한 변화가 일어났다.[36]

둘째, 운동영역 음악치료에서 음악은 내담자의 운동적 기능을 유도하는 다양한 악기연주나 동작, 춤을 포함한다. 음악과 동작에서는 대근육을 강화하며 건반악기나 작은 악기의 경우는 소근육을 강화한다. 또한 음악은 한 동작에서 다른 동작으로의 변화에 있어 근육의 유연성을 강화하며, 음악의 요소인 강도나 멜로디의 높낮이에 따라 운동반경을 넓힘으로써 전반적인 운동기능을 향상시켰다.[37]

자대학교 대학원, 2002, p.5.

34) 현재연, 「국외 노인음악치료 연구에서 치료 목표 및 음악치료활동 형태 분석: 1977년부터 2005년도까지」, 석사논문, 이화여자대학교, 교육대학원, 2006, pp.9~15.

35) 정현주, 「음악치료학의 이해와 적용」, 이화여자대학교 출판부, 2005.

36) Karras, B., Down memory lane, Wheston, MD: Circle Press, 1983. Wylie, M. E, A comparison of the effect of old familiar songs antique objects, historocal summaries, and general questions on the reminiscence of nursing-home residents. Journal of Music Therapy, 27(1), 1990, pp.2~12.

37) 조혜영, 「노인 음악치료의 제도적 실태 분석; 문헌 고찰 및 음악치료 서비스 법안 법제화 과정 조사」, 석사논문, 이화여자대학교 교육대학원, 2005.

셋째, 언어영역 음악치료에서의 음악은 비언어적 의사소통 수단으로 위협적이지 않고 흥미로운 자극을 제공함으로써 말하기와 언어 발달에 긍정적 영향을 미치고 다른 재능을 촉진시킬 수 있는 다감각적 경험을 제공한다. 또한 정확한 발음을 돕는 음악 활동으로는 악기연주를 통해 필요한 구강근육을 강화하는 활동도 있다. 음악치료에서 이완훈련은 발성기관을 이완시켜 음성산출에 도움을 줄 수 있게 하는데 이때 사용되는 각 동작은 음악적 요소(리듬, 멜로디, 화성, 음색 등)를 고려하여 선택된다.[38]

넷째, 사회·정서적 영역 음악치료에서는 음악은 내담자의 반응을 수용하여 주고 고립과 갈등을 극복할 수 있도록 도우며 나아가 상호작용을 할 수 있는 매개체로서의 역할을 수행한다.[39] 정욱희(2002)는 뇌졸중 환자를 대상으로 음악치료를 진행하였을 때 뇌졸중을 경험하면서 생기는 불안, 우울 등의 정서가 감소하였다고 하였다.[40] 음악사용에 있어서는 뉴에이지 음악과 고전음악도 초조감 감소에 효과적이며 배경음악이 아닌 생음악의 사용은 동요 행동 감소에 더 높은 효과를 보였다.

음악적 행동에 있어서 그룹 내에서 함께하는 악기 활동도 상호작용하는 방법이 되며 감정적 충동조절을 할 수 있도록 하고 또한 악기 즉흥연주를 함으로써 자기표현을 할 수 있게 함과 동시에 악기 즉흥연주를 통한 성공적인 경험은 자존감과 자아실현을 할 수 있도록 도와준다.[41] 따라서 고령화 사회의 성인 및 노

---

38) 이순화, 「가창 교육 훈련이 언어장애 청년들의 음성 개선에 미치는 효과」, 석사논문, 이화여자대학교 교육대학원, 2001.

39) 정현주, 「음악치료학의 이해와 적용」, 이화여자대학교 출판부, 2005.

40) 정욱희, 「음악 치료가 뇌졸중 환자의 우울감과 불안감 감소에 미치는 영향」, 석사논문, 이화여자대학교 교육대학원, 2002.

인들을 위한 음악 활동은 치료적 목적이기 이전에 노화 예방의 차원에서 적극적인 음악 활동으로 이해하여야 한다.

(2) 사회 활동 참여 능력증진

국내에서 노인 연구가 체계적으로 시작된 것은 1980년대로 병원환자들을 대상으로 임상적 진단에 대한 통계적 역할 조사나 한국 노인에게 가장 잘 일어나는 치매, 우울증에 관한 연구 정도이다.42) 이후의 노인 연구는 노인의 소외 문제, 노인 여가 선용 문제, 노인 의료시설의 문제 등으로 점차 다양하게 그 영역이 확장되고 있다.43)

여기서 노인들의 소외 문제의 경우, 음악 활동을 통해 치유 가능하다는 것이 노인 음악치료에서 증명되고 있다. 그 예로, 음악 치유의 방법인 음악 감상은 주로 노인의 불안이나 스트레스 감소를 목적으로 접근하고 있으며, 실제로 인공호흡기를 착용한 환자에게 음악을 들려주었을 때와 그렇지 않을 때보다 스트레스가 보다 더 감소하였다.

현재연은 음악 활동의 방법과 효과로써, 다섯 가지의 방법을 권장하고 있다.44) 첫째, 음악 감상은 음악 자극이 동질성의 원리

---

41) 김동민, 『창조적 음악치료』, (서울: 학지사, 2006), pp.331~370.
42) 김도환, 「도시 노인의 가족지지와 정신건강과의 관계 연구」, 『노인복지학(11)』, 2001, pp.171~193.
43) 안영미, 「노인의 삶의 의미와 자아 존중감 및 정신건강과의 관계연구」, 석사논문, 이화여자대학교 대학원, 2002.
44) 현재연, 「노인음악치료 연구에서 치료 목표 및 음악치료활동 형태 분석: 1977년부터 2005년도까지」, 2006, pp.15~25.

와 카타르시스를 통해 고조된 감정의 분출을 가져오는 데 결정적인 역할을 한다는 것이다. 이러한 감정의 분출 후에는 균형의 원리가 될 수 있기 때문에 긴장 상태를 이완으로 다룰 수 있다.

둘째, 음악과 심상은 음악을 통한 심리 치료적 측면으로 접근할 수 있다. 여기서 사용하는 음악적 방법으로 GIM(Guided Imagery and Music)은 훈련받은 음악치료사가 구체적인 치료목표로 심리적 접근을 내담자의 언어로 이슈를 규명하여 이완상태를 유지하고 음악 감상에서 경험한 것을 나누며 표현하는 것을 도와주는 치료이다. 또 다른 방법으로 MI(Music and Imagery)는 다른 이미지를 그려 주위를 분산시키며 문제를 해결하는 것이다.[45] 음악은 노인의 불안, 우울, 스트레스의 감소를 가져와 환자에게 적절하고 긍정적인 상관관계를 보여준다고 한다.[46] 이는 음악 활동의 한 방법으로 음악과 심상이 노인의 심리 상태에 주는 긍정적 영향을 준다는 것을 밝혀주고 있다.

셋째, 악기연주는 다양한 악기로 연주하는 활동으로 음악적 경험을 중요하게 생각한다. 악기연주 활동에는 악기연주의 습득과 곡을 변형하여 연주하는 활동으로 실행할 수 있고, 치료 내에서의 목표가 치료 밖에서도 변화를 줄 수 있게 하는 것이다.[47] 건반악기 연주나 북을 치는 연주 등을 통해 노인들의 신체적 건강 및 심리적 안정을 유도함으로써 사회 참여에 적극성을 보일 수 있는 기반을 다질 수 있는 것으로 나타났다.

---

45) 정현주, 「음악치료학의 이해와 적용」, 이화여자대학교 출판부, 2005.

46) Hanser, S. B., A Music Therapy Strategy for the Depressed Older Adu-lts in the Community, Journal of Applied Gerontology, 9, 1990a, pp.283~298.

47) 최병철, 『음악치료학』, (서울: 학지사, 1999).

넷째, 노래 부르기에서 노래는 가사와 멜로디가 있다. 노래의 가사는 경험과 정서를 느끼게 해주며 언어발달과 인지발달을 도와준다. 노래의 멜로디는 가사를 반영하고 멜로디가 가지고 있는 리듬은 감정을 반영하고, 멜로디와 억양을 사용하여 말의 자연스러운 리듬, 강세, 억양을 고려하게 된다.[48]

다섯째, 음악과 동작은 리듬으로 청각에 자극을 주거나 음악적 성분 중 음높이, 음량, 소리의 연속성, 화성을 사용한 공간적 방법, 음악의 악센트를 시간적 신호로 사용하는 방법, 근육 활동을 자극하는 데 쓰이는 힘의 신호(force cueing) 방법들을 통하여 노인의 만성 관절 류머티즘의 통증 감소에 긍정적 효과를 주는 것으로 나타났다.[49]

또한 심근경색환자의 경우 음악 감상은 불안 감소에 크게 영향을 주는 것으로 나타났다. 이와 같이 음악 감상 한 가지로도 스트레스 감소나 불안 감소 및 노인들의 심상 치료와 우울증 예방에 효과적이라는 것을 알 수 있다.[50]

(3) 지역사회와의 연계로 인한 자아실현

우리나라 노인들은 여가 형태 중 소일형이 많고 취미·문화·운동이나 종교 활동을 제외한 사회단체 활동에는 별로 참여가 없는 것으로 나타나고 있다. 즉, 우리나라 노인들은 여가형태의

---

48) Boxil, E. H., Music Therapy for the Developmentally Disabled, Rockvills, MD: An Aspen Publication, 1984.

49) 이승희, 『신경학적 음악치료』, 정현주(편), 음악치료 기법과 모델, (서울: 학지사, 2006), pp.171~188.

50) 상게서, pp.15~16.

다양성이 낮다는 데 그 문제점이 있으며 특히 동적이고 외형적인 활동, 그리고 자아를 표현하고 성취감의 기회를 갖는 활동이 빈약하다는 데 문제의 본질이 있다. 이는 현재의 여가가 단순하고 오락 위주이며 특별한 목적의식 없이 시간 보내기 수단으로 전락해가는 경향이 농후하기 때문이다.

따라서 노인들에게 실행할 수 있는 음악 활동은 선행연구에서 살펴본 대로 라이프스타일에 맞는 음악 활동과 방법을 모색해나가야 한다. 가령 음악 프로그램을 실행하기 위한 공간적인 제약은 학교를 통하여 풀어나가는 방법이다.

현재 교과부는 학교시설을 학생과 지역주민들이 공유할 수 있도록 지역평생학습 시설로 재구조화하는 정책방향을 설정하고 있으며, 풍부한 교육의 인적·물적 자원을 보유하고 있는 학교가 노인들을 위한 평생교육을 위한 시설로 활용하고 있다. 이에 노인의 음악 활동 역시 학교 시설물을 이용하여 평생교육시설로 사용할 수 있는 방안은 지역사회 주민으로서의 노인에 대한 배려가 될 수 있다고 본다.

제4부

공연장의 운영

8장 공공극장(대극장)

공연장인 극장은 도로나 항만시설과 같은 사회간접자본이며 문화산업에 필수적인 토대가 되는 기간시설(Infrastructure)이다. 극장은 또한 음악이 연주되는 공간으로서의 공연예술을 창조하고 보급하는 집이다. 사회의 공익을 위해 건립되고 운영되는 공공극장인 예술의전당과 세종문화회관의 운영과 시설을 살펴본다.

1. 극장이란 무엇인가

(1) 극장의 정의

극장이란 공연예술이 행하여지는 장소로 음악, 연극, 무용 등을 할 수 있는 공간으로 관객석과 무대가 준비되는 장소적 의미이다. 극장(theater)이란 단어의 유래는 그리스어 'theatron(지켜보는 장소)'에서 유래한 것으로 무대의 모양이나 건물의 조형물들이 그것을 극장으로 만들어주는 것은 아니다. 관객이 지켜볼 수 있도록 인간의 경험을 모방·재현하기 위한 공간의 활용이

있을 때 그것들은 특별한 공간, 즉 '지켜보는 장소(seeing place)'
가 된다.[1]

공연예술의 필수 3요소에는 예술창작의 주체가 되는 예술가,
작품을 감상하게 될 관객, 그리고 예술가와 관객을 만나게 하는
공연공간으로서 극장이 있어야 한다.

극장은 음악이 연주되는 공간으로서의 공연예술을 창조하고 보
급하는 집이다. 또한 도로나 항만시설과 같은 사회간접자본이며
문화산업에 필수적인 토대가 되는 기간시설(Infrastructure)이다.

우리나라의 경우 농경사회가 오래 지속되다 보니 도시발달이
늦었고 그로 인해서 극장의 발전도 늦을 수밖에 없었다. 20세기
초에 들어서 겨우 관립극장이 생겨나고 사설 극장들도 몇 개 개
설된 것이 고작이다. 그래서 전통공연예술이 제대로 양식화되지
못한 주원인이 되었다고 말할 수 있다.

극장을 구분하는 절대적인 분류는 존재하지 않는다. 호텔처럼
특급, 1급, 2급과 같은 등급도 존재하지 않는다. 무엇을 기준으
로 하느냐에 따라 그 유형을 구분할 수 있을 뿐이다. 대부분의
기준은 상대성을 가지고 있기 때문에 상반되는 두세 가지 특성
을 나타낸다. 따라서 이러한 분류는 중복적으로 적용되어야 한
다. 각각의 분류가 한 극장의 일면적 특성을 나타내는 것이기 때
문이다. 어떤 극장은 공공극장이면서 대극장이고 다기능극장일
수 있고 어떤 극장은 민간극장이면서 소극장이고 전문극장일 수
있다.

문화관광부 자료에 의하면 우리나라 732개 공연시설에 대한

---

1) 최윤강, 「극장객석 공간구성의 효율성연구」, 석사논문, 경희대학교 대학원, 2001, p.5.

927개 공연장의 객석 수는 총 402,148석(평균 433.8석)으로 추정된다. 총 객석 수의 공연장 규모별 비율을 살펴보면, 대공연장이 75개(8.1%), 중공연장이 383개(41.4%), 소공연장이 396개(42.7%), 모름/무응답이 73개(7.9%)였다.

이러한 극장 중에서 최근에는 문화관광산업으로서의 극장들이 호평을 받고 있다. 나라마다 극장의 크기는 국가 이미지에 영향을 미칠 정도이니 이제 극장은 그 나라 문화예술을 대표하는 얼굴이 된 것이다. 더구나 포스트모더니즘시대 소비성향 중 하나가 '상위'와 '하위'문화 또는 '대중'문화 간의 차이의 완화라는 사실이다. 이러한 완화는 상위문화의 크로스오버현상을 부추기고 있고 이러한 부추김은 상위문화와 하위문화의 통합으로 인해 점점 더 상업화되어 가고 있다. 극장이라는 공간은 이제 상업화와 더불어 문화관광개발에서 새로운 관점으로 대두되고 있으며 이제는 문화가 문화적 결과보다는 경제적 결과를 촉진시킨다는 점을 주지해야 한다. 따라서 공공극장의 역할에 대한 중요성이 더욱 커질 수밖에 없는 현실에 직면해 있다.

(2) 극장의 역사

극장의 생성은 정확히 알 수는 없지만 기원을 밝히자면 원시시대로 거슬러 올라가 그 시대의 생활환경과 경제적 환경을 바탕에 두어야 할 것이다. 언어의 미발달로 인해 육체의 몸짓으로 언어를 표현하고, 동작으로 의사소통을 하였던 원시시대에는 자연재해와 야생동물의 습격을 피하며 생활을 해왔다. 이로 인해

점차 공동체가 생겨났고 집단보호를 위해 신을 숭배하는 종교의
식이 생겨나기 시작했다. 자연과 동물, 신의 움직임을 모방한 움
직임은 점차 공연 장르의 하나인 무용으로 발전하였고, 그들을
흉내 낸 소리는 음악으로 발전되면서 신을 모시는 제의에서 가
무행위는 빠질 수 없게 되었다.

　이렇듯 종교적 행위에서는 반드시 춤과 음악 등이 뒤따랐고
그것을 위한 특정한 장소가 필요했다. 이러한 요구로 자연스레
형성된 공간은 공연공간으로 발전되었다. 공연공간의 초기 형태
를 '원형(theater-in-the-round)'에서 찾는 것은 가장 원시적인 형
태로서 어떠한 구경거리가 있을 때 사람들이 빙 둘러서 지켜보
게 되는 행위에서 찾을 수 있다.2)

　신을 위한 제의가 단순한 제사에 그치지 않고 공연이라는 형
식으로 변화해감에 따라서 제사를 지내는 성소는 공연자의 공간
인 무대로 발전하게 되었고, 보고 싶다는 욕구에 의해 감상자의
공간인 관객석이 추가되면서 공연공간의 형태가 갖추어지게 된
다. 동서양을 막론하고 종교적 행위와 집단의식을 실연하는 장소
로 예술공간이 파생되었으며 이것이 공연장의 기원이 되었는데,
그 발전과정은 시대와 지역에 약간의 차이를 보이고 있다.3)

1) 서양의 극장

고대로부터 현대에 이르기까지의 극장 변천사를 살펴보면, 고

---

2) 박희정, 「문화예술공간 활성화를 위한 극장의 효율적 운영 방안 연구」, 석사논문, 단국대
　학교 대학원, 2007, p.9.
3) 김현신, 「무대 및 하드웨어적인 기능에 따른 국내 공연장의 분류 및 국내 대중음악 공연
　장의 현황 연구」, 석사논문, 단국대학교 대중문화예술대학원, 2007, p.20.

대(기원전 수십 세기~400년), 중세(400~12세기), 르네상스(16세기 후반~17세기 후반), 현대(19세기~20세기)까지로 대별할 수 있다.

서양의 극장의 기원은 종교행사를 위한 장소로부터 시작되었으며, 그리스와 로마를 거쳐 중세를 지나 근대, 현재에 이르기까지 각 시대의 사상을 표출하고 관객의 요구에 맞는 다양한 형태로 변화하였다.

고대에서도 기원전 4, 5천 년경 원시시대에 공연장으로서 최초의 공연공간은 원형이었으며, 주술적인 구역으로 취급되었다. 가운데 놓인 덧마루가 고대 희랍의 오케스트라가 있는 무대가 되었다. 그리스 디오니소스 공연장은 원형공연장으로, 아테네 신전 주변의 언덕과 요지를 이용한 야외공연장이었으며 구조를 살펴보면 관객들을 위한 좌석이 마련된 테아트론(Theatron, 관객석-보는 장소)과 공연자의 공연공간인 오케스트라, 무대 구조물은 스케네(skene, 배우들을 위한 조그만 분장실 혹은 대기실을 겸비한 구조)로 이루어져 있다.

중세에 들어와서는 상연된 종교극이 최초로 공연된 곳이 교회이기 때문에 교회의 내부가 극장으로 사용되었다. 하지만 공연의 규모가 커지고 외설상 등의 사회적 문제가 생기면서 무대를 교회 밖으로 이동하게 되었다. 간단한 구조물을 내놓거나 교회 앞마당에 설치된 덧마루 무대인 고정 무대와 이동이 가능한 수레 위에 무대를 만들고 공연하는 패턴으로 발전하게 된다.

르네상스시대 옥내극장의 탄생은 공연장 형태에 새로운 변화를 불러왔다. 최초의 옥내극장인 비첸차(Vicenza) 시의 올림피코

극장(Olimpico Theatre)은 논리적 사고를 바탕으로 '시각의 이성
화'라고 불리는 원근법인 프로시니엄 아치(Proscenium Arch)형
공연공간을 등장시켰다.[4)

바로크시대에는 공연공간이 더욱 화려해진다. 이는 왕위 귀족
계층이 성장하면서 절대적인 국왕의 권력을 바탕으로 하였기 때
문이다. 공연장르는 발레, 연극, 서커스, 오페라, 교향악, 뮤지컬
등이 있으며 공연의 내용은 오락성이 다분한 낭만주의 사상을
보여준다. 객석형태는 말굽형으로, 귀족을 위해 2층에 설치된 박
스석은 공연이 단순한 관람 차원을 넘어 공연자와 관객 상호 간
의 교류가 이루어졌다는 것을 보여준다.

시민혁명과 산업혁명으로 인해 공연문화시설은 급격하게 늘
어나기 시작하였다. 기존의 박스석은 발코니석으로 바뀌고 관람
석에 의자가 고정 설치되었다. 1960년대에는 의도된 공연공간이
아닌 쓰이지 않는 창고나 곳간에서 특별한 무대장치 없이 관객
과 무대의 경계를 없애는 환경공연공간이 제시되기도 하여 실험
적인 공연이 이루어짐을 알 수 있다.

제2차 세계대전 후 영국에서 건립되기 시작한 아트센터는 이
후 세계 각국에 세워진 다양한 규모의 예술공간이 모델이 되었
다. 현대에 들어서 프로시니엄 아치 극장은 사실적으로 바뀌었
다. 가장 혁신적인 공연장은 뉴욕의 부스 극장과 독일 바덴바덴
(Baden-Baden)의 리하르트 바그너의 페스트슈필하우스(Festspielhaus)

---

4) 올림피코 극장(Teatro Olimpico)은 1580년 팔라디오가 세상을 뜨기 전에 마지막으로 지은
건물로 무대는 그의 제자가 설계했다. 무대장치의 원근법을 이용한 섬세한 장식은 모두
대리석으로 보이지만 나무와 회반죽을 이용했다. 3차원적 원근법에 의해 설계된 이 극장
은 현존하는 실내 극장으로는 가장 역사가 오래된 건물이다. 천장의 속임수 그림도 극장
공간을 한층 돋보이게 한다.

였다. 현대의 젊은 아티스트들이나 실험적인 공연을 추구하는 예술가들은 공간의 제약 없이 길거리나 공간이 마련된 곳이라면 어디서든지 공연을 하기도 한다.

2) 우리나라 극장

우리나라의 공연공간(무대)의 성립은 언제부터 시작되었는지 확실히 알 수 없으나 문헌기록상으로 추측해보면 신라 진흥왕 때에 팔관회의 행사에서 '두 개의 채붕을 연결하여 백희 가무를 연출하고 복을 빌었다'는 기록이 있는 것으로 보아 진흥왕 때가 그 성립기라 추정할 수 있다.

신라시대와 고려시대로 오면서 우리나라의 공연예술의 형태는 유랑예술단의 남사당패, 솟대쟁이패, 사당패, 풍물놀이패 등으로 주요 '마당놀이'의 형태와 조선시대에 들어 왕실의 번영을 축원하고 나라의 안녕을 바라는 궁중무용과 민속무용 등으로 무대와 관객석이 분리된 서양의 극장 형태와 다르게 마당놀이 형태의 사방이 오픈된 야외무대의 형태를 띤 공연공간에서 공연이 주로 이루어졌다.

20세기 초에 들어와서 겨우 관립극장인 옥내극장 형태의 협률사가 개설되고 사설극장도 몇 개 개설되기 시작하였다. 협률사는 당초 공연을 위해 세운 것은 아니고 고종황제의 어극 40년을 기념하는 행사를 위해 세운 공간이다. 콜레라로 인해 다음 해 봄으로 연기되었다가 다시 가을로 연기되면서 기념행사를 간소하게 치르는 바람에 협률사 무대를 사용하지는 않았지만, 협률사야말로 우리나라에서 제대로 기능을 한 실내극장의 효시이다.[5]

우리나라 공연공간의 변천은 광복 전후의 사회에 크게 영향을 받는다. 광복 이전의 공연공간은 독립된 형태의 공간이 아닌 일본의 지배하에 설립된 공간으로 공연상연에 있어서도 큰 제한을 가지고 있기 때문이었다.

1902년 협률사의 출현을 시초로 하여 원각사, 광무대(1908년), 장안사, 연흥사(1907년), 단성사, 조선극장(1922년 서울 종로구 인사동), 동양극장(1935년),[6] 부민관[7]이 차례로 개관하였다.

광복 이후 우리나라 공연공간의 명칭은 주로 '극장'으로 사용되었으며, 공연장과 영화관의 두 가지 용도를 동시에 행하는 공간이 되었다. 이런 극장의 상황은 1960년대까지 지속되었다. 하지만 공연장다운 공연공간의 설립에 대한 욕구가 본격적으로 대두되면서 1949년 국무회의 의결을 거치면서 국립극장이 설립되었고, 1950년 초대 극장장 유치진의 취임과 함께 운영에 착수하였다. 1961년 우민회관으로 개관되었던 세종문화회관은 재단법인으로 운영형태가 바뀌면서 다목적 공간으로서의 역할을 하고 있다. 1981년 문예진흥원이 문예회관(현, 아르코예술극장)을 개관하면서 정부의 관심이 높아지고, 1980년대 이후 전국 시 지역

---

5) 이윤진, 「무용공연극장의 사회적 기능에 관한 연구」, 석사논문, 이화여자대학교 대학원, 2005, pp.13~14.

6) 1935년에 설립된 동양극장은 평양 출생의 유지 홍순언과 배구자 악극단을 이끌던 배구자가 당시 사비(19만 5천 원)를 들여 지은 공연공간이다. 동양극장은 한국 최초의 연극전용극장으로 1930년대와 1940년대에는 대중연극의 메카로 군림했었으나 1950년대 이후 한때 영화관으로도 있다가 1976년 2월 폐관되고, 1995년 철거되었다.

7) 1934년에 준공한 국립극장 부민관은 1930년대 초 경성부가 부민들의 예술적 욕구를 충족시키고자 경성 전기주식회사로부터 기부금(100만 원)을 받아 지어진 공연공간이다. 한국 최초의 다목적 회관인 부민관은 무용, 연극, 음악 등을 공연하면서 영화를 상영하기도 하였다. 1949년 서울시 소유가 되었고, 1950년 4월 29일 국립극단이 창단되면서 국립극장으로 지정되었다. 1950년 서울 수복 이후 국회의사당으로 사용되다가 1975년 여의도 국회의사당이 준공됨에 따라 시민회관으로, 1976년 세종문화회관 건립과 동시에 그 별관으로 이용되었고, 지방자치제 실시에 따라 1991년부터 서울 시의회 의사당으로 사용되고 있다.

에 종합문예회관이 건립되기 시작하였다.

이렇듯 우리나라 공연공간은 매우 서서히 발전해왔으며, 1993
년 예술의전당이 개관되면서 전문적인 복합공연공간으로 발전
하였다. 앞에서 살펴본 바와 같이 우리나라 공연공간의 역사는
서양이 2천 년 동안 발전을 한 것에 비해 매우 짧은 역사를 지
니고 있다고 할 수 있다. 우리나라의 경우 농경사회가 오래 지속
되다 보니 도시 발달이 늦어졌고, 그로 인해 극장의 발전도 늦어
질 수밖에 없었다. 현대에 이르기까지 동서양을 막론하고 공연
공간은 공연이나 행사를 위한 관람공간에서 관람자와 공연자의
조화로움을 위한 참여공간으로 꾸준히 변모되고 있다.[8]

2. 공공극장의 정의와 역할

(1) 공공극장의 정의

극장을 구분할 때 가장 기본적으로 나누는 기준은 극장 운영
의 목표를 어디에 두는가이다. 이윤이 운영의 제1목표가 될 때
이는 상업극장(commercial theater)으로 분류되며 단순한 이윤보
다는 사회의 공익을 위해 건립되고 운영되는 극장은 이와 대비
하여 공공극장(public theater)이라고 부른다. 우리나라의 경우
서울을 비롯한 지방 대부분의 극장이 정부 또는 지방정부가 출
연한 공적자금에 의해 건립되고 운영되는 공공극장이다. 서울의

---

8) 윤혜진, 「지역공간으로서의 야외공연장의 기능 확충을 위한 방안 연구: 임진각 평화누리 야
외공연장 사례를 중심으로」, 석사논문, 추계예술대학교 문화예술경영대학원, 2006, p.9.

경우 예술의전당, 아르코 예술극장은 특별법인으로, 세종문화회관, 정동극장 등은 재단법인으로, 국립중앙극장은 책임운영제 등 다양한 운영형태의 공공극장이 있고 지방의 경우도 1990년 중반 이후 지방자치제도가 시작된 이후 전국적으로 문화공간의 절대부족을 인식하여 지자체마다 문화공간의 건립을 시작하였다. 그 결과 전문공연장보다는 획일적인 다목적홀로 공연장이 지어져 순수예술의 창작 공간개념은 약할 수밖에 없었다.

공공극장의 운영형태는 지방정부가 직접 운영하는 직영제 또는 출장소 형식으로 운영되다가 현재는 서울과 마찬가지로 민간위탁 또는 재단법인화하여 운영되고 있다. 각 지방의 공공 문화공간 설립 당시 지방자치단체가 직간접으로 운영하던 문화공간도 차츰 재단법인으로 민영화하는 추세에 있다. 그 예로 의정부 예술의전당은 출범 당시 시설관리공단에 소속되었지만 2007년 재단법인으로 독립되었고, 안산문화예술의전당도 2007년부터 재단법인으로 출범하였다.

외국의 운영형태를 보면 미국 대부분 극장들은 민간 주도의 상업극장 형태이고 유럽과 대부분의 극장은 공적자금으로 운영되는 공공극장의 형태를 띠고 있다. 극장은 시설과 규모가 크고 대규모로 건립되어 초기에 많은 자금이 들어가므로 대부분은 공적자금으로 지어진다. 그러므로 공적자금으로 건립된 공공극장은 민간극장에서 다루기 힘든 순수예술에 중점을 두어 공공제로서의 사회편익에 관심을 두어야 하며 예술가에게는 문화 창달의 기회를 제공하고 지역민에게는 문화기회확대와 문화욕구를 충족시키는 역할을 해야 할 것이다.

앞에서 살펴본 바와 같이 우리나라 공연장의 주류는 공공극장들이다. 공공극장이란 운영조직이 국공립이거나 운영비의 전부 또는 일부를 공공재원으로 지원받아 운영하는 극장을 말한다. 대부분의 주요 극장들이 다양한 운영형태를 보이지만 모두 공공극장의 범주에 속한다. 이들 공공극장은 많게는 90% 이상, 적게는 20~30%의 예산을 공공재원으로 충당하고 있다.

민간극장과 공공극장의 차이는 공공지원을 받는가, 그렇지 않은가의 차이를 넘어 운영방식, 사업내용에서도 현격한 차이를 보여준다. 순수한 민간극장의 지불자는 관객이며 극장의 모든 경영과 운영은 이 하나의 목표에 집중된다. 프로그램의 선정은 물론 홍보, 마케팅과 극장의 운영방식에서의 관객의 기호가 최우선의 고려사항이다.

공공극장이 봉사해야 할 대상은 좀 더 복합적이다. 지불하는 주체가 다양하기 때문이다. 공공극장이라고 관객 수입이 없는 것은 아니다. 세종문화회관은 중장기발전계획을 발표하면서 10년 후에는 재정자립 80%를 달성하겠다는 목표를 내세우고 있다. 예술의전당이나 정동극장의 재정자립도는 무려 70%를 웃돈다. 공공극장이라 하더라도 극장의 첫 번째 지불자는 관객이다. 이들은 직접 극장을 찾아와서 극장이 제공하는 상품을 소비하며 그 대가를 지불한다.

나머지는 공공지원금과 민간기부금이다. 이들은 극장을 직접 찾아오지 않는 관객의 몫이다. 공공지원금은 재원의 종류에 따라 그 절차가 다양하고 복잡하지만 결국 실질적인 비용부담자는 극장을 찾지 않는 다수가 포함된 일반 국민들이다. 이들의 비용

부담은 공연관람이나 방문과 같은 직접적인 반대급부 외의 보상을 요구한다. 이들은 극장의 존재 자체가 대다수 국민들에게 '좋은 것'으로 인정받는 편익을 제공한다고 믿는 것이다. 사회의 건강성을 유지하거나 사회의 균형적 발전에 기여하거나 사회나 체제에 대한 자긍심을 높이는 것과 같은 반대급부는 현장에서의 체험이나 감동에는 직접적인 영향을 받지 않는다.

공공극장의 딜레마는 성격이 크게 다른 복합적인 지불자 그룹에 봉사해야 한다는 데서 비롯된다. 이 양극단은 공공성과 대중성이다. 공공성은 극장에 오지 않는 관객들이 지불한 데 대한 반응이고 대중성은 극장에 찾아온 관객들에 대한 의무다. 이들 두 가지를 다 갖추는 것이 이상적일 것이다. 즉, 교육적이고 공익적이면서도 감동적이고 흥미진진한 작품이면 고민이 없을 것이다.

그러나 현실적으로는 이는 희귀한 경우이고 어느 정도는 그 두 가지 성격 중 하나가 더 강하게 드러날 수밖에 없다. 문제는 이 두 가지가 그렇게 단순하게 분리되지 않는 데 있다. 즉, 공공성을 강조하여 관객이 외면한 극장에 대해서는 아무리 그 명분이 뛰어나다 하더라도 평판이 좋을 리 없다. 또 대중성만으로는 극장의 일류 이미지를 유지하기 어렵다. 윤이상의 오페라 <심청>으로 공공극장의 도리를 다하면서도 브로드웨이 뮤지컬을 수입해 공연하여 가능한 한 많은 대중들에게 엔터테인먼트를 제공해야 하기도 하는 것이다. 공공극장들은 두 마리 토끼를 모두 잡아야 한다. 이것이 오늘은 공공성의 토끼를, 내일은 대중성의 토끼를 쫓으며 바쁜 행보 속에 고민을 계속하는 이유이다.

(2) 지방 공공극장의 역할

공공극장의 운영 특성은 그 설립 취지에 따라 조금씩 다르지만 공익을 위한 문화예술 창달과 일반 국민의 문화예술 향유권을 제공하는 산파역할을 한다. 따라서 공공극장은 순수예술이 담고 있는 가치재 성격으로 인해 공연시장에서 일반적인 오락성 높은 작품보다 다른 예술성의 고급예술을 정부 지원을 받아 보급하는 임무를 갖는다.9) 공공극장은 사회공익을 목표로 건립 · 운영되는 곳이다. 따라서 지방 공공극장의 역할은 첫째, 지방 공공극장은 사회공익으로서 서울과는 달리 많은 문화적 혜택과 기회가 부족하기 때문에 거기에 따르는 문화 복지가 우선으로 행해져야 한다.

현재 우리나라에서는 공연의 제작구조가 서울 중심으로 이루어져 있고 지방극장들은 생산자 위치에 있기보다는 서울에서 생산된 공연들을 소비하는 소비자 역할을 하고 있다. 그리고 매출 규모로도 서울과 비교했을 때 적은 규모여서 대부분의 공연생산과 유통 메커니즘은 서울을 중심으로 제작되고 있다. 또한 지방 공연장은 서울의 공연장보다 시설과 크기 면에서 부족하여 큰 규모의 공연을 올릴 수 있는 지방 공연장은 한정되어 있다. 이러한 이유 때문에 서울에서 초연한 대형 공연도 지방에 오면 공연 규모를 줄여서 공연하여야 하며 비용의 문제점이 발생하여 서울에서 공연되었을 당시의 조건과 질적인 면에서 낮추어져 공연되

---

9) 강동훈, 「공공 문화예술극장의 경제성 및 역할연구」, 석사논문, 연세대학교 경제대학원, 2006, p.63.

는 경우가 많다.

둘째, 그 지역에 맞는 문화 창달로써, 지역에 맞는 예술문화를 계승 발전시키고 만드는 데 앞장서야 할 것이다. 예를 들면, 우선 설립된 예술단체에는 문화예술 공간제공과 더불어 재정적 지원을 해줌으로써 작품 창작에 지원을 하는 것이다. 이러한 문화공간 자체가 하나의 지역 명소가 될 수 있도록 발전시켜 나가야 한다(ex: 링컨센터의 카네기홀, 호주의 오페라하우스).

셋째, 문화예술 교육의 역할이다. 공연시설이라 할 수 있는 구민회관, 문화예술회관, 청소년회관 등의 이용을 통해 문화공공기관들이 주민과 함께할 수 있는 프로그램 개발과 커뮤니케이션의 공간으로 거듭나야 할 것이다.

3. 공공극장의 사례

(1) 예술의전당

예술의전당은 1982년도에 예술의전당 건립을 발의하여 1987년 1월에 재단법인격으로 문화예술 창달과 국민의 문화향수 기회 확대를 위한 문화예술 공간 운영과 문화예술진흥을 위한 사업을 추진할 목적으로 설립되었다. 1988년 음악당, 서울서예박물관의 1단계 준공을 시작으로 1990년 한가람미술관, 예술자료관 등의 2단계 준공 그리고 1993년 오페라하우스를 마지막으로 전관을 준공하였고 2000년에는 재단법인에서 특수법인으로 법인격 변경을 하였다.

예술의전당 상주단체로는 국립발레단(1962년 창단), 국립오페라단(1962년 창단), 국립합창단(1973년 창단), 코리아심포니오케스트라(1985년 창단) 등 4개 단체가 있어 서로의 유기적인 관계를 유지하고 있고 서울예술단, 한국예술종합학교, 국립국악원, 한국문화예술위원회, 전국문예회관연합회 등 5개 입주기관이 있다.

예술의전당은 우리나라 최고의 시설을 갖춘 전문공연장으로 자리를 잡고 국내외 유수 공연을 기획, 대관하여 엘리트 공연장의 이미지를 구축하여 왔다. 이에 예술의전당은 공공복합문화공간으로서의 역할에서 국민들이 쉽게 찾아가는 공연장이 아닌 다소 문턱이 높은 공연장으로 인식되어 부정적 측면을 낳기도 했다.

다른 공연장에 비교해보면 예술의전당은 재정자립도가 상당히 높은 것으로 나타났다. 이는 공익성이 우선되어야 하는 공공기관으로서의 역할을 충분히 하지 못함을 알 수 있다. 수입금은 정부의 국고 보조금과 사업수입 및 기타수입이며 2013년 예산은 538억 7천만 원이다.

예술의전당의 주요 사업은 음악사업, 공연사업, 전시사업, 교육사업, 대관사업 등 5개로 나누어 사업을 추진하고 있다. 본 강의에서는 공연예술 분야인 음악사업과 공연사업에 관하여 설명하고자 한다.

1) 음악사업

예술의전당 음악당은 콘서트홀과 리사이틀홀, IBK챔버홀로 구성되어 있다. 대공연장인 콘서트홀은 우리나라에서 처음으로 콘서트 전용홀로 지어진 연주장으로 최적의 음향조건을 자랑한다. 처음 2,494석에서 2005년 리노베이션을 통해 2,523석의 대공연장으로 확장했다. 객석 의자가 콘서트홀의 인테리어에 걸맞은 예술적인 디자인이면서도 청중들의 편안한 감상을 위해 좌석 폭을 넓힌 의자로 교체되었다. 또한 기존의 황금색의 금속 손잡이(Hand Rail)를 갈색의 목조로 교체하여 시각적으로 안정된 분위기를 조성하고, 1층에만 한정되어 있었던 장애인 좌석 14석을 1층 C블록 16석, 2층 A블록 13석으로 늘렸다. 그리고 객석 바닥재인 코르크 타일과 카펫을 새롭게 교체하여 객석 소음을 최소한으로 줄였다.

소공연장인 리사이틀홀은 2층 객석으로 이루어져 있으며 음의 잔향보다는 명료도가 요구되는 연주회에 적합한 공간이다. 2005년 리노베이션 기간을 거쳐 354석으로 재정비되었다. 객석 의자와 벽면 마감재 교체작업을 통해 더욱 아담하고 편안한 공간으로 바뀐 리사이틀홀은 데뷔무대를 꿈꾸는 신인 연주자들, 귀국음악회를 준비하는 젊은 연주자들과 아기자기한 앙상블로 완벽한 하모니의 감동을 전하는 실내악 연주자들, 그리고 실험적인 음악을 선보이는 음악인들이 주요 이용대상이다. 1층 객석 맨 뒷줄에 통로를 새로 만들어 관객의 출입을 보다 편리하게 만들었으며, 장애인을 위한 좌석을 1층 오른쪽으로 옮겨 보다 용이하게 이동용 좌석으로 사용할 수 있게 하였다.

2011년 6월 개관된 IBK홀은 2층 객석의 600석 규모의 실내악 전용 연주 홀이다. 실내악 연주에 최적화된 무대와 연주자의 호흡까지 느낄 수 있는 오디토리엄으로, 음향과 시야 모든 면에서 무대 위의 아티스트들에게 집중할 수 있는 최적의 공간으로 이 공연장은 그동안 중간 규모 공연장에 대한 갈증을 해소시켜 주었다.

2010년의 음악당 기획 프로그램의 특징을 요약하면, <교향악축제>, <11시 콘서트>, <청소년 음악회> 등 기존 기획 프로그램의 안정적 운영을 토대로 새로운 프로그램을 성공적으로 기획·정착시켰다. 클래식 음악을 대표하는 작곡가 베토벤, 브람스, 바흐의 주요 작품을 3년여에 걸쳐 소개하는 <3B 시리즈>는 첫해 프로그램으로 베토벤의 주요 작품들을 선보였다. 지휘자 김대진을 바탕으로 수원시립교향악단과 김선욱·손열음 등 젊은 협연자가 빚어낸 앙상블은 음악 애호가들의 호평을 이끌어냈다.

주5일 근무제 정착으로 토요일이 한층 여유로워진 직장인들을 대상으로 한 <토요 콘서트>는 김대진의 지휘로 매월 셋째 주 토요일 오전 11시에 진행되었다. <3B 시리즈>가 마니아층을 겨냥한 음악회라면, <토요 콘서트>는 클래식 입문자를 위해 기획되었다고 할 수 있다. 연주는 예술의전당이 오디션을 통해 선발한 젊은 연주자로 구성한 예술의전당 페스티벌 오케스트라(SFO)가 담당하였고, 협연자로는 이진상·이경선·채재일 등 국내외 중견 연주자가 포진하여 신구의 조화로 뛰어난 앙상블을 이루었다.[10]

2) 공연사업

공연사업은 오페라극장, 토월극장, 자유소극장, 야외무대에서 이루어진다. 예술의전당 가운데에 자리 잡고 있는 웅장한 오페라하우스는 1993년에 개관하여 예술의전당을 완성하는 건물이

---

10) 김유리, 「공연장 브랜드파워가 티켓 구매행동에 미치는 영향」, 석사논문, 중앙대학교 예술대학원, 2012, pp.48~49.

되었고, 갓머리를 상징하는 모양의 독특한 건축형태를 자랑하는
예술의전당의 메인공간이다. 건축 연면적 43,512㎡의 오페라하
우스 원형 건물은 공연 활동을 위한 공연공간과 일반 이용객을
이해 항시 열려 있는 퍼블릭 공간으로 구성되어 있다. 지하 1층,
지상 5층의 웅장함 속에 오페라, 뮤지컬, 연극 그리고 무용에 이
르는 공연예술의 전 장르와 전통과 현대를 넘어 첨단 전위예술
의 형태까지 아우르는 공연을 선보인다. 또한 무대예술이란 어
떤 것인가를 한눈에 보여주는 우리나라 공연예술의 총 본산이라
할 수 있다.

오페라하우스의 특징은 공연 활동을 완벽하게 지원할 수 있는
부대시설을 갖춘 백 스테이지 공간과 공연을 편안하게 감상할
수 있는 객석, 그리고 휴식, 쇼핑, 모임을 즐길 수 있는 편의공간
이 잘 마련되어 있다.

오페라하우스의 대표적 공간인 오페라극장은 고급스러운 화
려한 실내에 고전적인 말굽형 극장과 현대적인 오디토리엄이 조
화된 2,200석의 객석을 갖춘 공간으로, 자주색 하우스커튼이 올
라가면 프로시니엄 아치형의 무대가 깊게 설치되어 있는 오페
라, 발레 전용 공연장이다. 무대는 프로시니엄 아치형으로 원근
감이 살아 있는 스펙터클한 무대조성이 가능하며, 450㎡의 주
무대와 그 외 좌·우측 무대와 후 무대는 컴퓨터 시스템을 이용
하여 신속하게 무대전환을 할 수 있다. 음향설비는 사람 목소리
의 명료함과 악기소리의 풍부함이 조화를 이루는 오페라 공연을
위해 잔향시간을 1.2초에서 1.5초로 조정하였고, 첨단기계·음
향·조명장비로 무대효과를 극대화하여 객석과 무대가 유기적

결합을 하는 선진국형 공연지원 시스템을 구축하였다. 백 스테이지 공간에는 주역, 조역 및 그룹분장실을 비롯하여 회의실, 출연자 휴게실과 덧마루 창고, 피아노 보관소를 갖추고 있으며 무대·음향·조명 등 기술 스태프의 지원으로 완성도 높은 무대공연을 지향하고 있다.

CJ토월극장은 다양한 공연 장르를 수용할 수 있도록 최적의 건축 음향 성능과 최신의 무대기술 시스템을 반영한 1,000석 규모의 다목적 공연장이다. 무대와 객석 간의 거리가 약 20m 이내로 연기자의 음성, 연기를 생생하게 느낄 수 있으며, 말굽형의 3개 층 객석은 최상의 음향조건 및 가시선을 확보하여 공연의 일체감, 친밀성, 생동감을 느낄 수 있다. 4개의 무대 및 55개의 상부 조물을 이용한 가변적 연출로 고전·현대의 오페라, 뮤지컬, 연극, 무용 등 다양한 공연예술장르를 수용하고 있다. 백 스테이지 공간에는 14개의 지휘자, 주연, 조연, 그룹분장실을 비롯해 무대, 악기창고, 세탁실 등 다양한 부속시설이 있다.

자유소극장은 무대와 객석의 벽을 과감히 허물어 형식과 내용이 실험적인 극장을 마련하였다. 객석은 300석까지 변화가 가능하며 연출자의 의도에 따라 마당극 형태에서 프로시니엄, 아레나, 돌출, 비정형 등 다양한 스타일로 무대를 변형할 수 있다. 무대의 높낮이 조정과 같은 시스템 활용으로 입체적이고 전위적인 공연을 하기에 적합하며, 조명브릿지, 포인트 호이스트와 기타 장비가 과감히 노출된 자유로운 공연장이다. 백 스테이지 공간에 2개의 그룹분장실을 비롯해 진행창고, 피아노 보관소가 있다.

'2012년 예술의전당 고객만족도 조사결과 보고서'[11]를 보면

상품품질(편익성, 전문성, 혁신성), 전달품질(대응성, 지원성, 공감성), 환경품질(쾌적성, 편리성, 심미성), 사회품질(청렴성, 공익성, 안정성)을 분석한 결과 상품품질의 혁신성이 전년 대비 7.2점 하락한 87.6점으로 가장 낮게 나타났으며, 쾌적성을 제외한 모든 요소가 전년 대비 5점 이상 하락한 것으로 나타났다. 고객의 의견을 분석한 결과로는 오페라하우스 공연에서는 대중교통 불편성 등에 관한 요구(Needs)가 있는 것으로 나타났다. 음악당 공연의 경우 프로그램의 다양성, 주차장 이용 편리성, 대중화 등에 대한 개선 요구(Needs)가 있는 것으로 파악되었다. 종합 최우선 개선과제는 혁신성(공연에 독창적인 요소가 많음), 대응성(고객의 요구사항을 신속하게 처리)이었다.

　예술의전당에서 실시하고 있는 음악교육의 경우 PCSI는 87.6점으로, 사회적 만족이 전년 대비 6.8점 하락한 84.3점으로 가장 큰 하락 폭을 보였으며 점수 또한 가장 낮게 나타났다. 음악교육의 설문문항을 분석한 결과, '수강료가 적정(74.1점)', '교육장의 공간배치 및 구성이 적절(78.7점)' 등이 우선적 개선이 필요한 부분으로 분석되었다. 반면, 교육내용의 체계성 측면에서는 다른 항목에 비해 높은 만족 수준을 보였다. 또한 음악교육에서의 고객의 소리에서는 강의 시간대의 다양화, 여성 화장실 개선, DVD/CD 콘텐츠 무상대여 등에 관한 Needs가 있는 것으로 나타났다.

　식음료의 경우 '음식/음료의 가격이 적당(84.4점)', '음식/음료

---

11) 조사기간은 2012년 10월 4일~2012년 11월 30일이며, 조사대상은 최근 1년 이내에 예술의전당으로부터 공연, 전시, 교육, 식음료, 공연장/전시장 대관 서비스를 받은 경험이 있는 고객으로, 일대일 개별면접조사(Face to Face Interview)로 실시되었다. http://www.sac.or.kr

의 종류가 적당(86.7점)' 등이 우선적 개선이 필요한 부분이었다. 반면, 편안한 휴식 공간 제공으로서의 기능 측면에서는 다른 항목에 비해 높은 만족 수준을 보였다.

9장 민간극장(소극장)

오늘날 민간극장들은 순수하게 민간 차원에서 운영된다. 극장 그자체가 하나의 사업체이므로 시장원칙에 따른 민간극장은 철저하게 상업극장이다. 그러나 우리나라의 상업극장들은 서양과 달리 철저한 상업극장이기보다 공연예술 역사의 기틀을 마련한 곳이며 배우들의 소박한 꿈이 깃든 예술마당이었다. 역사적으로는 일제 식민지 시대라는 암흑기로 인하여 우리의 소극장은 흥망성쇠를 거듭하였다. 우리나라 최초의 근대식 극장이며 국립극장과 소극장이기도 했던 대한제국시대의 원각사를 종로구에서 복원한다고 하니(매일경제 2013년 12월 3일자) 앞으로의 모습이 기대된다. 이 기회에 우리나라 소극장의 역사를 살펴보며, 미래의 소극장에 대하여 생각해보자.

1. 소극장의 개념

(1) 소극장의 정의와 소극장 운동

소극장은 문자 그대로 규모가 작은 극장이나, 규모나 시설 면에서 투자가 덜 된 대극장의 초라한 축소판으로 볼 것만은 아니다. 19세기 말 앙트완느(Andre A-ntoine)가 자유극단을 조직하면서부터 1960년대의 전위연극과 오늘에 이르기까지, 연극의 실험적 시도에 정열을 쏟았던 많은 연극인들이 창고 같은 작고 빈 공간을 공연장으로 즐겨 사용하곤 했던 것은, 크고 잘 꾸며진 공연장이 없어서가 아니라 기존의 극장건축이 그들이 시도를 펼치기에 걸맞지 않았기 때문이었다.[12]

소극장은 300석 정도의 객석 규모를 가진 작은 극장으로 대극장의 대립개념으로 파악할 수 있다. 그러나 소극장은 물적인 공간 개념으로만 파악할 수 없는 정신적 역사를 지니고 있다. 서구 근대운동인 소극장 새로운 연극들이 브로드웨이의 외곽에서 성행하였다. 문화적 가치나 사회성 있는 작품들을 공연하는 것보다 모험적이며 무대기술적인 면에서 실험적인 면을 추구한 것이다.[13] 소극장은 소극장 운동으로부터 시작된 개념이다. 즉, 소극장운동은 반기성적·반상업적 예술 운동이었으며, 소극장은 새로운 연극양식을 실험하고 창조하기 위한 장으로써 존재했던 것이라고 볼 수 있다.

소극장의 효시라고 할 수 있는 1887년 프랑스 앙트완느의 '자유극장'은 근대 사실주의극과 양식을 실험했던 곳이다.[14] 프랑스의 자유극장을 시작으로 독일에는 1889년 오토 브라암(Otto Brahm)이 베를린에 '자유무대'를, 영국에는 1891년 그레인(J. T. Grein)이 주도한 '독립극장'이, 러시아에는 1898년 스타니슬라브

---

12) 조대희, 「소극장 계획방향에 관하여」, 『건축문화』, 1985, 12, p.27.
13) 상게서, p.15. 차범석, 『한국소극장연극사』, (서울: 연극과 인간, 2004), pp.9~14.
14) 정호순, 『한국의 소극장과 연극운동』, (서울: 연극과 인간, 2002), p.9.

스키(Stanislavsky)와 단첸코(Danchenco)에 의한 '모스크바 예술극장'이, 1899년 아일랜드에는 '애비극장' 등이 생겨나 활발한 활동을 벌였다.

미국에서는 '오프 브로드웨이(Off Broadway)', 즉 '브로드웨이의 바깥'이라는 뜻으로 브로드웨이의 상업적 연극에 반발해 시작된 소극장은 초기에 다양하게 불렸던 명칭들처럼 대체로 다음과 같은 특성을 가진다. 곧 예술극장, 독립극장, 소극장이 그것인데, 예술극장이라 함은 그것이 감성연극의 상업주의 경향에 대한 반발로써 일어난 연극 운동이기 때문이다.

연극을 순수예술로써 추구하려 했던 신진 극작가, 예술가, 배우들은 당시의 기성연극에 만족할 수 없었기 때문에 연극에서의 새로운 의식과 미학을 추구함으로써 연극의 질과 수준을 향상시키려 했다.

이러한 연극 예술에 대한 진지한 태도에서 나오는 연극운동을 예술 극장운동이라고 이름 하게 된다. 이처럼 새로운 연극운동을 추구하는 세력들은 당연히 기성연극제에 설 자리가 없었으므로 독립극장이라는 운영 방식을 택할 수밖에 없었다. 따라서 뜻을 같이하는 동지들을 규합하여 동인제의 형식을 빌려 국가나 기타 공공단체의 지원 없이 자력으로 민간 차원의 연극 집단을 형성하게 된 것이 '독립극장'이다.

따라서 독립극장이란 이들 극단의 운영 체제에서 나온 용어이다.[15] 이들 연극 집단들은 재정적인 기반이 허약했으므로 충실히 공연을 하기 위한 제작비를 충당하기 힘들었기 때문에, 공연

---

15) 궁석기, "해외 소극장운동과 현대연극의 흐름", 문예진흥, 1979, 4월, pp.30~36.

활동을 위해서는 소극장 환경이 적합할 수밖에 없었다는 것이 소극장의 출발점이 된다.

소극장은 곧 공연방식에 대한 명칭이며, 소극장이라는 말의 뜻 가운데 이미 독립극장이라는 말의 의미도 포함되어 있다고 볼 수 있다.16)

(2) 소극장 운동

우리나라의 소극장 운동의 기운은 이미 1920년대부터 일어났지만 마땅한 소극장을 갖지 못함으로써 해방 이후에나 가능했다. 1958년 을지로 입구에서 2년 동안 문을 열었던 원각사로부터 시작되었다.17) 원각사는 정부기관인 공보부에서 한국을 대표할 수 있는 전통예술의 상연을 목적으로 개설된 아래층 217석, 위층 89석으로 총 306석인 소극장이었다. 개관 초기에는 전통예술 위주로 운영되었으나 점차 현대적 예술의 공연 발표장으로 활발하게 이용되었다. 연극전용극장이 아니었고 본격적인 소극장이라고 하기에도 다소 부족하였으나 무대가 없는 연극계에는

---

16) 이혜정, 「한국 소극장 실내공간에 관한 연구」, 석사논문, 이화여자대학교 산업미술대학원, 1986, p.3.

17) 첫 번째 원각사는 궁내부 소관인 협률사(최초의 국립극장, 1902.12~1906.4) 건물을 사용하여 이인직이 개관한 민간극장(1908~1909)으로 위치는 현재 서울 신문로 새문안교회와 구세군 건물의 중간쯤이라고 한다. 최근 발견된 자료에서 나타난 위치는 새문안교회와는 무관하며 서울 종로구 신문로 1가 56번지로, 금호아트홀과 새문안교회 사이의 골목길 안쪽인 것으로 확인됐다(주간경향, 1046호, 2013.10.15자. 조영규, 『바로잡는 협률사와 원각사』, (서울: 민속원, 2008). 당시 수용 인원은 500~600명 정도로 내부가 원형으로 앞쪽에서 뒤쪽으로 차차 높아지게 의자를 배치하고 북쪽의 연단을 무대로 사용하였다. 두 번째 원각사는 1958년 12월 22일에 개관한 극장으로 근대 우리나라 소극장 운동의 요람이었다. 서울 을지로 2가 헌병부 장교식당 건물을 1958년 306석의 소극장으로 개조하여 정부 공보실에 근무하던 오병수가 개관하였다. 유민영, 『한국근대극장변천사』, (서울: 태학사, 1998), pp.36~57.

대단히 소중한 한국 최초의 소극장이었다. 그러나 2년 만에 소실되었다.

한국에서 실제적인 소극장 연극은 1960년대를 전후로 하여 창립된 동인제 극단부터였다. 연극에 대한 정열과 신념을 같이 하는 사람들이 모여 그들이 추구하는 새로운 연극형태에 대한 실험을 통하여 기성연극에 도전을 하며 문제점을 제시하는 동인제 극단은 1960년 우리의 대표적인 소극장 운동의 형태이다.[18]

우리나라의 소극장 운동은 1970년대 대도시를 중심으로 중산층이 형성되면서 문화예술, 특히 고급문화에 대한 욕구가 본격적으로 가시화되기 시작하였다. 이 소극장 운동은 일차적으로는 서구문화를 원하는 지적인 관객들의 요구에 부응하면서 서구의 실험연극에 대한 소개의 장으로서의 구실을 했다. 더불어 대중의 오락 기관, 문화 기구로서의 역할을 담당하였다.

1970년대에 연극을 위한 극장은 국립극장과 드라마센터 두 군데밖에 없었다. 두 극장은 늘어가는 극단 수에 비해 터무니없이 부족한 것이었다. 서울에서만도 20여 개(한국연극협회에 가입한 극단)의 극단이 있었고 이들이 한정된 극장에서 대관 공연을 하는 것도 쉽지 않았다.[19]

1960년대에 소극장운동을 선언하고 나선 동인제 극단들은 1950년대의 아마추어적 성격에서 벗어나 연극의 직업화와 전문화를 지향하게 되었다. 그것은 소극장 운동이 자위적 실험에 그치는 경향에 대한 반성과 잃어버린 관객을 되찾아야 한다는 자각에서

---

18) 윤호진, 「한국 동인제 극단 연구」, 석사논문, 동국대학교 대학원, 1978, pp.16~17.
19) 정호순, 『한국의 소극장과 연극운동』, (서울: 연극과 인간, 2002), p.87.

비롯된 것이라 할 수 있다. 그러나 영세한 극단들은 드라마센터의 비싼 대관료를 감당할 수 없었고, 전통에 힘입어 비교적 관객 몰이가 쉽고 대관료가 싼 국립극장으로 몰릴 수밖에 없었다. 그러나 국립극장은 전속극단의 공연과 무용, 음악 등의 공연도 했기 때문에 대관 일수가 많지 않았다. 활발한 활동을 하는 7, 8개 극단의 경우에만 봄가을에 5일씩 대관하여 공연하는 형편이었다.

연극공연장 부족과 대극장 대관 공연으로 인한 문제점은 1950년대부터 지적되어 온 것이지만 소극장 운동을 위한 소극장 실현은 까페 떼아뜨르가 개관한 1969년에서야 이루어진다. 까페 떼아뜨르와 같은 소극장 연극은 대극장 위주의 연극을 탈피하고 지향하는 귀중한 시도가 되었다. 대극장주의와 장막극 일변도에서의 탈출은 소극장에서 소수의 관객을 상대로 한 단막극 실험으로 이루어질 수 있었다. 까페 떼아뜨르만 해도 80석 정도의 작은 규모지만 고정된 젊은 관객들을 확보해갈 수 있었다.

카페식 소극장은 규격화된 개념을 벗어난 이색적인 문화공간으로 부상하였고 공연장이 절대 부족했던 당시로서는 젊은 연극인들에게도 소중한 공간이 되었다. 소극장이 신진 연극인들의 연습장에 그칠 우려를 표명하는 기성인들도 있었으나 연극 연구의 저변 확대를 위해서 관객을 기다리는 자세에서 벗어나 관객을 찾아 무대를 대중 속으로 파고들게 만든다는 표어를 내걸고 시작된 살롱드라마는 까페 떼아뜨르에서 시작되어 설파음악실(1971~1972), 까페 파리(1972~1974) 등의 다방극장으로 확산되어 갔다.

극장전용극장으로는 에저또소극장(1969)에 이어 실험소극장

(1973), 민예소극장(1974), 중앙소극장(1975) 등이 문을 열었고 1974년에는 연극인회관이 생겨 소극장 공연이 활발해졌다. 유명했던 소극장으로는 까페 떼아뜨르, 3·1로창고극장, 실험소극장, 세실극장 등으로 이어지는 소극장들이 우리 연극의 중심지 역할을 하였다.

이렇듯 소극장운동이 활발히 일어난 것은 관립 대형극장(국립극장)이 수십 개의 사설극단들을 포용할 수 없었기 때문에 부실한 소극장들이 대체기능을 한 것이다. 무릇 소극장이란 실험극의 산실이어야 하지만 30여 개의 사설극단들의 활동무대가 마땅치 않았기 때문에 너도나도 소극장으로 몰렸고 소극장들은 대형극장의 축소판 구실을 할 수밖에 없었다.

따라서 실험소극장의 <에쿠우스>공연(1976년)에서 볼 수 있었듯이 전쟁 이후의 우리 극단들의 공연 패러다임을 완전히 바꾸어놓았다. 장기공연 방식과 연극의 직업화가 그것이다. 그로부터 대부분의 소극장공연은 무조건 장기공연을 하게 되었다. 소극장들이 장기공연을 했다는 것은 곧 상업극장화되었다는 것이고 그것은 곧 실험극의 산실이라는 본래의 기능을 포기했음을 의미한다. 1970년대 하반기로부터 오늘날까지 몇몇 소극장이 연극타락의 표적이 되고 있음도 당초 소극장의 기능을 상실한 데 따른 역기능으로 볼 수 있다. 실제로 1980년대 이후 소극장은 불건전한 공연예술의 산실처럼 비친 것도 사실이다. 이처럼 극장이란 한 나라의 문화를 개화시킬 수도 있고 쇠퇴시킬 수도 있다. 그만큼 극장은 그 시대를 반영하는 거울이라는 것을 의미한다.[20]

---

20) 유민영, 『한국 근대극장 변천사』, (서울: 태학사, 1998), pp.16~17.

2. 우리나라 소극장 변천사

(1) 6·25 직후 개설된 원각사

우리나라의 소극장 운동도 서양처럼 반상업주의 연극운동으로부터 시작되었다. 여기서 상업극이라 하는 것은 신파극을 지칭하는 것인데, 그렇게 볼 때 자연히 1920년까지 거슬러 올라간다. 즉, 20년 봄 동경에서 문학과 연극을 공부하던 김우진, 홍해성, 조춘광 등 유학생들이 이 땅에 본격적 리얼리즘극 도입을 제창하면서 극예술협회라는 서클을 발족시켰다. 이들은 곧이어 동우회 순회극단과 형설회 순회극단을 조직하여 구체적 소극장 운동을 벌임으로써 상업극으로 침체에 있던 기성극계에 큰 반향을 불러일으켰다. 당시에 김우진이 쓴 『자유극장 이야기』라든가 홍해성과 공동 집필한 『우리 신극운동의 앞길』 같은 것이 바로 한국에 있어서의 소극장 운동의 필요성을 역설한 글이었다. 그러나 20년대의 소극장 운동은 제대로 싹이 트지 못한 채 사라졌고 그것은 김우진의 요절과 진보적인 연극인이 별로 없었기 때문이다.

이러한 소극장 정신은 30년대에 와서 역시 동경 유학생들에 의해 극예술연구회라는 연극단체로 이어졌다. 그러나 일제의 탄압에 의해 8년 만에 끝이 나고 말았다.

40년대에 와서 친일어용극 시대를 지나 해방을 맞음으로써 다시 소극장 운동의 기운이 일어났고, 극협과 여인소극장으로 맥이 이어졌다. 그러나 극협은 1950년 국립극장이 설립되면서 대극장을 통한 리얼리즘의 대중화, 즉 리얼리즘이 신파극을 대체하여 연극의 주조가 되는 시발점을 마련하게 되었다. 따라서 여인소극장만이 그런대로 소극장 정신을 고수케 되었다. 그러나 극장 없는 여인소극장도 6·25전쟁과 함께 그 막을 내리고 말았다.

소극장 원각사 설립은 공연예술에 문외한이라 볼 수 있는 유능하고 열성적인 정부 관리에 의해 이루어졌다. 즉, 1958년도에 공보실장으로 있던 오재경이 정부수립 10주년을 맞아 국악진흥을 위해 마련한 것이 바로 '원각사'이다. 소극장의 이름을 원각사라고 붙인 것은 유치진이었다. 전통무용 육성 등 국악진흥을 위해 마련된 원각사는 1958년 12월 22일에 개관되었다.

무료대관을 원칙으로 한 소극장 원각사는 1959년 1월 10일까지 20일간 다채로운 개관공연을 벌였는데, 레퍼토리는 현대극보다도 국악·창극·민요·고전무용·교향악·관현악·합창·독창·연주 등 우리나라 전 예술을 망라하였다.

그러나 소규모로서의 규모와 시설을 제대로 갖춘 원각사는 1960년 12월 5일 화재로 소실되고 말았다. 이처럼 한국 소극장 운동의 본거지가 되어가던 원각사가 만 2년 만에 소실됨으로써 소극장 운동은 좌초하지 않을 수 없었다. 외국인을 상대로 한 전통예술의 소개로부터 작은 발표회, 연구회, 민속의 향연 등까지도 모두가 중단되는 사태를 빚었다. 특히 연극계와 무용계에 준타격은 심하였다.

(2) 까페 떼아뜨르

혹자는 까페 떼아뜨르야말로 한국 소극장 운동의 효시라고 말한다. 왜냐하면 소극장 원각사는 전통예술의 전승에 그 목적을 두었기 때문이다. 따라서 까페 떼아뜨르는 의식적으로 소극장 운동을 벌이기 위해 만들어진 거의 첫 번째 다방극장이라고 말할 수 있다.

까페 떼아뜨르의 주인은 자유극장의 주인과 동일한 이병복이다. 그러나 자유극장과 떼아뜨르의 성격은 다르다. 1968년 명동 뒷골목 충무로(1가 24의 11번지)에 자리 잡은 까페 떼아뜨르는 80석의 아담한 다방에 간단한 무대가 만들어져 있는 극장이었다. 세계연극의 날(4월 9일)을 맞아 이오네스코의 <대머리 여가수>(김정옥 연출)로 개관공연을 가졌다.

까페 떼아뜨르는 연극사상 처음 개설된 살롱드라마의 온상이라 할 다방극장이었기 때문에 개관되자마자 연극애호가들의 사랑방 구실을 했다. 공연은 전위적인 번역극과 신진 극장가들의 참신한 창작극, 그리고 판소리, 꼭두각시놀음 등 민속극으로 짜여졌다. 그러나 두 달도 못 가서 카페는 공연법, 보건법 등에 걸려 문을 닫는 곤욕을 치르게 된다. 이것은 카페뿐만 아니라 연극계와 나아가서는 문화계에 큰 충격을 던지는 사건이었다.

그 이후 까페 떼아뜨르는 7년여 동안에 수백 회의 공연을 하면서 전위적인 외국작가와 작품을 많이 소개했고, 창작극을 육성했으며, 전통예술에 대한 대중의 새로운 인식을 일깨우기도 하면서 1975년 10월에 문을 닫았다. 하늘 모르고 치솟는 세금, 임대료, 인건비 등의 경영난으로 자유극장 대표이며 까페 떼아뜨르 경영자였던 이병복은 스스로 폐관을 하고야 말았다. 카페 폐관은 공연무대가 하나 줄었다는 것 말고도, 공연법의 모순과

연극에 대한 인식부족을 또다시 드러낸 결과로 뜻있는 사람들의
아쉬움을 남게 했다.

(3) 삼일로창고극장

삼일로창고극장의 개관 배경에는 극단 에저또가 있다. 극단 에
저또는 1966년 11월 26일 창단하여 1969년 5월 15일 소극장을
개관했다. 을지로 3가 10번지 4층 건물의 3층에 위치한 에저또
소극장은 21석을 갖춘 협소한 공간이었으나 최초의 극단 전용 극
장으로 젊은 연극인들에게 소극장 운동의 산실이 되어주었다.[21]
에저또는 '연극이 인간의 확인이며 연극표현은 인간의 확대'
라는 명제를 가지고 한국의 아방가르드 시스템을 자처하였다.
그들은 고착화된 기성연극에 대한 문제의식을 가지고 사실주의
연극에 대한 반기를 들었다. 따라서 '에저또'는 팬터마임 전문극
단으로서 출발하여 극단의 성격을 분명히 했다. 개관 공연으로
팬터마임을 올렸는데 <이 연극의 제목은 없습니다>라는 작품
을 끝으로 10개월 만에 문을 닫고 말았다.
삼일로창고극장은 극단 에저또의 4번째 전용극장이었던 창고
극장을 당시 백병원 정신과 의사이던 유석진 박사가 인수하여
새로 탄생시킨 극장이다.[22] 삼일로창고극장의 탄생은 에저또 창

---

21) 에저또라는 극단 명칭은 자유롭게 말할 수 없는 사회적 상황에서 더듬거리듯 발언하기
위한 간투사(間投詞) "에…… 저…… 또"라는 의미로 붙여졌다고 한다. 원래 건극회(建
劇會)라는 이름으로 1966년부터 활동하다가 소극장 개관과 함께 에저또로 개칭하였고
단원들은 건국대 연극부와 드라마센터 아카데미 출신들로 이루어 있었다. 「불박이를 꿈
꾸는 떠돌이-극단 에저또와 소극장」, 『한국연극』, 1986.8, p.31.

22) 연극을 좋아하던 중견 정신과 의사 유석진은 자칫 퇴폐 속에 멍들기 쉬운 청소년들을 한
데 모아 참된 인생과 예술을 논할 수 있는 만남의 장소를 마련해주고 싶었다. 그러나 정

고극장이 일반인과 연극지망생을 위해 개설한 연극아카데미와 거기에 참여했던 정신과 의사 유석진의 인연에서 비롯되었다. 그리고 연극아카데미를 주재했던 연출가 이원경과는 경성제일고보(지금의 경기고등학교)의 선후배 사이라는 인연으로 금세 친숙했고 그를 통해 한국 연극계의 실정도 알게 되었다. 유석진은 정신과 의사로서 사이코드라마에 관심이 많았던 데다가 창고극장 폐관이 한국 연극계의 손실이라는 점을 인식하고 극장을 인수하게 된 것이다. 그는 재정적 뒷받침은 자신이 책임지고 운영은 이원경에게 전적으로 맡겼다.[23]

유석진이 내놓은 2천5백만 원으로 소생한 창고극장은 내부수리와 무대시설 공사를 마치고 '삼일로창고극장'이란 새 이름으로 1976년 4월 18일 재개관하게 된다. 유석진은 '방황하는 젊은이에게 마음의 안식처를 제공하고 공연장이 없어 쩔쩔매는 연극계에 공연장을 제공한다는 뜻에서' 극장을 인수했다고 한다. 그가 삼일로창고극장을 통해서 실현하고 싶었던 것은 사이코 드라마였다. 그는 정신질환자의 치료방법으로 사이코드라마를 처음 시도했던 사람이었고, 연극아카데미에 참여했던 것도 사이코드라마를 직접 하기 위한 것이었다. 삼일로창고극장 개관 2주년 기념으로 자신이 번역한 <마음의 심층>(헨리 덴커 작, 이원경 연출)을 공연하여 사이코드라마를 실험했다.[24]

말 그가 하고 싶었던 것은 사이코드라마로, 정신병 치료의 한 방법으로 이용되어 온 사이코드라마는 실제로 유석진이 처음 시도한 것이었다. 유석진이 청소년 선도용으로 연극과 극장을 만든 것은 참으로 주목할 만한 일이었다.

23) 차범석, 「삼일로창고극장」, 『예술세계』, 1991.10, pp.16~17.
24) 정대경, 「소극장운동으로 본 삼일로창고극장 연구」, 석사논문, 성균관대학교 대학원, 2005, pp.22~23.

삼일로창고극장은 의사가 극장을 인수, 개관한 것도 화제가 되었지만 아레나 스테이지라는 무대 양식으로도 관심을 끌었다. 소극장들 대부분 프로시니엄 무대 양식을 원용하고 있었다. 에저 또 창고극장의 무대가 그대로 삼일로창고극장 무대로 이어진 것이었지만 당시로서는 유일했으며 비교적 생소한 것이었다. 아레나 스테이지는 무대가 관객석으로 360도 둘러싸인 중앙에 위치하는 형태로서 무대와 객석의 벽이 없는 것이 가장 큰 특징이다.

프로시니엄 무대가 객석과 분리되어 있는 데 반해, 이 무대는 객석이 둘러싸여 있어 배우와 관객 사이의 거리를 단축시키고 친밀감을 형성한다. 또한 최소한의 간소한 무대장치만을 필요로 하기 때문에 제작비도 크게 줄일 수 있다는 경제적 이점도 가지고 있다. 그렇기 때문에 이 무대는 실험적 연극을 위한 소극장 무대로서의 가능성뿐만 아니라 경제적일 수 있다는 현실적인 요구에서도 바람직한 것으로 평가되었다. 개관 기념으로 올려진 '자유극장'의 <대머리 여가수>(이오네스코 작, 김정옥 연출)는 대성황을 이루었다. 연출자와 연기자들이 아레나 스테이지가 갖는 특징을 잘 활용한 공연이었기 때문에 관객들의 절대적인 호응을 얻어 연일 만원에 연장공연까지 하였다.[25]

운영을 맡은 이원경은 개관을 앞두고 신인 양성, 자료 수집 및 보관, 그리고 사이코드라마의 연구 개발을 위한 「연극연구소」의 부설과 판소리의 보급 계획을 발표하였다.

또한 이원경은 그 당시 해외파로 알려진 젊은 연극평론가들의

---

25) 공연 기간은 4월 22일부터 30일까지였으며, 5월 4일부터 10일까지 재공연하였다. 유료 관객만 2천4백96명을 동원한 기록을 세웠다. 이태주, 「원형무대와 관객급증」, 『현대인』, 1976.7. 한국 연극평론가협회 편, 『70년대 연극평론 자료집』, (서울: 파일, 1989), p.147.

중지를 모아 몇 가지 기본방침을 세웠으니 그 가운데 몇 가지를 추출하면 아래와 같다.

첫째, 연중무휴로 공연 활동을 계속한다.

둘째, PD 시스템을 도입하여 소극장연극을 활성화한다.

셋째, 창작극 발굴을 우선적으로 한다.

넷째, 젊은 극작가와 연출가 양성에 힘을 기울인다.

개관 첫해에는 창고극단 중심의 기획공연으로 13편을 올렸다. 이처럼 연극계에 신선한 바람을 불러일으킨 삼일로창고극장은 원로 연출가가 운영하는 관계로 어려움 속에서도 상업주의에 물들지 않고 연극의 정도를 지켜가려 노력했다. 당초 유석진이 생각했던 청소년을 위한 연극 프로그램을 따로 만들지는 못했지만 삼일로창고극장은 <사당네> 같은 창작극 시리즈 3편 등 개관 첫해만 해도 15편의 작품을 무대에 올릴 만큼 활발했다.

그러나 당시 개정공연법 시행령과 함께 창고극장 등 소극장이 폐관 위기에 처하기도 하였다. 이에 연극계 등 각계의 건의로 소극장 폐쇄는 모면했고 1년 연장의 허가를 받았다. 삼일로창고극장은 폐관 위기를 넘기자 개성파 배우 추송웅의 데뷔 15주년 기념 공연으로 프란츠 카프카의 소설 「어느 학술원에 제출된 보고서」를 <빠알간 피이터의 고백>으로 개제하여 1인극 무대를 마련했다. 찌는 듯한 여름(8월 20일)에 막을 올린 모노드라마는 당초 열흘로 예정된 공연을 일단 한 달로 연장할 정도로 인기가 대단했다. 한국연극사에 신화가 탄생했다고 매스컴은 열풍 현장을 보도했다. 추송웅은 혼자 제작, 기획, 연출, 장치, 연기까지 1인 5역을 해낸 1인극으로 무대데뷔 15년 자축공연을 한 것이다.

그의 신화가 동인제시대가 가고 스타시스템이 오고 있음을 예고 해주는 연극의 새 장을 마련한 계기였다.

창고극장은 공연법 개정 후, 운영난으로 1983년 6월 폐관하고 만다. 이후 삼일로창고극장은 배우 추송웅이 인수하여 '떼아뜨르 추(秋) 삼일로'란 이름으로 다시 운영되었다. 1985년, 추송웅의 갑작스러운 타계로 유명무실하게 운영되다가 1987년 극단 로열 씨어터의 전용소극장으로 탈바꿈하였다.26)

앞에서 살펴본 바와 같이 삼일로창고극장은 1975년 젊은 연출가 방태수에 의해 서울시 중구 저동 1가 20-6번지에 '에저또 창고극장'으로 개관하여 1976년 '삼일로창고극장'으로 1983년 '떼아뜨르 추 삼일로'에서 1986년 '삼일로창고극장'으로 이어졌으나, 1990년 폐관되었다. 1998년 다시 '명동 창고극장'으로 재개관되었다가 2004년 '삼일로창고극장'으로 복명하여 현재에 이르고 있는 소극장으로 삼일로창고극장은 시대와 사회 형태의 변화에 따라 그 운명을 달리해온 역사적 산물이다.

(4) 소극장 현황

1990년대 들어와 소극장은 대학로에 집결했고 타 지역의 소극장시대는 마감되면서 대학로는 명실상부한 소극장의 메카로 자리 잡았다. 그러나 90년대 우리나라 연극계는 총체적 난국이라는 말까지 나올 정도로 침체되어 있었다. 우후죽순 늘어난 신

---

26) 「지역별로 자리 잡는 소극장문화」, 『한국일보』, 1983.7.6. 「1인극, 1천 회 기록한 연극인-44세로 타계한 배우 추송웅 씨」, 『한국일보』, 1985.12.31.

흥극단들과 소극장들이 흥미 위주의 공연과 무성의한 레퍼토리 등 부실한 작품으로 관객의 외면을 받게 되자 소극장 연극에 대한 안팎의 비판의 소리가 거세어졌다. 1990년대 내내 흥미 위주로 작품을 선정하고 무대규모와 특성에 대한 고려 없이 소극장을 대관하여 공연하는 설익은 상업주의[27)가 난립했다.

특히 이 시기에 나타난 소위 '벗는 연극'은 무분별하고 경쟁적으로 성행되었다. '벗는 연극'은 연극계 전체의 품위를 손상시키고 관객을 멀어지게 하는 주요한 원인이 되었는데 이는 1989년, 공연물에 대한 사전심의가 폐지된 것을 계기로 성행하기 시작하였다. 협회의 강력한 자정조치와 공권력의 투입으로 외설연극은 약간은 주춤해졌지만, 저질 쇼를 기대하고 모였던 일단의 관객마저 썰물처럼 빠져나가게 되자 다시 외설연극은 기승을 부리게 되었다.

관객격감은 공연위축으로 이어지고 창작극 고갈로까지 연결될 공산이 커갔다. 1993년을 기점으로 한국 연극의 최대 고질병이던 창작극 부진이 극복되는 현상을 보이며 창작극의 우세는 지속적으로 이어져 왔다. 대극장이나 중극장 규모의 큰 공연이 급격히 줄어들면서 간신히 한 손으로 꼽을 정도였던 것에 비해 소극장 중심으로 창작이 활발하게 이루어지면서 소극장 뮤지컬이란 새로우면서도 흥행력을 갖춘 콘텐츠들이 생겨나기 시작했다.

공연예술 전반을 위한 다목적 소극장들이 생겨나거나 반면, 장르별 전문화 경향의 조짐을 보이며 한 장르만 전문으로 공연하는 소극장들이 늘어났다. 소극장들은 점차 운영의 전문성을 갖추기 위해 노력하며 소극장마다의 특성화 방안이 모색되기 시작했다.

---

27) 차범석, 「소극장의 위기-소극장연극의 어제와 오늘」, 『한국연극』, 1991.10. pp.28~29.

즉, 극장의 전문성을 확보하고 다른 소극장과의 차별화를 진행하여 극장의 성격을 살리기 위한 노력들이 있었던 것이다. 이는 관객층을 확대하여 확보하기 위한, 생존을 위한 필연적인 과정으로 결과적으로는 각 장르의 발전에 기여하고 확대시키는 방향으로 나타나게 되었다.

1990년대 상업주의는 소극장의 수적 증가와 연극팽창에 따른 모순의 결과이기도 하지만 시대변화에 따른 관객취향의 변화로 받아들일 수밖에 없는 흐름이었다.[28] 이로 인해 뮤지컬이라는 상업성에 바탕을 둔 장르가 소극장의 콘텐츠로 시도되는 데 일조했다고 보인다.

이 시기 객석규모 300석 이하의 소규모 공연장 시설은 대학로에 40여 개가 몰려 있다. 그러나 군민회관, 시민회관 소극장을 제외하고는 모두 영세한 극단이 운영하며 수시로 개관, 폐관을 거듭하고 있어 정확한 수치를 얻기 힘들다.

약 10년 전 소극장은 서울 전 지역에 48개인 데 비해 2007년 대학로 지역에만 87개의 소극장으로 늘어났다. 이러한 현상은 10여 년의 기간 동안 대학로 소극장의 활로모색이 더욱 다각화되었으며 이러한 노력이 어느 정도 성공한 상태라고 보인다. 소극장의 활발한 활동과 수적 증가에 따라 다양한 장르의 선택과 시도가 가능하게 되었으며 이는 현재의 대학로 소극장의 활성화와 독자적인 다양성이 이루어지게 하였다.

특히 동덕, 한양, 성균, 상명 등 교육기관이 설립주체로 세워진 소극장도 눈에 띄게 늘어난 것이 두드러지는데 이는 대학로

---

28) 유민영, 『한국연극운동사』, (서울: 태학사, 2001), p.583.

가 가지고 있는 문화예술적 이미지와 소극장의 다양한 기능을
수용하는 추세에 따라, 문화공간으로써의 목적 이외에 교육적인
목적으로도 소극장이 내포하는 범위가 넓어졌다 할 수 있다.

3. 소극장의 미래

(1) 소극장 뮤지컬

앞에서 살펴본 바와 같이 소극장 운동에서 주요 장르는 연극
이었다. 하지만 현대에 와서 소극장은 연극적 요소와 음악과 춤
이 곁들여진 뮤지컬이란 장르가 더해짐으로써 관객들과 친밀감
을 더하고 있다.

본격적인 북 뮤지컬의 시작은 <오클라호마>로, 이 작품을
만든 로저스 해머스타인은 가사와 내용이 중요하다고 생각하였
고 그들 작품의 가사를 모두 대화체로 만들었다.[29] 노래를 하면
서도 스토리가 진행되는 새로운 뮤지컬[30]이 나타난 것이다.

북 뮤지컬은 하나의 주제 아래, 대본과 음악 및 춤의 요소가
유기적으로 결합된 형식의 뮤지컬을 말한다. 이전의 뮤지컬은
음악이 가사보다 먼저 있었기에 개연성이 떨어지곤 하였으나 스
토리에 음악을 더해가면서 관객들의 공감을 얻어냈고 음악적인
수준도 점점 높아졌다. 기승전결의 구성으로 이루어진 사실적
소재와 설득력 있는 가사의 노래와 춤의 전통[31]은 오늘날의 뮤

---

29) 정경혜, 「북 뮤지컬 '키스미 케이트'에 나타난 음악의 특징 분석 연구」, 석사논문, 이화
   여자대학교 실용음악대학원, 2007, p.7.
30) 박용준, 『뮤지컬, 열정과 매혹의 역사』, (서울: 마고북스, 2005), p.146.

지컬에도 그 뿌리를 두고 있다. 그 때문에 초기의 북 뮤지컬은 고전 뮤지컬로 불리게 되었으며 뮤지컬 작품의 질적인 성장을 가져오게 되었다.

우리나라의 소극장 뮤지컬도 대본의 절반 이상이 대사로 이루어진 북 뮤지컬이 강세이다. 이는 연극성에 바탕을 둔 형태에서 비롯된 것이라고 할 수 있다. 우리나라 소극장 뮤지컬이 지금까지 꾸준한 성장세를 보일 수 있는 가장 큰 이유 중 하나도 북 뮤지컬에 기초한 작품성이라고 보는데 이는 스펙터클이 부족한 부분을 대사에 의존한 드라마로 채워가기 때문에 연극성을 선호하는 관객을 수용할 수 있게 된 것이다.

유기적으로 잘 구성된 극본 위주로 만든 소극장 뮤지컬은 귀에 쏙쏙 들리는 대사들로 이루어져 있으며 특히 멜로의 강세를 보여 자연히 강한 흡인력을 발휘하게 된다. 여기에는 배우들의 앙상블도 큰 역할을 한다. 작은 인원으로도 작품의 밀도를 높일 수 있는 배우들의 앙상블이기에 연출에 많은 부분을 의존하게 되는 것이다.

단 3명의 배우의 출연으로도 흥행과 레퍼토리화에 성공했던 <사랑은 비를 타고> 같은 경우가 그 예라고 할 수 있다. 소박한 무대, 특별한 내용이 아님에도 불구하고 끊임없이 관객들을 불러 모을 수 있는 힘은 다소 억지스러운 설정이 있긴 해도 어느 계층의 관객도 끌어들일 수 있는 잔잔한 소재의 드라마와 배우진의 호흡이 작품 전체에 잘 녹아 있기 때문이다.

'2008년 연극/뮤지컬 관람객 조사'에 의하면 공연관람을 많이

---

31) 김학민, 「뮤지컬 양식론」, (서울: 경희대학교 출판부, 2005), p.25.

하는 세분 시장은 20~30대 여성이 압도적으로 높다. 그러다 보니 수익에 직접적인 영향을 미치는 주 고객층인 20~30대 여성의 상황에 맞추어 소극장 뮤지컬은 여성 관람객의 취향에 맞는 소재들로 주류를 이루고 있다. 대체적으로 로맨틱하고, 쉽고, 유머러스한 소재들이다. 2000년 이후 좀 더 다양해진 감은 있지만 여전히 흥행에 성공한 인기 창작뮤지컬은 로맨틱 코미디류이다. 이러한 현상은 마음에 드는 특정 뮤지컬을 재관람하는 관객의 추세에 따라 더욱 일정관객 취향으로 작품 제작이 고려되고 있다.

우리나라 소극장 뮤지컬은 영국의 '프린지(Fringe)'와 미국의 '오프-브로드웨이(Off-Broadway)'와는 다른 특성이다. 즉, 우리나라의 소극장 뮤지컬은 실험적이거나 전위적인 소재만을 선호하지는 않는다. 소극장 운동의 메카에서 뮤지컬을 수용하였지만 도리어 더욱 보편적이고도 대중성이 뚜렷한 소재와 감성적인 요소가 작품 곳곳에 배치되어 있는 것을 볼 수 있다. 뮤지컬이 가지고 있는 대중 친화적이고 상업적인 면에 충실하다고 할 수 있다. 왜냐하면 우리나라 소극장 뮤지컬이 외국의 그것처럼 규모와 제작비의 축소만을 위해 형성된 것이 아니기 때문이다. 이는 소규모 뮤지컬이라도 극예술 성격과 엔터테인먼트(Entertainment)의 기능을 동시에 가지고 있는 뮤지컬의 특징을 더욱 살릴 수 있는 작품을 창출하기 위한 노력의 한 부분으로 규모의 축소를 선택한 것으로 보인다.[32]

그러므로 소극장 뮤지컬이 활성화되기 위해서는 첫째, '작품

---

32) 임인경, 「소극장뮤지컬의 역할과 기능에 관한 연구」, 석사논문, 단국대학교 대중문화예술대학원, 2009, pp.38~42.

소재'에 대한 개발이 필요하다. 규모적인 제약으로 인해 당장 시도할 수 있는 소재는 한정되어 있고 결국 가장 보편적이고 흥행력을 인정받는 소재인 연애물이 주류를 이루고 있기 때문이다. 둘째, 영세한 자본을 벗어나기 위한 시스템적 제도가 필요하다. 작품과 연출에 따라 다르지만 소규모 극장 하나의 운영비는 연간 약 5천만 원 정도의 비용이 필요하다고 한다.[33] 셋째, 배우훈련공간으로서 인재양성을 위한 교육장 역할이 필요하다. 이론과 실제의 조화를 이루는 소극장 운동처럼 연기, 춤, 노래 삼박자를 아우르면서도 흥행력을 갖춘 배우들이 소극장 뮤지컬에서도 등장하여야 한다. 특히 개런티 등, 상대적으로 대우가 좋지 못한 소극장 뮤지컬이 차지하는 스타배우는 매우 드물기 때문이다.

---

33) 김원일, 「대학로지역 소규모극장경영개선에 관한 연구」, 석사논문, 세종대학교 언론문화대학원, 2002, p.56.

제5부

문화도시·문화시민 ·문화국가

10장 능동적 예술수용자와 장소마케팅

한국 드라마가 전 세계를 강타하는 날을 상상해본 적이 있는가? 그만큼 한류에서 드라마와 대중음악은 성공가도를 달리고 있다. 드라마 촬영지는 최고의 관광 상품지로 지역의 경제에 활력을 불어넣고 있는 것이 현실이고 보면, 이제 세계는 문화예술을 통해 문화관광까지 경쟁하고 있는 것이다.

따라서 문화예술기관들은 문화예술상품을 소비하는 수용자의 다양한 욕구 분석을 통해 고급예술과 대중예술을 고루 활용하는 지혜를 발휘해야 한다. 장소마케팅은 랜드마크의 한 부분으로서 예술가와 관객을 소통하게 하는 중요한 통로이다. 오늘날 능동적인 문화 수용을 위해 각 나라는 예술가들 스스로가 관객을 찾아가고 관객이 예술가가 되기도 하는 체험 프로그램들을 진행한다. 이 강의를 통해 다양한 문화 속에서 스스로의 정체성을 찾는 방법을 모색해보자.

1. 장소마케팅의 개념

(1) 장소마케팅의 정의

장소마케팅은 지역마다 주체들의 필요성에 따라 강조하는 내용이 다르기 때문에 그에 따른 개념도 지역마다 약간씩의 차이를 보이고 있다. 영국과 미국의 경우를 살펴보면 장소마케팅은 지방정부와 지역 기업가의 주도에 의해 장소를 판촉하고 지역경제를 활성화시키는 것을 목적으로 한다. 즉, 과거의 부정적인 이미지를 없애고 지역의 문화와 관광자원을 활용하여 새로운 도시 이미지를 구축함으로써 관광객이나 기업가(투자자)들을 유치하는 것을 목적으로 한다.

이에 반해, 네덜란드에서는 장소마케팅을 도시지역 내에 있는 모든 사회복지의 판촉을 포함하는 보다 넓은 의미로 해석하기 때문에, 사회의 복지 향상이 그 목적이 된다. 즉, 경제적 이윤을 추구하기보다는 도시의 경쟁적 지위를 높이고, 내부투자를 유인하며, 도시의 이미지와 시민들의 복지를 개선하기 위한 것으로써, 도시의 경제적 판촉과 도시개발, 더 나아가서는 도시의 물리적 및 사회적 계획에까지 연결이 된다.[1]

장소마케팅은 마케팅 하고자 하는 장소에 대한 진지한 성찰에서 시작되어야 한다. 장소마케팅은 장소라는 상품을 마케팅 하는 것이어서 일반상품의 마케팅과는 훨씬 다른 차원을 지니고

---

1) 고경모, 「문화도시의 장소마케팅 관점으로 본 홍대 지역 클럽문화에 관한 연구」, 석사논문, 홍익대학교 광고홍보대학원, 2005, p.2.

있다. 따라서 먼저 장소의 성격을 규정하고, 그를 토대로 장소마케팅 전략을 개념화하는 것이 필요하다.

장소는 일정한 공간 내에 위치(지리적 실체로서 장소)하는 인구들이 사회경제적 관계를 형성(입지로서 장소)하고, 공유된 가치, 신념, 상징을 보유(문화적 실체로서 장소)하면서 일상생활을 영위해가는 공간적 토대다.[2] 이를 장소마케팅의 관점에서 재정의하면, 장소는 일정한 공간 내에서의 사회경제적 관계를 형성하면서 공유된 가치, 신념, 상징을 보유한 인구(즉, 지방정부, 기업, 주민)들이 주체가 되어, 자신들의 활동공간을 설계하고 가치를 부여하여 자신의 만족을 이끌어낼 뿐만 아니라, 잠재적인 목표 구매자들의 기대에 부응하여 성장, 발전할 수 있는 곳이다.[3]

위의 논의들의 공통적인 것은 장소는 사람과 매우 밀접한 관련을 맺고 있는 개념이라는 것이다. 그런 의미에서 장소는 종종 공간과 대비된다. 즉, 공간은 추상적·물리적·기능적 성격을 지니는 반면, 장소는 구체적·해석적·미학적 성격을 지닌다. 예를 들면, 궁궐에 갔을 때 체험한 경험과 기억, 꿈을 바탕으로 그 공간에 나름의 의미를 부여하게 되면 그곳은 장소가 된다. 따라서 경복궁은 이제 낯선 공간이 아니라 나의 추억이 묻어 있는 소중한 장소로 바뀌는 것이다. 이처럼 인간의 경험을 통해 미지의 공간이 장소로 바뀌고, 낯선 추상공간이 의미로 가득한 구체적 장소가 되며, 무미건조하고 무의미했던 물리적 공간이 친밀한 장소로 다가올 때 장소성이 형성된다.

---

2) 김인, 『도시지리학 원론』, (서울: 법문사, 1991), p.18.
3) 김태선, 「장소마케팅전략에 관한 연구」, 석사논문, 서울대학교 대학원, 1998, pp.12~13.

따라서 장소는 물리적 공간 환경과 그 속에 살아가는 사람들 및 그들의 활동, 사람과 환경 간의 오랜 상호작용 속에서 형성된 문화적 가치, 정서, 상징, 의미가 복합적으로 구성된 고유성, 역사성, 정체성, 다중성을 띤 총체적 실체라고 정의할 수 있다.

그런 의미에서 장소마케팅은 공간을 장소화하는 전략, 즉 장소성을 기획하는 문화전략이다. 즉, 장소가 지니는 다중성과 고유성, 역사성, 정체성을 활용해 물리적 공간과 환경, 사람과 커뮤니티, 콘텐츠와 프로그램을 총체적으로 기획하는 전략이라 할 수 있다.[4]

(2) 문화거리와 문화도시

문화의 거리는 예술의 거리, 문화예술의 거리 등 거리개념을 중심으로 거리를 형성하는 다양한 주제와 내용에 따라 명칭이 달라진다. 문화의 거리는 1990년대부터 정책사업의 하나로 추진되었다.

이는 거리에 대한 본래적 기능 회복에 대한 시대적 요청과 개개인의 적극적인 문화 창조자로서의 욕구가 증가되면서 시민이 직접 참여하고 경험할 수 있는 최소의 문화공간으로 조성되기 시작하였다.

지방자치단체에서는 지역의 이미지 향상을 통해 지역경제 활성화와 지역통합을 도모하려는 일련의 문화전략의 일환으로 문화의 거리가 전국적으로 확대되고 활성화되었다. 문화의 거리

---

4) 이무용, 『지역발전의 새로운 패러다임 장소마케팅 전략』, (서울: 논형, 2006), pp.56~58.

만들기 사업을 통해 기존의 도시환경은 새롭게 정비되었으며 거리에서는 정기적으로 축제 및 이벤트가 개최되었다.

지역의 최소화의 문화거점인 문화의 거리를 중심으로 형성되는 시설물설치와 프로그램은 문화지구를 조성하기 위한 방안으로 포함될 수 있다. 그러므로 문화의 거리는 특정한 문화적 주체를 중심으로 형성된 경우를 의미하며, 문화지구, 문화도시, 문화벨트 내에 존재하고 있다. 그 대표적인 예로써 인사동 지역이나 대학로 지역과 같은 지역마다 문화적 특성을 보호, 발전시키는 장소를 말한다.

문화의 거리가 지속성을 유지하기 위해서는 거리를 이용하는 주민들의 다양한 욕구가 발현되고, 거리를 상징하고 대표할 고유한 지역성이 있어야 하며, 사유화된 공간에서 공공을 위한 장소로 발전되어야 한다. 그리고 다양한 주체 간의 끊임없는 상호작용 속에서 거리의 문화를 지속시켜야 하며, 궁극적으로는 거리 본연의 기능을 회복하는 공간이 되어야 한다.

한편 문화도시는 풍부한 문화자원과 문화시설 등 문화적 기반과 문화예술에 대한 정책지원이 갖춰진 도시를 의미한다. 이러한 도시를 문화도시로 지정하여 집중 지원함으로써 지역별 문화향수의 확대와 국토의 문화적 균형발전을 도모하는 문화전략 사업이라 할 수 있다. 해당 지방자치단체의 정책의지, 도시 문화환경, 도시역사, 재정자립도 등을 종합 평가하여, 매년 한두 곳을 '문화도시'로 지정할 계획이다. 지정된 도시에 대해서는 문화관광부에서 문화기반시설, 문화축제 등 필요한 예산을 집중 지원하게 된다. 정기적으로 전국에 주요 문화지정도시를 조성함으

로써 국토의 문화적 균형발전을 도모할 수 있다.[5]

이제 사람들은 더 이상 자신의 거주지를 경제적 조건에서 선택하지 않는다. 사람들은 주변 환경이 심미적이고 쾌적하며 자아를 실현할 수 있는 곳, 자신의 창조성을 발휘할 수 있는 그런 곳을 선택하기를 원하고 있다. 즉, 이야기와 문화가 있는 도시가 사랑받게 된다는 것이다. 사람들의 거주지에 대한 인식 변화는 기업들의 입지선정에도 영향을 주고 있으며, 첨단산업회사들은 실리콘밸리가 아니라 문화적이고 일상적인 여가 시설이 잘 갖추어진 곳을 선택하여 이주하고 있다.

그러므로 도시의 경쟁력은 곧 국가의 경쟁력으로 인식되는 시대이다. 특히 네트워크 사회와 콘텐츠 기반경제로의 전환은 유무형의 자원과 조직 간의 조화, 창의성 및 친환경성을 강조하는 환경개선을 통한 도시 정체성 확립, 경제적 자율성 확보, 문화복지의 실현을 요구하고 있다. 문화도시가 되려면 이러한 요구에 발맞추어 예술성(심미성), 쾌적성, 경제성을 확보해야 한다.

종합해보면, 문화도시는 문화자원이 개발되어 문화자원의 향유단계에 진입한 도시가 아니라 문화자원이 풍부하고 접근성 및 관광시장 등의 개발 잠재력이 높은 도시로서 장래 문화벨트 문화지구, 문화의 거리 등의 개발로 문화자원의 향유기능을 갖춘 지역을 말한다.

---

5) 고경모, 「문화도시의 장소마케팅 관점으로 본 홍대 지역 클럽문화에 관한 연구」, 석사논문, 홍익대학교 광고홍보대학원, 2005, pp.11~12.

2. 장소마케팅의 국내외 사례

(1) 국내 사례

1) 홍대 지역

지역문화란, 그 지역의 구성원들이 공유하는 문화로서 각 지역에 독특하게 형성되어 다양성을 가지면서 동시에 지역주민들에 대한 영속성과 통합성을 갖는 문화를 말한다. 즉, 과거로부터 현재에 이르기까지 변화를 겪으면서 그 지역의 특성에 맞게 형성된 문화로 그 지역의 주민들의 정신적·문화적·사회적 결속력을 가지는 것이라 할 수 있다.[6]

홍대 지역을 국내 사례로 든 것은 홍대 지역문화의 정체성이 창조성과 실험성을 주요 테마로써 '미술'과 '음악'이 공존하는 장소이기 때문이다. 이러한 장소 정체성이 형성되는 과정에서 홍대 지역은 미술 관련 공간, 고급카페 공간, 언더그라운드 클럽문화 공간, 문화 전문 직종 사무 공간 이렇게 네 개의 공간들이 중첩된 복합 문화공간으로 변해오고 있다.

홍대 지역의 장소 정체성을 살펴보면 1980년대까지 홍대 지역을 지배하던 대표 공간은 미술학원, 화방, 공방, 작가 스튜디오, 갤러리, 미술전문 서점 등의 미술 공간들이었다. 이러한 공간 형성의 주체는 바로 홍대 미대를 중심으로 하는 홍대인들로 이들의 풍부한 개성이 홍대 지역의 대안문화와 언더문화 생성의

---

6) 김주영, 「지역문화 활성화를 위한 복합문화기증의 박물관 공간계획」, 석사논문, 홍익대학교 건축도시대학원, 2003, p.4.

기폭제 역할을 해온 것이다.

1990년대 후반에는 테크노 클럽이 홍대 지역의 새로운 공간 문화현상으로 대두되면서 홍대 지역의 테크노 클럽은 해외나 강남, 이태원 등의 여타 클럽과는 달리 음악과 사람을 사랑하는 실험적이고 파격적이고 도전적인 홍대 지역 주체들에 의해 만들어져 근본적으로 다른 정체성을 지니게 되었다.

1990년대 말부터는 문화 관련 전문 직종들의 사무실이 이곳으로 몰려들어 디자인, 광고, 영화, 방송, 사진, 출판, 만화, 패션, 연극, 공연 등의 문화산업직종들과 관련 전문가들의 활동이 풍부한 곳이 되었다. 이제 홍대 지역은 미술과 음악 분야만이 아닌 다양한 정체성의 공간들이 서로 녹아 얽혀 있는 새로운 시대를 이끌어갈 대안문화가 생산되는 문화중심지로서의 가능성을 무한하게 지니고 있다.[7]

홍대 지역의 장소성은 다음과 같이 크게 다섯 가지로 요약될 수 있다.

첫째, 홍대 지역은 국내 유일의 언더그라운드 클럽문화의 산실로서, '라이브 클럽'과 '테크노 클럽'이 밀집되어 있는 한국의 대표적인 '클럽문화지역'이다. 전국의 클럽 수에서 홍대 지역의 클럽이 차지하는 비중은 라이브 클럽의 경우 41.0%, 테크노 클럽의 경우 63.6%를 차지하고 있다. 이들 서울지역 내에서 보면, 홍대 지역의 클럽이 서울 전체에서 차지하는 비중은 라이브 클럽이 60.0%, 테크노 클럽이 72.4%를 차지하고 있다.[8]

---

7) 박진호, 「지역 문화를 고려한 홍대 클럽기념과 계획안」, 석사논문, 건국대학교 건축전문대학원, 2010, pp.14~15.
8) 이무용, 「장소마케팅 전략에 관한 문화정치론적 연구」, (서울: 서울대학교 국토문제연

둘째, 홍대 지역은 음악뿐만 아니라 미술, 연극, 무용 등 다양한 문화 예술 활동과 디자인, 만화, 출판, 광고, 패션, 인터넷콘텐츠 등 다양한 첨단 멀티미디어 관련 문화전문업종이 밀집된 서울의 대표적인 '복합문화지역'이다.

셋째, 홍대 지역은 감수성이 풍부하고 음악과 예술을 좋아하며, 비슷한 취향의 사람들을 만나 대화하기를 좋아하는 개성 있고 자유로운 마인드를 지닌 20~30대의 대학생, 예술가, 문화전문직 종사자 및 외국인이 주로 이용하는 지역이다.

홍대 지역을 찾는 외국인의 숫자는 연간 외국 관광객이 약 5만에서 7만 명 정도이며, 이로 인한 연간 수입은 24억 원에서 36억 원으로 추정되고 있다. 홍대 지역의 특징 중 하나는 바로 외국인들이 자주 찾는다는 것이다. 그것은 외국에서는 일상적인 생활문화로 자리 잡고 있는 클럽문화를 찾고자 하는 국내 거주 외국인들이 많고, 인근 신촌 지역에서 한국어를 배우고자 하는 유학생과 학원 강사 등 외국인들이 이 지역 일대에 다수 거주하고 있기 때문이다.

넷째, 홍대 지역은 젊음의 대학문화, 청년문화의 거리이다. 홍익대학교를 중심으로 하여 연세대학교, 이화여자대학교, 서강대학교, 추계예술대학교, 명지대학교 등 대학들이 밀집되어 있어 한국의 대표적인 대학가를 형성하고 있기 때문이다. 특히 통기타, 생맥주, 청바지로 대변되는 1960, 1970년대 청년하위문화와 1980년대의 저항적 대학 문화, 록카페로 대변되는 1990년대의 젊은 층 언더그라운드 소비문화가 일찍이 신촌을 중심으로 형성되어 왔다.

구소, 2003).

1990년대 중반 이후로는 클럽을 중심으로 한 언더그라운드 음악문화가 기존의 홍대 미대를 중심으로 한 미술문화와 더불어 홍대 지역에 새롭게 싹트게 되면서 청년문화의 무게중심이 홍대 지역으로 이전되고 있는 추세다. 특히 홍대 미대의 존재는 매년 개최되는 거리미술전을 통해 홍대 지역의 거리벽화와 같은 독특한 대학경관을 창출하고 있다.

다섯째, 홍대 지역은 이색소비문화지역이다. 홍대 지역은 380여 개의 일반음식점을 포함하여 사주 카페, 도자기 카페, 마술 카페, 여성전용 카페 등 각종 다양한 테마카페들과 예술전문 레코드숍과 서점, 전문패션숍, 개성 있는 음식점 등 약 70여 개의 이색소비공간들이 이 지역의 독특한 문화적 분위기와 어울려 분포하고 있다.9)

이처럼 홍대 지역 이용자들은 홍대라는 장소에 대해 매력을 갖고 있는 이유는 자유로움, 새롭고 다양한 문화와 공간의 존재, 자유롭게 표현하고 여유 있는 분위기, 다양하고 좋은 음악 등을 꼽고 있다.

특히 홍대라는 장소는 외국인들이 주로 주말의 나이트 라이프를 즐기기 위한 적합한 장소로, 이들은 주로 '클럽'을 가장 많이 이용하며 다음이 '바', '음식점' 순이다. 이러한 결과는 클럽 이용자들이 느끼고 있는 홍대 지역 클럽의 이미지에 대한 인식조사와 유사한 경향을 나타낸다.

결국 홍대 지역의 문화는 젊은이들의 클럽문화로 대표성을 갖

---

9) 박진호, 「지역 문화를 고려한 홍대 클럽기념관 계획안」, 석사논문, 건국대학교 건축전문대학원, 2010, pp.14~18.

는 것을 알 수 있다. 이것은 홍대 미대의 존재와 더불어 풍부한 감수성을 지닌 문화예술가와 젊은 층들의 존재 등 홍대 지역이 지녀온 독특한 장소성을 바탕으로 형성됨과 동시에 그러한 장소성을 형성시켜 온 다양한 스타일의 사람들이 함께 모이는 커뮤니티 공간 역할을 함으로써 홍대 지역의 문화적 정체성과 장소성을 강화시키는 핵심요인으로 작용하고 있다.

(2) 해외 사례

1) 맥주의 도시 뮌헨

프랑스 사람들이 포도주를 많이 마시기로 유명한 것처럼, 독일은 '맥주의 나라'이다. 독일에서의 맥주는 1516년 바이에른 왕국 빌헬름 4세(Wilhelm Ⅳ)가 뮌헨에 궁정 공식 양조장인 '호프브로이 하우스'를 설치하고 4월에 세계 최초의 식품 위생법에 해당하는 '맥주 순수령(Reinheitsgebot)'을 선포하는 것에서 시작되었다. 그 내용은 '맥주 양조 시에 보리, 호프와 물 이외에는 어떠한 재료도 넣어서는 안 된다'는 것이었다. 이때 발표된 맥주원료 순수령으로 현재까지 그 품질이 계속 유지되어 오고 있다.

현재 뮌헨은 호프브로이, 뢰벤브로이 등 유명 맥주회사 6개가 있는 독일 최대의 맥주 생산지이다. 매년 9월 하순에서 10월 초에 걸쳐 개최되는 '맥주 축제(Oktoberfest)'는 650만 명이 방문하는 세계 최대의 맥주 축제이다. '옥토버페스트'는 10월 축제라는 뜻이다. 그러나 사실은 9월 하순에서 10월 초순에 걸쳐 개최된다. 매년 9월 세 번째 토요일에 개막하여 10월 첫 번째 일요일에 폐막하게 되는데, 축제기간을 이렇게 정할 경우 축제기간 16일 동안 주말과 일요일은 각각 세 번씩 포함하게 된다. 가장 이상적인 축제기간 선정 전략은 한정된 기간 내에 휴일을 최대한으로 포함시키는 것이다. 뮌헨 맥주 축제가 바로 이 전략을 최대한 활용하고 있는 것이다. 축제는 전쟁기와 콜레라가 유행하던 시기를 빼고는 지속되어 왔다.[10]

축제기간 16일 동안 맥주 소비량은 1리터짜리 550만 잔에 달하고, 축제의 경제적 효과는 1조 원에 달한다. 맥주는 독일에서 국민적 음료로 사랑받아 왔고 카니발, 부활절 축제, 각종 종교행사 등에도 빠질 수 없는 필수품이다.

독일은 1인당 맥주 소비량이 연간 144리터로 세계의 선두적인 자리에 있으며 우리나라의 연간 1인당 소비량인 35리터의 4배에 달한다. 이러한 맥주의 나라 독일에서는 일 년 중 각 지방의 특색에 맞춰 전국에 걸친 맥주 축제가 열리는데 그중에서도 뮌헨 맥주 축제가 가장 유명하다.

이 축제의 기원은 1810년 바이에른 왕국의 황태자 루드비히(Ludwig, 후에 루드비히 1세 왕이 됨)와 작센의 테레제(Therese) 공주와의 결혼을 축하하는 경마 모임에서 비롯되었다. 현재는 기타 유럽 국가를 비롯하여 전 세계에서 매년 약 600여만 명의 맥주 애호가가 축제 기간 중 모이며, 이 기간 중 소비되는 맥주는 약 500만 리터, 닭은 약 65만 마리, 소시지는 약 110만 톤이나 되는 세계 정상급 맥주 축제가 되었다.[11]

---

10) 김춘식 · 남치호, 『세계 축제경영』, (서울: 김영사, 2002), pp.150~156.
11) 고경모, 「문화도시의 장소마케팅 관점으로 본 홍대 지역 클럽문화에 관한 연구」, 석사논문, 홍익대학교 광고홍보대학원, 2005, pp.49~50.

처음에는 매우 소박한 축제였으나 사람들이 점차 모이게 되자 1818년에 회전목마와 그네가 나타나게 되었다. 조그마한 맥주 매점들이 방문객의 인기를 끌게 되자 그 수는 급격히 늘어났다. 1896년부터는 양조회사들의 협조를 받아 기업형 텐트가 세워지게 되었다. 부모를 따라오는 어린이가 늘어나게 되자, 점차 축제장의 한쪽은 서커스나 각종 놀이시설 등이 점령하게 되었다. 오늘날 옥토버페스트는 어른들만의 축제가 아니다. 축제장의 3분의 1은 테마파크처럼 꾸며지고, 여기에는 각종 놀이시설과 롤러코스터 등 탈거리가 설치된다.

대회장의 대형 텐트 안에는 남녀, 인종 구분 없이 수백 명, 수천 명의 사람들이 항상 만원을 이루고 멈추는 것을 잊어버린 듯한 민속 연주 밴드와 더불어 1,000cc짜리 잔에 맥주를 가득 채우고 어깨동무도 하고, 늘어서서 기차놀이도 하며 한마음이 되어 마음껏 맥주를 즐기다가 밴드의 리더가 건배를 선창하면 일제히 서서 잔을 높게 들고 건배를 하는 등 맥주를 매개로 흥겨운 분위기를 만들며 도취하곤 한다.

뮌헨은 '문화예술의 도시'이기도 하다. 뮌헨은 독일 동남부 바이에른(Bayern) 주의 수도이다. 인구는 130만 명으로 베를린과 함부르크에 이어 독일에서 세 번째로 큰 도시이다. 6세기경 바이에른 공작이 이 지역을 다스리면서 역사가 시작되었다. 뮌헨은 12세기 이래 바이에른 왕국의 수도였으며 16세기 이후에 꽃피웠던 르네상스와 바로크, 로코코 양식의 건축물과 문화유산이 남아 있는 아름다운 도시이다. 제2차 세계대전 이후에는 자동차, 항공기, 전기 및 전자산업의 선두도시로 발전하고 있다. 1972년에 제20회 올림픽이 이곳 뮌헨에서 열렸다.

뮌헨 맥주축제의 단점은 아무래도 음주로 인한 문제가 발생할 가능성이 있다는 점이다. 주말에는 50만 명이 운집하므로 절도, 상해 및 안전사고 등 여러 가지 문제가 발생한다. 이에 대비하여 적십자사와 앰뷸런스 등이 항상 대기하고 있다. 그러나 축제에는 흥청거림이 있다. 해야 할 일들로 꽉 찬 일상에서는 용납되지 않는 느슨함과 게으름이 허락되는 즐거운 공간이다. 그래서 '옥토버페스트'는 이 같은 '일상의 탈출'을 확인할 수 있는 현장이다. 그러므로 뮌헨 시민들도 축제기간 중에는 어느 정도 음주에 대해 너그럽게 대한다.

이 축제를 통해 뮌헨은 맥주와 소시지 및 기타 소비재 상품의 수요를 늘릴 수 있으며, 지역특화를 가져와 세계적인 문화도시로서 자리매김하고 있다. 이와 더불어 생겨난 효과로 뮌헨은 매년 10월에 정기적으로 맥주축제가 열리는 고장으로 알려져 지역적인 마케팅이 성공을 거두게 된 좋은 사례이다.

이제 대중들은 뮌헨이라는 단어를 떠올리게 되면 그와 동시에 맥주축제와 동시에 뮌헨만의 독특한 문화의 특징을 생각할 수 있다. 여기에는 어린이와 부모가 함께 동반되고 남녀노소가 함께 모여 축제의 장이 될 수 있는 문화적 요소가 있기 때문에 가능한 것이다.

뮌헨은 이를 통하여 독자적인 마케팅 이윤을 남기고 있으며, 남은 금액 중 일부는 지역의 장소마케팅을 위한 재투자로 일부 사용되기도 한다. 이것은 지역이미지 제고와 더불어 여가, 문화이벤트의 시장이 열리는 것으로써 장소마케팅의 성공 사례로 손꼽는다.

3. 홍대 지역의 장소성과 문화지구

(1) 홍대 지역의 클럽문화

국내 여러 지역에 클럽이 존재하고 있지만 홍대 지역의 클럽 문화가 가장 활성화되어 있다. 앞서 살펴보았듯 서구의 경우에는 주로 록이나 펑크 등과 같은 특정 음악 공연을 중심으로 하여 음악과 춤이 밀접한 관련을 맺으며 형성되어 왔다. 반면, 한국의 경우에는 록 음악을 중심으로 한 클럽문화, 즉 일반적으로 우리가 인디 문화라 일컫는 '라이브 클럽'과 테크노 음악 등과 같이 댄스 음악을 중심으로 한 '테크노 클럽'으로 나누어 형성되기 시작하였고, 1990년 이후 이 둘이 공존하는 양상을 보이는 방향으로 발전해왔다. 즉, 한국의 클럽 문화의 기원은 라이브 클럽과 테크노 클럽으로 구분하여 생각해볼 수 있다.

1960년대부터 우리나라의 클럽 라이브 공연은 초기에 미군 부대 내에 있는 클럽에서 미군을 대상으로 시작되었다. 이후 이러한 라이브 밴드들이 점차 그 기능을 상실한 채 단지 유흥을 위한 수단으로 인식되어 갔고, 1975년 록 음악의 가요규제조치와 방송금지조치, 대마초 사건 등으로 인해 대중음악에서 자연히 밀려나 언더그라운드 음악이 형성되었다.

이후 1980년대를 강타한 디스코 음악과 소위 말하는 댄스 음악에 의해 점차 그 자취를 감추게 되다가 1990년대 중반 홍대 지역의 드럭(Drug)을 시작으로 다시 생겨나기 시작하였다. 이후 라이브 클럽들은 대중음악에 식상한 음악 마니아들의 지지를 받으면서 획일화되어 가는 대중음악에 반기를 들고 젊음과 저항과 창조라는 록의 본연의 정신을 다시 부활시키고자 하는 얼터너티브 록(alternative rock)의 등장과 함께 신촌, 홍대를 중심으로 한 라이브 클럽 문화가 생성되었다. 이렇게 라이브 클럽은 주류 문화에 대한 반동과 저항, 그리고 소수의 자유와 창조적 열정을 중시하는 인디 문화적이고 저항 문화적인 성격이 짙다.

테크노 클럽은 라이브 클럽과는 달리 테크노 뮤지션이나 DJ의 공연에 의해 음악이 연주되는 가운데 그에 맞추어 관객들이 춤을 추거나 음악을 즐기며 커뮤니티를 형성해가는 공간이다. 홍대 일대에 테크노 클럽이 등장하게 된 배경은 홍대라는 장소적 배경의 영향이 크다. 홍대의 문화적 감수성이 뛰어난 젊은이들이 그들이 지닌 창조성과 개성을 발휘하고자 새롭고 실험적인 활동들을 벌이게 되면서 이것이 홍대 앞 클럽을 중심으로 한 문화권 형성의 바탕이 되었다. 또 지리적으로도 젊은이들이 많이 모여드는 신촌과 인접해 있는 특성상 자연스레 젊고 새로운 문화에 대한 욕구가 내재하고 있는 곳이다.

이렇게 홍대 지역에서 기존에 활동하고 있었던 다양한 문화예술 계층과 새로 지역에 유입되기 시작한 외국인, 유학생들이 홍대 지역을 중심으로 모여들게 되면서 1995년 말을 기점으로 그들의 문화적 욕구를 충족시키는 본격적인 테크노 클럽들이 하나둘씩 생겨나기 시작하였다. 홍대 지역의 자유롭고 젊은 마인드를 바탕으로 기존의 대중음악이나 주류음악이 아닌 다양한 문화적 대안들이 실험되는 자유로운 공간인 클럽들이 생겨나게 된 것이다. 이러한 클럽의 문화를 통해 그들만의 독특한 문화를 형성해나가기 시작하였

다. 테크노 클럽을 중심으로 한 클럽문화는 최근 대두된 파티문화
와 맞물려 우리가 일반적으로 이야기하는 '클럽문화'라고 일컫는
자유롭고 감각적인 속성이 부각되는 문화 양상을 보이게 된다.

　홍대 지역의 클럽문화공간은 다음 <표 1>처럼 '라이브 클럽'
과 '테크노 클럽'으로 나뉜다. 현재 홍대 지역의 라이브 클럽은
15개, 테크노 클럽은 21개로 분포하고 있다.[12]

〈표 1〉 홍대 지역 클럽의 유형별 현황

클럽유형		클럽 수	클럽명
라이브 클럽	록	9	스컹크 헬, 슬러거, 재머스, 프리버드, 롤링 스톤즈, 플레이 하우스, 쌈지스페이스 바람, WASP, 보난자홀
	힙합	2	정글, 힙합시티
	재즈	4	에반스, 핫 하우스, 시스, 문그로우
	소계	15	
테크노 클럽	테크노	10	카고, 명월관, MI, 조커레드, 사브, 틀, 바통시, 크림코크, 언더그라운드, 카페, 로코로카
	힙합	2	NB, 할렘
	록	9	흐지부지, 스카, 후퍼, 올드록, 홍키통크, 샵2, 그리, 락, 물
	소계	21	

(2) 홍대 지역과 문화지구

　홍대 지역의 특징들은 클럽데이와 독립음악(인디)의 활성화와
카페촌의 등장, 그리고 걷고 싶은 거리의 지역적 특성 등의 장소
마케팅 전략이 추진되고 있는 지역이다. 그리고 이러한 장소마

---

12) 박진호, 「지역 문화를 고려한 홍대 클럽기념관 계획안」, 석사논문, 건국대학교 건축전문
　 대학원, 2010, pp.24~27.

케팅을 통해 지역문화 활성화를 꾀하고 있으며, 지역 고유의 자생적인 문화적 자산과 그것을 문화상품화시킬 수 있는 연계자원이 풍부하다. 또한 홍대 지역은 국내 유일의 언더그라운드 클럽문화의 산실로서 라이브 클럽과 댄스 클럽이 밀집되어 있는 대표적인 클럽문화지역이다.

일반적으로 홍대 앞이라 불리는 홍대 지역의 구체적인 공간적 분포는 전체 약 41만 5천 평(1,372,123㎡) 규모이며, 서울시 마포구 서교동 <326번지에서 411번지 일대>, 창전동 <5, 6, 436번지 일대>, 상수동 <64번지에서 318번지 일대>, 동교동 <162번지에서 189번지 일대>를 포괄하는 비교적 넓은 지역이다. 이 지역은 홍대 정문에서 지하철 2호선이 있는 큰길까지 200m 남짓한 차도를 중심으로 그 좌우에 펼쳐진 지역 일대를 일컫는 것으로, 행정적으로 보면 홍익대학교가 위치하는 마포구 상수동과 서교동 일부를 일컫는 제한적인 지역이다.

이 지역의 명칭이 '홍대 앞'으로 불리는 이유는 '홍익대학교'라는 존재가 이곳의 정체성 형성에 핵심역할을 하였다. 많은 젊은이들이 홍대 앞으로 가는 이유는 이곳에 카페와 더불어 클럽 및 예술가들이 몰려 있기 때문이다. 또한 실험적이고 전위적인 음악부터 인디밴드까지 젊음을 상징하는 공연들이 밤마다 거리를 울리기 때문이다. 따라서 홍대를 떠올리면 클럽과 카페가 떠오르며 이것이 홍대 지역의 장소성이다.

한편 우리나라에서 '문화지구(cultural district)' 또는 '예술지구(Arts district)'라는 개념은 문화에 대한 정책적인 접근이 본격화되기 시작한 1990년대 중반 이후부터 사용되기 시작했다. 1999

년 문화예술진흥법에 반영되었고, 관리계획 등에 관한 사항이 문화예술진흥법 시행령으로 규정되어 시행되고 있다.

2000년에 개정된 문화예술진흥법에서는 '문화지구'란 "조례제 정에 의거하여 문예진흥법에서 정하는 문화지구로 지정된 지역"을 의미하고 있다. 이 규정에 의하여 현재까지 지정된 문화지구로는 서울 '인사동 문화지구(2002)', '대학로 문화지구(2004)', 파주의 '헤이리 문화지구(2009)', '인천 개항장 문화지구(2010)'가 있다. 이러한 문화지구에 홍대거리지역을 문화지구로 지정하지 못한 이유는, 문화지구로 지정할 경우 무엇을 보호와 육성의 대상으로 해야 할지에 대한 합의가 이루어지지 않았고, 영리적 목적을 추구하는 홍대 앞의 클럽, 업소들을 공공이 나서서 보호·보존을 해야 할 대상인가에 대한 논란 때문이다.[13]

장소성의 의미로 볼 때, 문화지역과 문화지구는 같은 의미로 보이지만 이처럼 문화지구의 경우는 법제화되어 있다. 문화지구는 '시·군·구별로 문화예술의 진흥과 문화시설, 문화업종 등 문화자원의 보존·유치를 통한 국민의 문화적 삶의 질 향상을 위해 문화지구를 지정할 수 있으며, 문화시설이 밀집되어 있거나 이를 계획적으로 조성하고자 하는 지역, 문화 예술 활동이 지속적으로 이루어지는 지역' 등을 시장, 군수, 구청장이 문화지구로 지정해줄 것을 신청하여 시·도지사에게 승인을 받는 절차를 거쳐야 한다.

따라서 미래에는 우리의 홍대 앞도 문화지구에 소속되어 청년과 실버가 함께 찾고 주민이 환영하는 새로운 문화예술의 장소로 인식되어야 할 것이다.

---

13) 문경신, 「인천개항장 문화지구의 장소성에 관한 연구」, 석사논문, 인하대학교 대학원, 2012, p.6.

11장 문화지역 만들기

축제란, 기존의 문화적 구조를 재해석하는 것에서 시작한다. 기득권적 권력, 불평등적 모순, 억압과 갈등, 어둠과 희미함을 걷어내고자 하는 것이 축제이다. 그래서 축제 속에서 인간은 끊임없이 파괴하고자 하며 스스로 모든 세속적인 허울과 위선을 벗어던지고자 평소에는 순응하는 사회적 구조적 틀을 과감히 거부하기도 한다. 이를 위한 수단으로 가면을 쓰고, 평상시 입지 않던 옷을 입고 과격한 행동을 거침없이 하면서 통쾌해한다. 우리도 우리 지역 내에서 가상의 축제를 만들어보자

1. 지역주민자치를 위한 문화 활동 커뮤니티

(1) 주민자치의 의의

주민자치는 풀뿌리 민주주의의 기반이 되어야 하며, 주민의 자율적 생활자치의 토대가 되어야 한다. 그러나 우리나라는 지방자치의 경험이 일천한 관계로 지방자치를 실시함에 있어서도

주민들의 생활과는 무관하게 형식적·제도적인 법체계를 갖추는 데 불과했다. 물론 좋은 제도가 장기적으로 의식을 바꾸고 지방자치의 생활을 어느 정도까지는 바꿀 수 있다고 하더라도 형식적인 제도만으로는 실질적인 풀뿌리 민주주의를 이룩하는 데 한계가 있고 여전히 중앙정부에 의존하게 되어 이는 지방자치에 있어서의 권리 의무와 책임 의식의 성장에도 지장을 가져오게 한다. 따라서 지방자치가 발전하기 위해서는 그 내용적 측면으로서의 주민자치[14]가 성숙되어야 한다.

주민자치와 밀접히 연관된 '주민 참여(Citizen Participation)'는 크게 보아 좁은 의미의 개념과 넓은 의미의 개념으로 사용된다. 먼저 좁은 의미의 개념을 살펴보면, 시드니 버바(Sidney Verba)와 노먼 나이(Norman Nie)에 의한 개념을 들 수 있다. 이들은 주민 참여를 '일반시민이 공적 권한이 부여된 사람들에게 영향력을 행사하기 위해 정책결정과정에 참여하는 것'이라고 정의한다. 이러한 개념이해는 ① 기념 시가행진 등과 같이 정책결정자에 대한 영향력 행사를 일차적인 목적으로 하지 않는 참여, ② 학교와 이익집단에의 참여와 같이 '정치적'이라 볼 수 없는 참여, ③ 정부를 '지지할 목적'의 참여, 그리고 ④ 합법성이나 정당성이 부여되지 않은 비제도적 참여 등은 제외하고 있다는 점에서 좁은 의미이다.

반면, 넓은 의미의 시민 참여의 개념은 대표자를 선출하는 선

---

14) 주민자치는 주민과 자치의 복합어로서 주민은 오랜 기간 거주할 목적으로 일정한 주소 또는 거소(居所)를 가진 사람을 말하며, 자치란 자기의 일을 자기 스스로 다스리는 것을 말한다. 그러므로 주민자치란 일정한 지역 내에 거주하는 사람들이 그 지역을 스스로 운영해나가는 것을 말한다.

거에서부터 구체적인 정책의 집행에 이르기까지 정치 및 정책 전 과정에 걸쳐 일어나는 시민의 모든 정치적 행위를 포함하는 것을 말한다. 즉, 제도적인 것과 비제도적인 것, 반대와 지지, 의도적인 행위와 관습적으로 일어나는 행위 등 공식적 정책결정자가 아닌 일반 시민에 의해서 일어나는 모든 행위를 포함한다.[15]

문화예술의 경우 지역주민들의 커뮤니티 활동은 사안에 따라서 지방자치단체와의 관계 속에서 정책결정과 행정집행 과정에의 참여도 이루어지기도 하지만 보다 기본적으로는 자신들의 생활권에서 이루어지는 비제도적인 참여, 주도권의 소재에 따라서는 주민주도형의 주민 참여를 기본관점으로 하고 있다. 따라서 주민 참여와 관련된 이러한 개념이해는 주민들이 자치능력 고양을 위한 연구·교육·훈련을 통하여 주민자치제의 실질적 기반 구축이라는 사회운동으로서의 주민자치와도 일맥상통한다고 볼 수 있다.

(2) 문화 활동을 위한 커뮤니티

1) 커뮤니티의 개념

커뮤니티란 일반적으로 공통의 사회 관념, 생활양식, 전통, 공동체 의식을 가진 공동사회이다. 커뮤니티라는 용어는 사전적 의미로 서구의 공동체를 뜻하는 라틴어 'communis'에서 유래되었다. communis라는 말은 라틴어 접두사 함께(together)라는 'cum'

---

15) 김기현, 「주민자치의 기반으로서 커뮤니티 형성에 관한 연구」, 석사논문, 연세대학교 행정대학원, 2003, pp.9~10.

과 의무(obligation)라는 'munus'의 합성에서 유래하였다. 따라서 커뮤니티의 개념은 실제로 인류 역사상 계속 존재해왔던 개념이었으며 그동안 정치학, 사회학, 철학 등에서 주로 연구되어 왔던 개념이다.

근래에 들어서 커뮤니티는 공동체, 지역, 공유의 가치 등 여러 가지 문화적 특성과 예술이 결합되어 새로운 문화예술의 형태로 시도되어 나타나고 있다. 따라서 커뮤니티의 개념은 시대에 따라 조금씩 변화하고 있으며 단순한 커뮤니티의 특성뿐만이 아니라 커뮤니티의 이해관계를 예술적인 가치로 승화한 예술형태의 개념으로 우리 사회 속에 자리 잡아가고 있다.16)

일본의 경우는 커뮤니티를 "생활현장에서 시민으로서의 자주성과 책임을 자각한 개인 및 가정을 구성 주체로 하고, 지역성과 각종의 공통목표를 가진 개방적이면서도 구성원 상호 간에 신뢰감을 갖는 집단"으로 개념 정의하고 있다.17) 우리나라의 경우 근래에 들어서 커뮤니티의 공동체, 지역, 공유의 가치 등 여러 가지 특성과 문화예술이 접목되어 새로운 문화예술의 형태로 시도되어 나타나고 있으며, 다양한 문화 커뮤니티들이 생겨나고 있다.

2) 커뮤니티 아트의 개념

한국에서의 커뮤니티 아트는 우리말로 공동체 예술 혹은 공동체의 이해에서 출발한 예술이다. 전병태(2007)의 『커뮤니티 아트 진흥 방안 연구』를 통해 커뮤니티 아트라는 용어가 구체화되면

---

16) 노수정, 「커뮤니티 아트의 현황과 활성화 방안 연구」, 석사논문, 단국대학교 경영대학원, 2009, p.5.
17) "커뮤니티 생활현장에 있어서의 인간성 회복", 일본 국민생활심의회, 1969.9.

서, 이 용어는 그 이전에 쓰던 생활예술, 생활 친화적 예술 등의 개념을 포괄하고 있다.

커뮤니티 아트는 공동체의 정신과 감성을 예술 속에서 실현하고자 하는 창작 활동이면서 예술운동이고 또 예술정책이다. 달리 말하면 공동체 속에서 기획/실행되고, 공동체를 위하여, 공동체가 주체가 되어서 실현하는 예술이 커뮤니티 아트다. 한국어로 번역하면 생활예술이라고 할 수 있지만 생활예술과 커뮤니티 아트는 조금 다른 점이 있다.

커뮤니티 아트는 사회와 생존에 복무하는 현실주의 예술로써 예술가와 일반대중이 분리되지 않아야 한다는 원리를 가지고 있다. 공동체의 구성원 모두가 예술의 주체여야 하며, 개인의 창의성을 넘어서 공동의 창의성을 높은 가치로 설정한다. 아울러 예술의 공공성과 공동체 의식을 통하여 생존 공동체(commune)가 창의성을 발휘하고 창조마을, 창조도시, 창조국가, 창조세상을 이루고자 하는 예술적 전망도 가지고 있다.18)

커뮤니티 아트에서 전문예술가들은 자기 고유의 영역을 가지고 있으면서 공동체의 삶의 현장 속으로 진입하여, 구성원들의 주체적 참여를 유도해내고, 예술교육을 실행하면서, 함께 예술작품이나 창작공연을 한다.

또한 커뮤니티 아트는 국가/정부가 예술을 어떻게 대할 것인가를 환원한다. 예술과 현실을 연결하고 예술가가 특정한 엘리트라는 인식을 불식시키며 모든 사람의 예술적 심성을 발휘하도

---

18) 서유미, 「커뮤니티 아트 프로젝트의 평가 방법에 대한 연구」, 석사논문, 전남대학교 문화전문대학원, 2012, pp.6~7.

록 하는 것이 바로 커뮤니티 아트의 정신이다. 그렇다고 해서 예술가의 독자성이나 특수한 창의성이 훼손되는 것은 아니다. 커뮤니티 아트는 한 사회나 국가가 예술적 이상향을 이루어나가는 하나의 과정으로 보아야 한다.[19]

또한 커뮤니티 아트는 지역, 단체 또는 온·오프라인 커뮤니티 등 공감대를 형성하는 공동체의 구성원들이 개별 커뮤니티가 지닌 고유한 가치를 결속시키고 커뮤니티를 발전시키기 위해 행해지는 예술 활동이며, 커뮤니티 구성원들이 직접적으로 문화예술 창작 활동에 참여하는 것을 말한다.[20]

우리나라의 커뮤니티 아트는 서구에서 나타난 커뮤니티 아트의 발전 및 과정과는 동일하지는 않지만 이와 유사한 대중(민중) 참여 예술이 있다. 산업화 이전의 농경사회에서 나타난 '두레'가 그 예이다. 따라서 커뮤니티 아트는 공공미술, 거리예술, 참여예술, 마을 만들기, 공동체예술, 매체운동 등으로 불리는 이름은 다양하며, 실행주체에 따라 유형을 구분할 수 있다.

첫째, 공공기관이 재원을 지원하고, 그 주체가 정부 혹은 지자체, 즉 공공기관 주체가 되어 진행하는 '지역진흥을 위한 커뮤니티 아트'를 들 수 있다. 두 번째로는 시민이 주도하여 진행되는 '시민 예술로서의 커뮤니티 아트'이다. 이는 현 커뮤니티 아트가 지향하고 있는 가장 커뮤니티 아트다운 것이다. 대부분 마을 만들기형으로 나타나고, 자발적으로 형성된 공동체 안에서 발견할 수 있다. 세 번째로는 예술가가 주체가 되어 실행되는 '참여 예

---

19) 충북문화예술연구소(http://cafe.daum.net/cultureart-cb)

20) 위의 글, p.7.

술로서의 커뮤니티 아트'를 들 수 있고, 이는 예술 마을과 같은
예술가 촌 등에서 찾아볼 수 있다.

그러므로 우리도 현재 우리 지역에 있는 커뮤니티 아트는 어
떤 것이 있는지 살펴보고 각자의 생활 속에서 만들어나갈 수 있
는 문화 커뮤니티의 요소들을 발견하여 개발해나가는 방법들에
대하여 고찰해보아야 한다. 다만 아쉬운 점이 있다면, 커뮤니티
아트가 사회기반시설 부족이나 복지국가의 붕괴를 예술 활동을
통해 보완하려는 시도로 보는 비판도 있다. 따라서 비용이 별로
들지 않는 사회복지사업의 유형으로 자리 잡고 있으며 임시방편
적인 프로젝트나 순간적인 책임감만으로 사회적 소외나 해체에
대한 문제를 다루지 않도록 주의하여야 한다.

2. 지역의 커뮤니티 아트 사례

(1) 지역진흥을 위한 커뮤니티 아트

지역진흥을 위한 커뮤니티 아트의 경우 정부지자체의 문화예
술에 대한 관심이 증가하면서 시작되었다. 지자체는 시민들의 삶
을 보다 활력 있고, 풍요롭게 만들어야 할 의무와 책임이 있다.
그 때문에 공적자금을 통해 시민들의 보다 나은 삶을 위한 다양
한 활동들을 진행하고 있는데, 그중 하나가 커뮤니티 아트 프로
젝트라고 할 수 있다.

커뮤니티 아트는 예술을 매개로 하여 지역민들 간의 갈등, 소
통의 문제를 해결할 수 있고 문화예술의 경험을 제공할 수 있다.

이러한 지역진흥을 위한 커뮤니티 아트는 공공기관 또는 프로젝트 진행을 위하여 만들어진 단체들이 주체가 되어 보다 적극적으로 커뮤니티 아트의 지향점을 실천하는 것이다. 여기서 커뮤니티 아트의 지향점은 시민이 일상에서 예술의 가치를 발견하고 경험할 수 있도록 하는 것과 지역사회의 당면한 문제, 공동체들 간의 갈등과 공동체 형성을 예술이 매개가 되어 스스로 해결할 수 있도록 하는 것에 있다.

이러한 지향점을 실현하고 지역의 발전을 위해 공적자금으로 프로젝트의 형식을 띤 커뮤니티 아트 프로젝트로는 2008년 문화체육관광부에서 지자체와 공동으로 주최한 <문전성시>라는 재래시장 살리기 프로젝트를 들 수 있다. 이 사업은 재개발사업과 대형마트의 설립으로 인해 구도심의 재래시장이 위기에 처하고 이러한 문제를 극복하기 위하여 커뮤니티 아트 프로젝트를 진행한 사례가 있었다.[21]

전통시장 살리기 프로젝트 '문전성시'란 문화체육관광부가 추진한 전통시장 살리기 프로젝트로서 전국 16개 시장에서 전통시장 고유의 '맛, 멋, 흥'을 되살리며 새로운 활기를 불어넣고 있다. 2011년 새롭게 선정된 시장은 서울 금천구의 남문시장, 충남 홍성군의 홍성전통시장, 전북 전주시의 남부시장으로 3개 시장이 추가되었다.

문전성시 시장 활성화를 위한 유형은 네 가지로, 주민공동체형, 지역관광형, 문화복지형, 문화예술형으로 나뉘며 정부는 2012년

---

21) 서유미, 「커뮤니티 아트 프로젝트의 평가 방법에 대한 연구」, 석사논문, 전남대학교 문화전문대학원, 2012, p.18.

에는 총 27개 시장을 지원하였다.[22) 그중에서 '커뮤니티 아트'의 성공사례로는 여러 시범 시장 중 경기도 수원시 못골시장(주민 공동체형)을 들 수 있다. 수동적이며 개인적인 성향을 보이던 여성 상인들을 사회화하려는 목적으로 '노래'를 문화적 도구로 사용하여 '줌마불평합창단'이 조직되었고 처음에는 저조했던 참여율이 갈수록 높아져 나중에는 시장을 대표하여 외부에 알리는 존재가 되었다. 또한 젊은 상인들을 주축으로 한 '못골온에어'는 라디오 DJ가 된 젊은 상인들에 의해 시장이 큰 활기를 띠게 되었다.[23)

문전성시는 지역 경제 활성화를 넘어 전통시장을 문화기획, 건축, 도시계획, 스토리텔링, 공공예술 등의 전문가들로 구성된 '시장과 문화컨설팅단'이 커뮤니티 활성화, 문화콘텐츠 개발, 문화마케팅 등의 방법을 통해 시장 활성화를 지원하고 있다. 한마디로 시장 본연의 역할을 넘어 관광과 소통의 공간으로 재탄생시키기 위한 사업이라 할 수 있다.

문전성시 사업을 시작한 지 4년 차에 접어들면서 정부는 기존 재래시장 활성화뿐 아니라 시장과 문화가 결합된 다양한 사업모델을 발굴하는 데 힘을 쏟을 계획이다. 잊혀가는 지역의 5일장부터 홍대 프리마켓, 와우 책시장과 같이 주민과 지역 예술가가함께 참여하여 장을 여는 문화장터까지 사업범위를 확대하여 해당 시장이 가진 가치를 발굴하고, 시장을 관광자원으로 만들 수있는 새로운 시장의 활성화 정책을 제안하기로 했다.

---

22) 문화체육관광부, 지역문화과, 2012.
23) 이주현, 「대구 방천시장 문전성시사업에 대한 문화정치론적 분석」, 석사논문, 경북대학교 대학원, 2013, p.23.

해외여행을 가보면 근방의 유명한 벼룩시장이나 차고세일 등 지역 주민들이 주도하는 소규모 장터가 많이 있다. 이런 곳을 둘러보면서 사람들은 소소한 즐거움과 추억을 오래도록 간직하게 된다. 우리나라에서도 이런 형태의 시장이 심심찮게 생기고 있는데, 일회성으로 끝나지 않도록 장기적인 지원, 유지 방안을 정부에서 고안하여 시장 활성화를 유도하여야 한다. 문전성시 사업이 가져온 성과는 부가가치 파급 효과 80억, 346명의 일자리를 만들어주고 있다.

2013년 부산시의 경우 컨테이너를 활용한 복합문화공간으로 젊은이의 공연·전시·교육 및 주민 커뮤니티 공간이 마련되어 있으며, 공연장, 전시장, 소규모 밴드공연, 전망대 등을 위한 '소란동', 레지던스 작업·창작공간, 다문화 및 주민 커뮤니티 등을 위한 '도란동'이 마주보고 있는 구조다.[24]

수원시의 경우는 수원문화재단에서 재래시장의 활성화를 위해 시장과 예술작가를 연계한 수원 영동 아트포라(Art Fora)를 영동시장 내에 운영하고 있다.[25]

또한 수원은 한국관광공사와 경기관광공사 등 유관기관과 지속적인 협력관계를 맺어 관광 인프라를 넓히고 수원 화성이 위치한 행궁동 일대에 조성한 '공방거리' 활성화 차원에서 행궁길 상인과 지역주민, 관광객이 어우러지는 '행궁길 커뮤니티 아트 페스티벌'도 마련한다. 또한 행궁길 내 나눔갤러리와 예술마당을 운영해 관광객들이 직접 관람하고 참여할 수 있는 프로그램을

---

24) 한국일보 홈페이지, 2013년 7월 11일, http://news.hankooki.com
25) 경기일보 홈페이지, 2013년 1월 28일, http://www.kyeonggi.com

기획하고 있다.

(2) 시민예술로서의 커뮤니티 아트

시민예술로서의 커뮤니티 아트는 그 실행 주체를 시민으로 상정하고 진행된다. 시민예술로서의 커뮤니티 아트의 경우에는 소외지역 및 소외지역 주민들을 대상으로 하는 프로젝트들이 주를 이루고 있으며, 커뮤니티를 중심으로 한 환경개선, 문화예술향유 프로젝트, 예술가와의 소통 프로젝트 등이 있다. 이러한 커뮤니티 아트로는 소외지역 환경개선 프로젝트, '아트인 시티', '마을미술 프로젝트', 풀뿌리문화나눔사업 '생활문화공동체 만들기', 도시갤러리에서 진행한 '동네예술가' 등을 들 수 있다.

하지만 이러한 시민이 주체가 되어 진행되는 커뮤니티 아트의 대부분이 관 주도 사업으로 진행되어 일회적·비전문적 등의 한계를 가지고 있다. 또한 시민이 주체가 되는 커뮤니티 아트의 경우 시민의 자발적인 주체의식이 필수적이고, 그 공동체의 형성되는 과정, 또 프로젝트의 전반적인 과정이 중요하지만 여전히 미흡한 수준이다.[26]

최근 여러 민간단체에서는 '마을 만들기, 지역 공동체 활성화' 등의 이름은 약간 다를 수 있지만 '지역 변화'를 모색하는 움직임을 자주 보이고 있다. 대표적인 예로, 박원순 서울시장은 시장이 되기 전인 2006년 4월부터 근 3년 동안 전국을 돌아다니면서 마을

---

26) 서유미, 「커뮤니티 아트 프로젝트의 평가 방법에 대한 연구」, 석사논문, 전남대학교 문화전문대학원, 2012, p.19.

탐구를 통해 『마을에서 희망을 만나다』라는 책을 집필하였다.27)

이 책은 전북 부안 산들바다 공동체, 경북 의성 쌍호 공동체, 부산 반송동 사람들 등의 시골과 도시의 사례를 '마을 공동체' 관점에서 다루었다는 점이 특징이다. 또한 그는 시장이 된 이후 핵심추진사업으로 '마을 공동체 만들기' 사업을 시작하고 있다. 서울이 "살아가야 하는" 곳이 아니라 "살고 싶은 마을"이 되었을 때 비로소 이웃과 함께하는 아름다운 곳이 될 것이다.

한편, 시민 주도형 커뮤니티 아트의 예로는, 마포구 '성미산 살리기 운동'28)이다. 성미산에는 축제와 문화를 즐기는 주민동아리와 '성미산 마을극장'이 있다.29)

① 축제와 문화를 즐기는 마을: 마을축제와 주민동아리

마을축제의 기원은 공동육아어린이집의 교사들이 매년 어린이날마다 성서초등학교 마당에서 어린이집 아이들은 물론이고 동네 아이들을 불러 모아 진행한 '전례놀이 한마당'에서 찾을 수 있다. 하지만 축제의 꼴을 갖춘 시초는 성미산지키기 운동 당시, 성미산 위에서 천여 명에 달하는 많은 주민이 참여하여 성황리에 열린 '숲속음악회'와 그 이듬해 열린 '동네야 놀자'라는 슬로

---

27) 박원순, 『마을에서 희망을 만나다』, (서울: 우리교육 검둥소, 2009).

28) 성미산마을의 시초는 젊은 부부들이 "내 아이와 남의 아이를 함께 우리 아이로 키우자"는 뜻에서 1994년 마포구 연남동에 국내 최초의 공동육아협동조합인 "우리어린이집"을 설립하고 모여 살게 된 것에서 찾아볼 수 있다. 성미산은 녹지가 부족한 일대에서 아이들에게는 학습장이자 놀이터로써, 동네 할아버지와 할머니들에게는 쉼터이자 체육공간으로 없어서는 안 될 생활공간이었다. 그리하여 성미산 개발에 반대하는 지역 내 여러 단체와 주민들은 2001년 8월 17일 '성미산을 지키는 주민연대(성지연)'을 조직하여 1차 성미산지키기운동에 들어갔고, 2003년 10월 서울시가 공사유보 결정을 내려 사실상의 공사포기를 선언함으로써 1차 성미산지키기운동은 주민들의 승리로 끝나게 된다.

29) 성미산 홈페이지 http://cafe.daum.net/sungmisanpeople

건을 내세운 축제라고 할 수 있다. 전례놀이로 보면 13년이 되었고, 숲속음악회로 보면 8년이 된 셈이다.[30)]

마을축제를 8년째 해오면서 성격의 변화가 있었으나, 2007년과 2008년의 축제는 성미산 커뮤니티의 주최로 지역사회의 주민이 광범위하게 참여한 축제라는 점에서 더욱 각별한 의의를 가진다고 할 수 있다. 주최는 커뮤니티의 문화적·조직적 역량에 기초한 것이라는 한계를 지니지만, 지역의 많은 주민이 즐겁게 참여했다는 점에서 성미산 커뮤니티의 지역사회로의 '결합 및 확산'이라는 과제는 성공 가능성을 본 것이다.

또 하나의 성과는 역시 주민동아리이다. 축제의 메인 프로그램을 주민들이 자발적으로 구성한 동아리가 담당했다는 것이고, 축제에 참여한 주민 관객들도 이를 가장 훌륭하고 멋진 프로그램으로 즐기고 격려했다는 점이다. 주민 문화예술동아리는 지역의 문화적 에너지를 지속적으로 성장시켜 가는 그릇이며, 커뮤니티의 문화적 소통을 일상화시킬 수 있는 매개라는 점에서 그 의미를 찾을 수 있다.

② 일상적인 놀이의 시대로: '성미산마을극장'의 설립

성미산마을극장 개관은 2009년 2월이다. 성미산마을극장은 축제와 주민동아리 간의 상호 역동적인 시너지를 크게 증폭시키는 역할을 담당했다. 4개의 시민단체가 성미산마을로 이주하면서 함께 동거할 시민공간 '나루'를 신축하기로 하였다. 이들은 마을과의 의미 있는 접속의 상징으로 신축하는 건물 공간의 일부를

---

30) 성미산 학교 홈페이지 http://www.sungmisan.net

마을에 내놓았고, 마을은 그 공간을 마을극장으로 만들고 싶었다. 지하 1층 30여 평, 지하 2층 70여 평을 극장전용 공간으로 설계하였다.[31)]

성미산마을극장은 1년에 한 번만 하는 짧은 축제에서 생기는 갈증을 풀어주게 되었다. 마을동아리들은 1년에도 여러 차례의 공연을 준비할 수 있다. 특히 극장을 매개로 다양한 예술 교육 프로그램이 활성화됨으로써, 새로운 주민동아리들이 등장하게 되었다. 이렇게 활성화되고 다양해진 주민동아리는 마을축제의 내용을 더욱 풍성하게 하고, 마을주민의 문화적 소통을 진작시키는 것은 물론 주민동아리의 또 다른 성장의 밑거름이 될 것이다. 이렇게 극장은 주민동아리의 네트워크를 중심축으로 삼아, 마을의 문화 예술의 성장의 중요한 인프라로 작용하고 있다.[32)]

성미산마을극장은 프로와 아마추어의 경계를 허물었다. 마을 주민들의 일상이 가벼운 예술적 '터치'만으로도 마을극장의 무대에 올려지고, 프로 예술인들의 작품을 마을 안에서 즐길 수 있게 되며, 프로와 아마추어가 함께 작업하고 나누면서 새로운 예술적 소통을 할 수 있는 공간을 추구한다. 공연과 비공연 장르의 경계를 넘나드는 연극, 음악공연만이 아니라, 영화상영, 미술작품 전시, 나아가 실험적인 퍼포먼스에 이르기까지 다양한 행위가 시도되는 공간이 되고 있다. 성미산마을극장이라 해서 성미산마을 사람들만의 전유공간이 되지 않고, 다른 마을 사람들이 자유롭게 이용하고, 다른 마을의 이야기가 함께 모여드는 커뮤

---

31) 성미산마을극장 공식카페 http://cafe.naver.com/sungmisantheater
32) 유창복, 「도시 속 마을공동체운동의 형성과 전개에 대한 사례연구」, 석사논문, 성공회대학교 NGO대학원, 2009, pp.16∼18.

니티 콘텐츠의 글로벌 허브의 역할을 감당하는 것은 추후의 과제가 될 것이다.

성미산 마을은 마을 주민들이 자발적으로 모여 커뮤니티의 공동된 목표를 위해 노력하는 과정에서 커뮤니티 아트로의 활동까지 이르게 되었다. 성미산 마을 주민들은 스스로의 삶의 질 향상을 위해 자발적으로 문화예술 동아리를 조직하고 축제를 마련했고, 자발적인 커뮤니티 아트의 긍정적인 사례로 각광받고 있다.

결국, 마을 공동체 회복은 '사람의 가치와 신뢰의 관계망'이 회복되고 있는 것이 중요하다. 성미산마을 문화 속에 담긴 핵심 가치는 문제 해결 및 소통, 자발적 참여와 협동이 이루어지면서 느림의 미학과 한데 모여 사는 정주성이 있는 곳으로써의 기본적 가치, 환경적 가치, 교육적 가치, 경제적 가치[33]에 다다를 수 있었던 커뮤니티 아트의 가장 모범적 사례이다.

(3) 참여예술로서의 커뮤니티 아트

커뮤니티 아트에서 배제할 수 없는 '예술'은 예술가와 관계 맺고 있다. 특히 예술 마을, 예술가 촌 등에서 발생되는 커뮤니티 아트로 볼 수 있다. 즉, 예술가가 주체가 되어 커뮤니티 아트를 진행하는 것이다. 이러한 예로 광주 대인예술시장을 들 수 있다. 대인예술시장에 자생적으로 예술가들이 모이면서 시작되었다. 대인예술시장의 경우 초기 예술가들의 자발적인 유입으로 시장 내 주민들과 예술을 매개로 소통하려는 시도로 참여예술로서의

---

33) 한상훈, 「성미산 마을 연구」, 석사논문, 국민대학교 대학원, 2011, p.28.

커뮤니티 아트가 전개되었다. 그 후 광주비엔날레와 관계 맺으면서 더 다양한 공공미술로의 활동들도 전개되었고, 2011년에는 커뮤니티 아트의 지향점에 근접한 지역주민들의 자발적인 문화예술 활동을 전개할 수 있도록 유도하고, 지속 가능하도록 지원하는 형태의 커뮤니티 아트로 발전해 있다.

위에서 살펴본 바와 같이 커뮤니티 아트는 주체에 따라 '지역진흥을 위한 커뮤니티 아트', '시민 예술로서의 커뮤니티 아트', '참여예술로서의 커뮤니티 아트'로 구분할 수 있으며 커뮤니티 아트에서 지향하는 바는 공동체성, 예술성, 지역성을 포함하고 있다. 또한 이 세 가지의 커뮤니티 아트의 통합이야말로 진정한 커뮤니티 아트의 모습이라고 할 수 있다.

3. 우리 마을 축제 만들기

(1) '마을'과 문화

마을의 사전적 의미는 '주로 시골에서, 여러 집이 모여 사는 곳'을 뜻하며, 비슷한 말로는 교리(郊里) · 동리(洞里) · 방리(坊里) · 방촌(坊村) · 이락(里落) · 촌(村) · 촌락 · 취락 · 향보(鄕保) · 동네 · 고장 · 고을 등이 있다. 또한 '이웃에 놀러 다니는 일'[34]을 의미하기도 한다. 이러한 사전적 의미와는 달리 '마을'이라는 단어는 '여러 집이 모여 사는 것을 넘어 서로 집안 사정을 속속들이 알 수밖

---

34) '마을'의 의미로 '마실'을 쓰는 경우가 있으나 '마을'만 표준어로 삼는다. (관련조항: 표준어규정 2장 4절 17항).

에 없는 친밀한 관계'를 떠올리게 하는 것을 알 수 있다.[35]

서울시 마을공동체 기본계획안에서는 마을 혹은 마을공동체
에 대해 '서로에 대한 이해와 소통을 바탕으로, 살아가는 데 필
요한 일과 활동을 공유하고, 공통의 문제를 함께 해결해가는 사
람들이 모여 있는 지역 혹은 마을에 관한 일을 주민이 결정하고
추진하는 주민자치 공동체(마을공동체 지원조례)'로 경제, 문화,
복지, 환경 등을 토대로 연결된 사람들의 관계망, 주민이 서로
얼굴을 알 수 있고 소통할 수 있는 범위, 행정구역 최소단위인
"동"보다 작은 규모로 규정하고 있다.

한편 '문화'에 대한 정의는 학자마다 다양하지만 결국 '인간이
만들어낸 삶의 양식의 총체'로 볼 수 있다. 사례를 든 성미산마
을은 마을 사람들이 추구하는 가치가 삶의 양식으로 반영되어
그들만의 문화를 만들었고 그 문화는 성미산마을을 지금의 모습
으로 이끌었다고 볼 수 있다. 따라서 그들이 추구하는 가치를 살
펴볼 필요가 있다.

성미산마을 문화 속에 담긴 핵심가치를 보면 첫째, 성미산마
을은 문제 해결 공간이다. 성미산마을은 태생이 공동육아라는
문제 해결을 위한 모임으로부터 출발했기 때문에 '성미산마을이
묵직한 삶의 큰 주제부터 작은 실천의 문제까지 함께 풀어가는
힘을 주는 문제 해결 공간'이다. 나만이 히어로가 아닌 우리 모
두가 히어로인 세상이 성미산마을에서는 이루어지고 있다.

둘째, 성미산마을은 소통의 장이다. 성미산마을에는 구성원들
이 공동출자해서 만든 마을 카페 '작은 나무'가 있다. 마을 주민

---

35) 한상훈, 「성미산 마을 연구」, 석사논문, 국민대학교 대학원, 2012, p.6.

들은 그곳에서 수다를 떨며 이야기꽃을 피운다. 이러한 소통과 나눔이 이제는 마을 소식지 '마을에서'를 통해서도 이루어지고 있다. 그리고 마을 극장에서는 사는 이야기를 함께 나누며 내・외부 구성원들과 소통한다.

셋째, 성미산마을에서는 자발적 참여가 이루어지고 있다. 공동육아, 성미산학교, 동네부엌, 되살림 가게, 마포두레생활 등 성미산마을에 있는 모든 시설과 프로그램에는 마을 구성원의 자발적 참여로 꾸려져 나가고 있다. 부모 입장에서 아이 입장에서 각각 참여를 하고, 시간과 노동을 투자하기도 하고 출자금과 같은 자본을 투자하기도 한다.

넷째, 성미산마을에서는 협동이 이루어진다. '나'와 '너'를 구분하지 않고 서로 존중하며 협동을 통해 문제를 해결해가고 있다. 나만이 히어로가 아닌 우리 모두가 히어로인 세상이 성미산마을에서는 이루어지고 있는 것이다.

(2) 성미산마을축제 프로그램의 지향점

성미산마을이 "꿈꾸는 마을", 즉 궁극적으로 지향하는 마을을 한마디로 규정하면 "행복한 지역 공동체"이다. '사람과마을'에서 작성한 마을안내 자료(사람과마을, 2010)를 살펴보면, 성미산마을이 생각하는 행복한 지역 공동체의 구체적인 상이 무엇인지 알 수 있다.[36]

---

36) 유창복, 「도시 속 마을공동체운동의 형성과 사례에 대한 연구: 성미산 사람들의 '마을하기'」, 석사논문, 성공회대학교 NGO대학원, 2009, p.140.

지향점-우리가 꿈꾸는 마을은?

1. 행복한 지역 공동체: 오래도록 살고 싶은 고향마을
2. 아름다운 생태마을: 안전하고 건강한 생활환경을 추구하는 도시 속 생태마을
3. 소통과 교류의 문화예술마을: 스스로 생산하는 문화, 지역민과 함께 향유하는 문화
4. 호혜적 지역경제: 인적·물적·역사적 자원의 호혜적 선순환 마을 경제
5. 생애주기 고려한 평생교육: 스스로 서서 서로를 살리는 마을 배움 공동체
6. 사회적 돌봄: 주민 참여와 협동에 의한 상호 돌봄의 실현
7. 주민자치: 주민과 행정의 능동적 협력을 통한 주민자치의 실현

하지만 이를 달성하기 위해 모든 구성원이 지켜야 하는 세부 지침이나 실천전략이 수립되어 있는 것은 아니다. 성미산마을의 조직들은 각기 독자적으로 운영되는 자발적 결사체의 성격을 가지기 때문이다. 그러므로 개별조직들이 각자의 분야에서 펼치고 있는 다양한 활동이 연계·수렴되어, 결과적으로 성미산마을이 구성원들에게 "오래도록 살고 싶은 고향마을"이 되길 희망하는 것이라고 볼 수 있다.

문화 프로그램은 마을기업에서 운영하는 성미산마을극장, 문화공간으로는 릴라 hearing & art와 마을서재, 동아리로는 성미산마을 어린이합창단, 동네사진관(사진동아리), 맘품앗이(여성인

문학동아리), 세노채(세상을 노래로 채우기: 창작 오페라, 마임 등), 물뜨네(물수제비 뜨는 네모: 영상동아리), 성미산풍물패, 성미산 FC(축구회), 썬더볼트 야구단, 무말랭이(극단), 성미산노래패 진동, 두레생협 합창단, 아마밴드, 드로잉 마임, 미디어로는 공동체라디오 마포FM이 있다.[37)]

(3) 문화마을 만들기: 성동구

성동구는 한강과 중랑천, 청계천이 흐르고 남산에서 이어지는 산줄기가 용산구-중구의 경계면을 따라 청계천과 응봉까지 이어진다. 전체 면적(16.84㎢)의 약 19.9%(3.35㎢)가 물 및 수변공간이며, 서울숲과 중랑물재생센터가 넓은 면적을 차지하고 있다. 33만 명 정도의 인구가 거주하는 성동구는 주거지역(61.7%)을 중심으로 상업(2.6%), 준공업(12.6%), 자연녹지(23.1%) 지역으로 구성되어 있으며, 주택재개발 사업을 통해 주거환경을 개편해나가고 있다. 새로운 주거공간을 중심으로 비교적 젊은 세대 비율이 높아 어린이들의 분포가 높다. 한강과 중랑천, 청계천 둔치와 성동구 동쪽의 평지는 자전거를 이용한 친환경 교통체계를 구축할 수 있는 잠재력이 매우 높다. 서울의 주요 간선도로인 강변북로와 동부간선도로, 내부순환도로가 성동구를 가로지르고 있으며 뚝섬 준공업지역에는 국내외 유명 브랜드 자동차 정비소가 밀집되어 있다.[38)]

37) 송지선, 「대안적 마을공동체에 있어서 축제의 의미와 기능」, 석사논문, 고려대학교 대학원, 2012, pp.28~30.

38) 성동구 홈페이지 http://www.sd.go.kr

성동구는 지난 지방자치 민선 4기 이후 서울특별시 성동구에서 도시브랜드 제고를 위한 디자인도시 만들기를 위하여 동 디자인 문화거리 조성사업과 좋은 간판 만들기 사업을 추진하면서 전국에서 최초로 지역주민들을 참여시켜 성공적으로 추진하였다.

거리를 디자인을 통해 문화공간으로 발전시키려는 취지에서 서울시는 '서울르네상스 거리', '디자인 서울거리' 조성 사업을 추진하였으며, 성동구는 이 사업을 확장시켜 동별로 디자인된 문화거리를 조성하는 '동 디자인 문화거리' 사업을 추진하였다.

〈표 2〉 동 디자인 문화거리 조성사업 개요

사업규모	사업비	사업기간	사업내용	기타
1,953m (13개소)	34억 4천만 원	2008.4~2009.12	−공공시설물정비 −민간시설물정비	주민 사업추진위원회 구성 사업 참여

성동구 관내 이면도로라는 특징을 최대한 표출할 수 있도록 기본계획과 실시설계용역을 실시하여 도로의 본래 기능인 보행자의 안전 확보는 물론, 보행자에게 쾌적한 보행 공간 제공과 함께 시각적 즐거움과 휴식공간으로서의 기능을 포함하는 차별화된 정비계획을 수립하였다. 지역의 역사, 유래, 문화, 자연 등을 나타낼 수 있는 구간(블록)별 테마를 설정하고 각종 소규모행사, 축제, 이벤트 등 거리공연을 수행할 수 있는 공간이 가능한지 검토하여 무분별하게 진행된 가로설계의 관행에서 탈피, 추후 유지관리를 고려한 통합적인 환경개선 방안을 구상하였다.

또한 실시설계를 하는 과정에서 동별 동장을 중심으로 구청관계자 및 용역사가 공동으로 동별 주민설명회 등을 개최하여 훼손된 도로와 보도, 보안등, 가로수, 펜스 등 공공시설물의 개선에 관한 주민의 의견을 적극 반영하였다.

그 사례로 ① 왕십리 도선동 디자인 문화거리, ② 좋은 간판 만들기(인·허가부서 경유제),[39] ③ 가로환경 개선을 위한 노점상 정비, ④ 도시 브랜드 제고를 위한 기타 도시경관 조성사업(왕십리 광장 조성 및 서울거리 르네상스 사업, 청계천 하류 특성화 개발)이 있다.[40]

본 강의 내용들을 통해 성동구 주민으로서 우리가 가지고 있는 재능과 상상력을 동원하여 우리 마을 문화예술 프로그램을 만들어보는 창의적인 시간이 되기를 바란다.

---

39) 성동구는 2006년부터 "시작부터 좋은 간판 만들기" 사업을 추진하고 있다. 그 첫 시작은 부동산중개업소를 통한 점포 계약단계에서의 "좋은 간판 디자인 안내", "불법광고물 자진정비 안내" 등 홍보에서 출발하였으나 2008년 4월부터 본격적인 간판정비를 위한 특수사업으로 "인허가 시 광고물팀 경유제" 또는 "사전허가제"라는 이름으로 모든 인허가 부서에서 인허가 신고 접수 전에 광고물관리팀에 경유하도록 하였으며 옥외광고물 설치 문제부터 자세한 안내를 받아 간판정비 또는 표시허가 절차를 진행할 수 있도록 하였다.

40) 한경석, 「도시브랜드 제고를 위한 디자인거리 조성방안에 관안 연구」, 석사논문, 한양대학교 행정자치대학원, 2010, pp.93~136.

12장 문화시민과 문화국가

오늘날의 시민들은 글로벌시대를 살아가면서 "어떻게 사는 것이 행복하게 사는 것인가"가 화두다. 이제는 먹고살기에 힘을 기울였던 고단한 삶이 아니라 '삶의 질'이 중요하게 생각되는 시대를 살고 있다. 또한 나라마다 문화가 국가이미지를 상징하는 시대에 '문화적 삶'은 점점 더 당연한 과제로 떠오르고 있다. 따라서 문화와 예술은 일부만이 누리는 '상징재'가 아니라 누구나 함께 즐길 수 있는 '경험재'로서 국가는 이를 위한 지원을 아끼지 말아야 하는 시대이다. 이에 따라 시민들의 자발적 문화 활동을 통해 문화예술이 생활화되는 방법들에 대해 살펴보고자 한다.

1. 민주사회의 문화시민

(1) 문화향수 실태

한국사회는 1990년대를 기점으로 큰 변화를 겪게 된다. 이전까지는 억압적 국가기구를 중심으로 한 강력한 성장일변도의 통제정책 속에서 개인들이 사사롭고 자유롭게 표현하는 문화예술 활동과 참여를 통한 소통의 장이 극도로 억제되었다. 제2차 세계대전 이후 1980년대 말까지 약 40년간 범세계적 수준에서 형성된 '냉전·국가주의' 프레임에 갇혀 한국적 특수성인 '분단·국가주의'에 의해 적극적으로 참여하는 공론의 장은 봉쇄되었기 때문이다. 그러나 1989년 베를린 장벽의 붕괴를 시작으로 1991년 소련의 해체에 이르는 소련·동유럽 정권들의 몰락으로 이념전쟁을 뒷받침했던 반공이데올로기시대는 종말을 고했다.

따라서 1990년대 말에서 2000년대 초반까지 대표적 문화기반시설인 공공 공연시설은 유례를 찾아보기 어려울 정도로 급속히 확대된다. 1950년 4월 29일 국립극장이 설립된 이후 420개의 공공 공연시설이 운영되고 있었는데, 그중 43.4%가 1995년부터 2004년까지 개관된 것이다. 1995년부터 2011년까지는 71%에 달하는 시설이 집중적으로 건립되었다.

하지만 개인의 문화향수 실태를 조사한 결과를 보면, 국가가 중점적인 정책으로 구축한 문화기반시설에 대해 심각하게 저조한 참여율을 보임을 알 수 있다. 문화체육관광부의 통계에 나타난 문화향수실태조사에서 <표 3>을 보면 2003년부터 2010년까지 조사한 내용에서 문예회관 연간 이용률은 10명 중 1명 정도가 방문하고 있으며, 연평균 문화행사에 참여하는 횟수도 1회를 넘지 못한다.[41] 이렇게 문화시설의 문화행사에 참여하기 어려운 이유는 '좀처럼 시간이 나지 않는(29.2%)'과 '관심 있는 행

---

41) 문화체육관광부는 2000년대 들어 격년마다 꾸준히 문화향수실태조사를 진행해오고 있다. <표 3>은 문화체육관광부 통계포털 http://stat.mcst.go.kr '문화예술 향수실태' 중 '문화시설이용'을 참조하여 재구성한 것이다.

사가 없다(27.4%)'가 주류를 이룬다. 즉, 절반이 넘는(56.6%) 사람들에게 문예회관은 적극적인 유인력을 주지 못하고 있다는 것이다.

<표 3> 문예회관 연간 이용률과 연평균 참여횟수

연도	2003	2006	2008	2010
문예회관 연간 이용률(%)	11.6	11.3	11.5	11.5
문예회관 문화행사 연평균 참여횟수(회)	0.2	0.2	0.2	0.2
표본 수(명)	2,000	3,000	4,000	5,000

하지만 예술행사 관람의향이 있다고 응답한 비율은 74.5%에 이른다. 전국의 공공 공연시설 420개 중 중앙정부시설(문화부에서 건립기금과 운영자금을 보조하는 시설)이 7개(1.7%), 문예회관(문화부에서 건립비를 지원받은 공공 공연시설)이 204개(48.6%), 기타 공공시설(등록공연장 중 문화부에서 건립비를 지원하지 않은 공공 공연시설)이 209개(49.7%)라고 할 때 중앙시설을 제외하고는 대부분 주민의 생활과 밀착되어 문화 향유 충족을 위해 운영되어야 할 시설들이다.

문예회관의 경우, 국가가 중점정책으로 설정하고 막대한 예산을 들여 문화기반시설을 설립하여 운영함에도 불구하고 이처럼 시민들의 참여율이 극도로 저조한 현상이 발생하는지 원인을 살펴볼 필요가 있다.

또한 2000년대 들어 디지털 기술의 발전과 더불어 온라인을 기반으로 한 새로운 기술력을 가진 커뮤니티 활동이 폭발적으로 생성되었다. 이에 따라 개인의 취미와 기호가 공동의 관심사로 발전되고 오프라인의 자발적인 행위로까지 이어지게 된다. 그 예로 서울 마포의 성미산극장, 인천의 시민문화예술센터, 성남의 사랑방문화클럽은 시민의 자발적 문화 참여 활동을 대표하는 것으로, 성남의 경우 1,000개가 넘는 시민문화예술 동호회가 이미 지역에서 문화공헌 활동 등 능동적인 문화 활동을 펼쳐 나가고 있다.

(2) 지역사회 공동체와 문화예술교육

일반적으로 지역사회를 영어로는 커뮤니티(community)라고 한다. 일반적인 지역사회 혹은 커뮤니티 정의를 살펴보면 생태학적인 관점에서 인구가 밀집된 환경에서 공유되는 상호적 유기체의 모임을 뜻한다. 인류 공동체, 인터넷, 신뢰, 자원, 퍼포먼스, 요구, 위험 그리고 많은 다른 상황들이 그들의 결합의 종류와 참여의 정체성에 영향을 미치며 현존하고 공존한다. 즉, 지역사회는 그것을 구성하고 있는 유형·무형의 요소들이 서로 유기적인 관계를 맺으면서 상호작용하는 공간이다.[42]

여기서는 동일한 지역을 기반으로 그 영역 안에 함께 거주하는 사람들이 상호 긴밀한 관계가 형성되어 잘 유지되고 있으며, 이러한 관계를 통해 개인 혹은 마을의 어려움을 함께 해결하는 형태의 주민관계를 지역 공동체라고 부르고자 한다.

지역사회는 세계화(globalization)라는 시대의 조류와 함께한

---

42) 이윤진, 「자생적 지역공동체 문화예술활동의 평생교육적 의미와 역할」, 석사논문, 숭실대학교 일반대학원, 2012, p.6.

다. 세계화로 인해 국가의 경쟁력 증진에 대한 관심을 갖기 시작하면서 개인의 지역사회에 대한 위치와 역할에 대해 초점이 맞춰지고 있다. 지역사회의 경쟁력 향상을 위해서 구성원들 각각의 역량증진으로 연결되기 때문이다. 또한 지역사회의 구성원인 개인이 태어나서 살아가면서 가장 관심 있는 부분이라고 하는 것이 바로 '얼마나 행복하게 사는가'이다.

또한 이즈음에는 가상공간이라는 새로운 커뮤니티의 개념이 등장함에 따라 커뮤니티의 새로운 역할에 대해 의견이 분분하다. 그렇지만 결국 인간 사이의 연대를 형성하는 데 있어 인간은 혼자 살 수 없는 사회적 동물이다. 이에 근거하여 온라인 커뮤니티의 한계를 뛰어넘는 지역사회 내의 공동체로서의 역할과 구성원인 주민의 역할이 다시 강조되고 있는 것이 현재의 모습이다. 결국 지역사회의 여러 문제 해결과 더 살기 좋은 지역을 만들기 위해 인간이 면대면으로 직접적으로 교류를 하며 자발적으로 참여하는 근본적인 요건이 더욱 강조되고 있다.

한편 지역사회 공동체에 있어서 문화예술교육은 평생교육의 개념으로 받아들일 필요가 있다. 문화예술 활동 자체가 비형식 학습으로써 평생교육의 테두리 안에서 이해되어야 한다. 이는 기존의 문화교육과 예술교육이 지향하는 목표와 내용을 토대로 문화와 예술을 다른 개념으로 정의한 것이 아닌 유기적으로 긴밀한 관계가 있음을 전제로 교육적인 역할을 강조한 것으로 볼 수 있다.[43]

예술을 통하여 '지금 여기'에 있는 자신의 존재감과 정체성을

---

43) 상게서, p.7.

발견하고, 세계와 소통하며 문화 공동체에 참여할 수 있도록 지원하고 교육하는 것으로 이를 위한 교육의 과정에 자아정체성의 탐구와 공동체 의식 형성을 위한 예술교육의 내용이 포함되어야 한다.[44] 그리하여 사회의 상징적 체계를 통해 구성원들끼리 자발적으로 문화를 형성하며 예술을 통한 감정의 공감대를 형성할 수 있는 연결고리를 발견하게 될 것이다. 감정의 공감은 결국 사람을 움직이게 하는 힘이 되고 그것을 통하여 *끈끈한* 유대감을 형성할 수 있다.

이와 같이 문화예술교육은 개인의 삶의 질 향상뿐만 아니라 지역사회에 대한 이해확장, 연대성 강화, 지역의 문화적 역량 제고라는 측면에서도 매우 중요한 요소이다. 따라서 지역사회와 개인은 문화예술을 통해 소통될 수 있으며 정체성 확립과 공동체의 발전을 도모할 수 있다. 더 나아가 인간존엄성을 실현할 수 있는 문화예술의 역할도 기대할 수 있다.

2. 관객이란 누구인가

(1) 사회적 환경변화에 따른 관객의 인식 변화

Hudson(1987)은 문화예술을 다루는 기관들은 그들의 목적과 경영은 사회의 문화에 영향을 받기 때문에 나라마다 다르지만 서로 간의 공통점을 갖고 있다고 지적한다.[45] 예를 들면, 박물관

---

44) 김선아, "사회문화예술교육강사 교수 활동 매뉴얼 개발연구-아동복지시설", 한국문화예술교육진흥원, 2009, p.24.

45) Hudson, K., Museum of Influence, Cambridge University Press, 1987.

환경은 미국이나 일본에 이르기까지 나라마다 다르지만, 박물관이라는 점에서 일치한다는 것이다. 이것은 공연예술의 경우도 다르지 않다. 극장, 클래식 음악, 오페라, 무용에 대해서도 동일하게 적용된다고 할 수 있다.

공연예술단체들도 고유의 목적을 달성하기 위해 단체가 처한 내부적·외부적 환경에 대해 새롭고 창의적인 접근 방식이 필요하다는 의미이다. 특히 현재의 관객들은 새로운 문화 소비자로서 새로운 정보기술의 발달로 라이프스타일, 욕구, 흥미, 선호하는 것들이 매우 다양하게 나타나기 때문이다. 따라서 관객으로서의 수용자의 의미도 사회적 환경변화에 따라 변화한다. 이는 수용자의 공연 접촉 행태의 변화를 불러올 수 있다.

첫 번째, 물리적 환경의 변화로 주거환경과 도시화, 공연장 확대에 따른 관객의 의미 변화이다. 도시 중심으로 펼쳐지는 공연예술의 현상은 공연예술 산업으로의 진입 장벽 등으로 인해 소수의 거대 공연 단체들이 고용, 관객, 티켓 판매 수입 등에서 산업 전체를 지배하는 과점(oligopoly)적 형태를 띠고 있다. 승자독식의 예술단체들은 주로 대도시를 중심으로 활동하기 때문에 인구집중도를 넘어 지역적 편차가 크다고 주장하고 있다.[46] 결국 대도시의 집객 현상은 예술가와 예술인들이 대도시를 떠날 수 없게 하며 지역 간의 문화적 불균형의 문제를 일으키고 있음을 알 수 있다. 이제 관객이 없는 곳은 예술가들도 존재하기 힘들다는 의미이다.

또한 물리적 환경 변화에 따라 문화예술 관객 역시 주거환경

---

46) 임상오 외, 『문화경제학 만나기』, (파주: 김영사, 2001), p.68.

이 좋은 대도시에 살면서 공연예술을 향유하는 기회가 많은 공연장을 중심으로 여가 활동을 하기 때문에 공연예술단체나 기관들은 이러한 현상에 발맞추어 나가고 있는 것이 현실이다.

두 번째, 경제 환경변화로 저소득에서 고소득으로의 변화이다. 소비자에게 경제적 상황은 매우 중요한 역할을 한다. 소비자의 경제적 상황이 불황이거나 경제적 상황이 민감한 사람이라면 공연예술에 대한 구매력이 낮아질 수밖에 없다. 그렇다면 저소득층의 사람들은 언제나 늘 문화예술을 향유할 수 없는 것인가에 대한 회의적인 반응에 대해 부르디외의 '문화자본'에 대한 이해가 필요하다.

기존의 소위 고급예술은 소수의 특정계층에 의해서 향유되어 왔다. 예술가, 비평가, 그리고 이들을 후원하는 예술기관 및 상층계급 구성원들로 구성된 이들은 블록 패러다임[47]에 있어서의 예술이란 소수 사회집단의 전유물임을 공고히 제도로서 구축해 왔고, 이에 반해 예술은 일반시민들의 일상생활 영역으로부터 분리되었다.[48] 부르디외(1994)는 이 같은 블록 패러다임의 예술적 취향은 '문화자본'으로 정의하고 있다.[49]

그에 의하면 자본의 유형은 문화자본(cultural capital), 사회자본(social capital), 상징자본(symbolic capital)으로 나뉜다. 여기서 문화자본은 기본적으로 사회계급에 따른 개인의 불평등한 능력

---

47) 전통적인 예술 생산과 소비의 패러다임을 상호 간 침투하기 힘든 폐쇄적 사회관계를 빗대어 블록(block)이라고 표현한다.

48) 한도현·박승현, "2단계 5개년 창조시민·창조공간·창조도시", 성남문화재단, 2009, pp.16~22.

49) Bourdieu, Pierre, Distintion: A Social Critique of the Judgement of Taste, trans, Richard Nice, London: Routledge, 1984.

을 말하며 개인이 체화(體化) 또는 체득(體得)한 교양 또는 교육을 의미한다. 이는 '예술작품 이해 능력'으로서, 신분, 교육, 소득 등에 의해 취득되고 체화되며 특정 사회 블록 안에서만 독점적으로 유통되는 자본인 것이다. 문화자본으로서의 예술 취향의 가장 중요한 효과는 바로 '구별(distinction)'이다. 즉, 예술은 자신이 다른 사람보다 우월함을 상징적으로 입증하는 구별의 표식이다. 이 같은 점에서 보면 블록시대의 고급예술은 참여의 확장을 추구하는 민주주의의 원칙과 충돌하는 면이 없지 않다.

사회자본은 이른바 지속적인 사회적 관계망의 점유 또는 특정 집단에의 소속 등이 사회자본이다. 마지막으로 상징자본은 권위와 명예의 재생산에 투입되는 의례(儀禮)와 전략 등을 포함하는 매우 유동적인 성질의 자본으로서 경제적 계산으로 설명될 수 없다는 것이다. 예를 들면, 지명도가 높은 예술가의 작품가격, 개런티 등이다. 여기서 중요한 점은 경제자본이 상징자본으로 전환되어 표면상 드러나지 않고 은폐되는 경우도 있다는 사실이다. 이러한 경제자본의 전환 및 은폐현상은 문화소비양식이 다원화된 사회일수록 그 가능성이 높다.[50] 요즘 우리 사회에서 기업인이나 유명정치인이 고가의 미술작품을 사재기하는 것과 무관하지 않다.

한편 문화예술 수용은 문화자본의 소유 정도에 따라 실현되는데, 고소득의 시대를 보는 긍정적 시각으로는 소비재 이외의 문화적 재화로의 전환이 급속히 늘어난다는 것을, 부정적 시각으로는 양극화 현상으로 인해 사회는 더욱 '계층화(stratification)'되

50) Bourdieu Pierre, 정일준 역, 『상징폭력과 문화재생산』, (서울: 새물결, 1997), pp.28~33.

어 갈 수 있다는 것을 보여주고 있다.

이러한 '계층화'는 공연예술 안에서도 장르의 선호도에서도 나타난다. 고급예술로 정의되는 클래식이나 오페라는 문화자본, 사회자본, 상징자본이 없다면 접근하기 어렵다는 점이다. 오페라를 보기 위해서는 먼저 오페라의 내용과 음악에 대한 기초 지식이 필요하며, 그것이 아닌 단순한 경험의 차원으로 가기에도 가격 장벽이 다른 예술에 비하여 높다는 점이 이를 입증한다.

이에 비해 뮤지컬은 대중음악으로서 쉽게 접근할 수 있는 음악으로 구성되어 있으며 전문지식 없이도 공연장에 가서 즐길 수 있고 가격대도 오페라보다는 저렴하므로 모든 계층이 즐길 수 있다는 점에서 가장 선호하는 장르가 되고 있다.

한편 공연예술의 경우 소득에 관련된 연구에서 김원명(1996)은 공연예술의 경우 입장 수요가 소득에 대해 탄력적이라는 사실은 경험해보지 않은 사람조차도 예측할 수 있다고 한다. 이는 소득이 안정되지 않은 경우 의식주나 의료서비스 등 일상에 필요한 것에 대한 지출이 우선이기 마련이고 오페라나 연극, 뮤지컬 같은 문화생활의 지출은 남은 소득으로 지출되기 때문이다.[51]

그러므로 소득 변화는 공연예술의 수요를 증가시키고 관객으로서의 수용자는 잠재관객에서 참여관객으로 돌아올 수 있는 의미를 가지므로 소득 변화는 매우 중요한 변수라고 할 수 있다.

세 번째, 기술 환경의 변화로서 기술발달에 따른 다양한 공연 접촉 매체의 등장이 있다. Radio, TV, MP3, CD, DVD Player 등의 매체들은 현재의 관객 구성에 변화를 주는 원인이 되고 있다.

---

51) 김원명, 「예술경제학의 이해」, 음악과 민족, No.12, 1996, pp.147~48.

이러한 매체에 참여하는 자발성의 정도에 따라 나눈 사회학자인 Abercrombie와 Longhurst(1998)는 예술 소비자인 수용자들을 <표 4>와 같이 다섯 가지로 분류하였다.

첫 번째로, 소비자 범주에 속하는 사람의 경우, 이들은 체계적이지 않은 취향을 가지고 문화예술 콘텐츠를 가끔씩 즐기는 것에 만족한다고 보았다. 이들의 예술 향유방식은 다른 사람과 함께 참여하는 데까지 이르지 않으며, 관람 횟수는 1년에 한 번 정도인 사람들이다.

두 번째, 애호가 그룹은 자신이 선호하는 장르 자체를 즐기는 사람들이다. 이들은 프로그램을 선택할 때 과거에 즐겼던 특정 내용에 기반을 두고 선택한다. 세 번째, 열광자는 다른 열광자들과 함께 자기가 좋아하는 예술 작품에 대한 공통된 관심사를 가지고 있으며 커뮤니티를 형성하려는 욕구가 있다.

네 번째, 마니아 수준의 관여도를 가지게 되는 사람들은 오히려 특정 스타나 프로그램에 대한 애착 대신 자기가 좋아하는 장르를 하나의 고급한 예술 반열에 올려놓고 싶어 한다. 다섯 번째, 소극적인 생산자는 관여도가 매우 높아 자기 스스로 아마추어 수준의 작품을 제작하기 시작한다. 자신의 관심사를 중심으로 생활하는 것에 만족하지 않고 자기가 좋아하는 예술 장르와 관련된 직업을 찾으려는 사람들이다.[52]

이러한 매체 변화에 따른 모델에 따라 문화예술 기관들은 예술 소비자 집단인 관객의 의미가 변화한다는 것을 인식하여야

---

52) Abercrombie, N. and Longhurst, B, Audience: A SociologicalTheory of Performance and Imagination, Sage, 1998.

하고 그들이 공략해야 할 대상은 당연히 열광자와 마니아 수준의 관객일 테지만 잠재적인 소비자를 위한 다수의 노력들이 계속되어야 한다.

예컨대 음악의 경우도 예전의 음악 교과서나 음악이론서적, 악보 등의 출판물과 LP, 카세트테이프 등의 아날로그 형태에서 e-book, DVD, MP3, 컴퓨터 프로그램 등의 디지털 형태로 다변화된 매체에 활용되기 위해 변화되어가고 있다.[53] 이에 따라 음악예술수용자들을 능동적인 관객이 되기를 원한다면 새로운 미디어 기술에 의해 과거에 담아내지 못했던 문제점들을 해결할 수 있어야 한다. 즉, 디지털 교육의 특성과 디지털화의 산업적 특성을 이용하여 좀 더 적극적으로 관객들을 유인할 수 있는 온·오프라인에서의 방법을 모색하여야 한다.

〈표 4〉 매체 사용 모델

소비자	매체를 소량 사용하는 일반적인 사용자
애호가(Fan)	스타와 프로그램에 초점을 맞추는 사용자
열광자(Cultist)	관련된 사회 활동을 하는 다량의 전문적 사용자(집단으로 표현)
광신자 (Enthusiast)	조직적 활동을 하며 전반적 매체 형태에 진지한 관심을 가진 사용자(조직이라 표현)
소극적인 생산자 (Petty Producer)	매체 형태의 아마추어 제작자

(2) 가치변화에 따른 관객의 인식 변화

가치란 사람들이 어떻게 살 것인가에 영향을 미치는 도덕적

---

53) 김진수, 「음악교육 디지털 콘텐츠의 사례분석」, 석사논문, 추계예술대학교 문화예술경영대학원, 2007, p.5.

원칙들로, 가족과 사회의 가치, 그리고 개인의 직접적 경험으로
부터 영향을 받는다. 가치는 정기적으로 변화하는 유행이나 선
호와는 관련이 없으며, 어떻게 살아야 하는지 그리고 인생에서
무엇이 중요한지에 대해 깊게 자리 잡은 믿음이다. 그것은 지위
의 중요성, 개인의 권위, 지식 대 경험의 중요성, 그리고 사람과
문화 간 관계에 대한 신념을 포함한다.

시대적 상황으로 보면 1930~1940년대에 성장한 사람들의 가
치는 불황과 전쟁의 세월에 의해 형성되었다. 그 당시 사회는 권
위의 필요를 경험하였고 그래서 어려운 시대에 살아남을 수 있
었다. 그러나 그다음 세대는 그전 세대와는 매우 다른 경험을 하
였고 결과적으로 다른 가치를 가지게 되었다. 1960년대에 성장
한 사람들은 권위로부터 개인의 자유가 강조되었던 시대에 사회
화되었다. 비록 이 출생 집단이 외향적으로는 부모로서 또는 직
업인으로서 그들의 부모와 같은 인생의 단계에 들어섰을 때도,
사회적 자유주의에 대한 그들의 태도는 변하지 않았다.

현 세대의 청년들은 더욱 개인주의적이고 안정을 추구하지 않
는다. 대신 그들은 모험을 추구하는데 이러한 점은 이전 세대와의
커다란 차이점을 가진다. 이전 세대에게 중요했던 안정과 사회,
자유주의에 대한 관심이 이제 자극적인 것을 추구하는 현 세대에
게는 당연하게 받아들여지고 있다.[54] 이러한 관객들이 갖고 있는
가치변화는 공연문화에 대한 인식에도 변화를 가져오고 있다.

특히 하위문화는 우리나라의 경우 뚜렷한 소비 양식의 차이가

---

54) 보니타 M. 콜브, 이보아·안성아 역, 『문화예술기관의 마케팅』, (파주: 김영사, 2005),
pp.84~85.

나타나는데 이것은 연령적인 구분에 의한 세대 간의 차이이다. 해방 이후 지속적으로 정치적인 격변과 급격한 경제 발전을 이루면서 이른바 경제적·문화적으로 성장 배경이 전혀 다른 여러 세대가 한 사회 내에 공존하게 됨으로써, 세대 간의 문화적 전승이 제대로 이루어지지 못하여 오히려 이전 세대와는 전혀 다른 소비 양식이 다음 세대에서 나타나는 결과를 불러왔다.

특히 본격적인 공연관객이 형성되기 시작한 것이 불과 10여 년 안팎이기 때문에 클래식 음악 공연장의 관객층을 보면 20~30대 젊은 층이 주류를 형성함으로써, 50~60대 중장년층이 주류인 서구 공연장과 대비를 이루고 있다. 우리나라가 서구와 달리 대체로 20~30대의 젊은 관객층이 많은 것은 그 이전 세대의 경우 경제적인 여건과 그 밖의 여러 가지 제약으로 인해 공연 소비가 생활양식으로 자리 잡기 어려웠기 때문으로 추정된다.[55]

한편 문화는 특정의미가 붙여진 개인 또는 단체 활동의 소산으로 간주된다. 따라서 '상위 문화(high culture)'는 유명한 예술가의 결과물에 적용되기 위해 사용될 것이고, 반면에 '하위문화'는 TV 드라마 프로그램에 적용될 것이다.[56] 공연예술의 경우 수용자의 공연인식은 상위문화로서의 클래식 문화(classic culture)와 하위문화로서의 대중문화(popular culture)에 대한 인식 변화에서도 나타난다.

예를 들면, 미국의 경우 2001년 9·11테러의 충격이 미국인들의 삶에 크나큰 영향을 미쳤음에도 불구하고 미국인들의 음악

---

55) 김주호 외, 『예술경영』, (서울: 김영사. 2002), pp.112~114.
56) Greg Richards, 조명환 역, 『문화관광론』, (서울: 백산출판사, 2000), p.35.

라이브 공연 참여는 큰 변화 없이 유지되었다. 그러나 창작/클래스의 경우 미국 성인들이 공연 예술 부문에 직접 참여하여 연주를 배우거나 연기, 무용, 창작클래스를 이용하는 비율과 그 수는 <표 5>와 같이 10년간 많이 줄어든다고 나타났다. 특히 클래식 음악과 뮤지컬, 무용 분야에서 큰 폭으로 하락하였는데, 그 하락률은 클래식이 가장 가파른 수치를 보인다. 전체적으로 하락 추세를 보이지만 합창과 무용 부문은 여전히 가장 높은 참여율을 보인다.

〈표 5〉 10년간 미국 성인의 공연 예술 공연 및 창작/클래스 참여율[57]

구분	장르	성인 참여율(%)		성인 참여 수(백만 명)	
		1992	2002	1992	2002
음악 부문	재즈	1.7	1.3	3.2	2.7
	클래식	4.2	1.8	7.8	3.7
	오페라	1.1	0.7	2.0	1.4
	합창	6.3	4.8	11.7	9.8
	작곡	2.1	2.3	3.9	4.7
연극 부문	뮤지컬	3.8	2.4	7.1	4.9
	연극	1.6	1.4	3.0	2.9
무용 부문	발레	0.2	0.3	0.4	0.6
	무용	8.1	4.2	15.0	8.6

다음 <표 6>는 인구통계학적 특성으로 본 공연 관람 평균연령의 변화를 나타낸 것으로, 성, 연령, 소득 수준 등 인구통계학적 참여율과 그 변화에서 우선 라이브 공연을 관람한 미국 성인 전체의 평균연령은 조사 표본의 평균치가 45세(2002년)인 가운

---

57) 강윤주 외 4인, 『한국의 예술 소비자』, (서울: 경희대학교 출판부, 2008), p.74.

데 클래식과 오페라가 각각 그보다 4세, 3세가 높은 49세와 48세로 나타난 반면, 재즈는 43세를 기록했다. 또 클래식 공연을 관람하는 인구의 평균연령은 다른 모든 장르보다 높다. 재즈의 경우는 10년 동안 평균연령이 6세나 높아졌다. 공연 전체로 볼 때 10년 전에 비해서 공연 관람 평균연령은 3세 증가하였으니, 여기서도 인구 고령화의 모습을 볼 수 있다.

성별 관람률에서는 여성이 남성보다 모든 장르에서 높게 나타났으며 음악 부문에서는 클래식에서 더 많은 차이를 보였다. 연령별 관람률의 경우 재즈에서는 젊은 층 중심으로 고르게 나타나는 특징을 보이고 있으나, 클래식에서는 45세에서 64세까지 높은 연령층이 더 많이 관람하는 것으로 나타났다.

〈표 6〉 공연 관람 평균연령(1992~2002)

범주	평균연령(1992)	평균연령(2002)	증감(1992~2002)
표본	42	45	+3
재즈	37	43	+6
클래식	45	49	+4
오페라	45	48	+3
뮤지컬	43	45	+2
연극	44	46	+2
발레	40	44	+4

나라마다 조금씩의 차이는 있으나 클래식은 40대 층에 인기가 있고 뮤지컬이나 재즈의 연령도 점점 높아지고 있다는 것은 그만큼 공연예술의 연령층이 고령화되고 있으며, 미래의 관객들은 나이 든 사람이든 젊은 사람이든 다양한 연령층의 수용자들이 생겨나고 있음을 알 수 있다.

이러한 현상은 모든 사람이 주류 문화에 속한 일상적 인간이면서도 소극적이든 적극적이든 다양한 하위문화에 노출되어 있고 이것에 이끌려 교류하면서 혹은 그 속에 몰입하여 자기 정체성을 추구하고 있다고 볼 수 있다.[58]

그러므로 수용자가 수용하고 싶은 것이 클래식 문화이든 대중문화이든 현재의 관객들은 클래식 문화(classic culture)가 엘리트만을 위한 것이 아니며 대중문화(popular culture) 역시 Marcuse, H(1964)[59]가 주장한 것처럼 대중이 자발적으로 참여할 수 있도록 능동적 의식을 고취시킬 수 있는 역할을 다한다면 진정한 의미의 대중문화가 될 수 있다. 따라서 오늘날의 대중들은 이 두 문화에 대해 균형 있는 시각을 가진 새로운 문화수용자라는 것을 예술기관들은 간과해서는 안 된다.

3. 미래의 관객

(1) 자발적 문화 참여형 시민

문화예술이 구조적 변화에 처한 요인은 첫째, 교육받은 중산층 계급이 등장하면서 문화자본이 민주화했기 때문이다. 둘째, 중산층을 주요 고객으로 삼음에 따라 예술제도가 대중화되었다는 것이다. 셋째, 이에 따라 예술과 삶의 접점이 넓어졌다는 것이다. 이와 같은 변화 과정 속에서 예술 숭배의 신화가 무너지고

---

58) 현택수, 『일상 속의 대중문화 읽기』, (서울: 고려대학교 출판부, 2003), p.194.

59) Marcuse, H, One-Dimensional Man: Studies in the Ideology of Advanced Industrial Society, Beacon Press, Boston, 1964.

있다. 예전에는 아마추어의 진지하지 않은 여가 생활로 여겨졌던 활동을 다른 이론적 관점과 정책적 프레임에 의거하여 재정의하기 시작한 것이다.

이에 따르면, 문화예술은 전문가들의 창작과 일반인들의 감상이라는 고급예술 또는 상업예술의 닫힌 원환으로부터 빠져나와 지역사회와 일상 속으로 스며들어 다양한 가치와 효용을 생산한다. 예술은 미시적인 사회관계 내로 들어와 그 안에서 작동하며 일상적 삶과 인간관계를 긍정적으로 변화시키는 자원이 된다. 결론적으로 말하면 새로운 예술생산과 소비의 패러다임은 블록이 아니라 '그물망(web)'을 형성하며, 구별이 아니라 결속(bonding)과 연결(bridging)의 효과를 야기한다.

이제 예술은 물신화된 숭배 대상이 아니라 창의성(creativity)과 혁신(innovation)이라는 보다 근본적인 가치를 구현하는 장치이자 과정이다. 예술이 이제 '나'로부터 시작하여 '공동체'에서 완성된다는 것이다. 그러한 문화 공동체가 형성되기 위해선 그에 필요한 다양한 제도적 조건들이 필요하다. 더구나 문화 공동체는 현대사회에서 다양한 양상으로 나타난다. 가장 대표적인 예는 경제적 시장 환경에서 발견되는 '문화산업'과 지역사회에서 전개되는 '커뮤니티 문화 발전 운동'을 들 수 있다.

20세기 후반 이후 이 같은 목적의식적 기획과 실천은 소위 밑으로부터의 문화운동과 이를 지원하는 문화예술정책 속에서 수행되어 왔다. 그 대표적 사례로 미국의 문화운동과 문화정책에서 찾아볼 수 있다.

미국의 경우 예술에 대한 접근과 향유의 기회를 확대하는 것은 주요한 정책 대상이다. 소수인종 예술단체를 위해 지원하며 이들 단체의 예술 활동은 지극히 다원적이며 포괄적인 목적을 지향한다. 이들 단체는 단순한 예술발전에 기여하는 것을 넘어서 자신들이 속한 공동체의 문화적 삶을 고양시키고 발전시키는 데 주력하고 있다. 따라서 지역사회의 구성원들이 주요 관객이며 책임과 신뢰를 바탕으로 지속적인 문화 공동체를 유지시켜 감을 알 수 있다.

우리나라의 경우도 지역사회 공동체의 구성원들이 일상생활에서 자아실현을 추구하고 상호 이해를 도모한다는 의미에서 커뮤니티의 문화발전을 포함한 문화 공동체적 특성을 지닌 '생활예술'로 지향해나가야 한다. 이것은 시민의 자발적이고 능동적인 문화 참여 속에서 주어진 문제에 대한 창의적 해법을 도출하게 하고 이를 통해 지역민들이 자아정체성을 모색하여 상호 이해를 도모하는 바탕이 될 것이다.

(2) 자발적 문화 활동의 사례

시민들의 자발적인 문화 참여의 주체는 지역 시민이며, 시민이 예술가이고 예술가가 시민이 된다. 목적은 지역 공동체 구성원의 자아실현과 상호 이해라고 할 수 있다. 그 사례로 영국은 문화 공동체에서 부상하는 시민 주체의 예술 활동을 'voluntary arts', 즉 자발적 예술로 정의하고 있다. 이 자발적 예술은 단순한 취미로 여겨지지 않으며 개인과 공동체의 삶의 질을 증진시키는 데 중요한 역할을 수행한다.

영국은 성인 과반수가 자발적 예술에 참여하고 있으며 많은 저명한 예술가들이 자발적 예술로부터 자신의 커리어를 시작하였다.[60) 또한 자발적 예술은 이제 공히 하나의 섹터로, 즉 자원이 투하되고 공통의 목소리가 발현되는 공적 영역으로 부상하고 있다. 영국의 문화부는 2008년도 2월에 전국의 자발적 예술 그룹들에 대한 조사를 실시하였으며 그 결과 약 5만여 개의 단체와 6백만 명에 달하는 인구가 자발적 예술에 참여하고 있음을 발견하였다. 또한 이러한 단체들은 지역의 공동체의 삶에 큰 영향을 미치고 있음을 밝혔다. 무엇보다 예술에 참여하기 힘든 사람들에게 예술에 대한 접근과 향유의 기회를 제공하며, 새로운 예술관객들을 개발하는 데 기여하고, 전문적 예술과 깊은 관계를 맺고 있음이 조사를 통해 드러났다.

미국의 경우는 생활예술을 비공식 예술(Informal Arts)이라 부르고 있으며, 특히 비공식이라는 용어는 CCAP(The Chicago Center for Arts Policy at Columbia College, 2002)에 의해 제안된 것으로 "구조화되지 않은 공간들(길거리, 주택 같은 곳)에서 일어나는 자발적이고 비고정적인 예술 활동"을 의미한다. 반면, 공식 예술(Formal Arts)은 소위 예술계(뮤지엄, 갤러리, 극장 같은 곳)에서 일어나는 형식적이고 조직화된 전문적인 예술 활동을 의미한다.[61)

비공식 예술은 예술에 대한 향유와 참여의 고정관념을 깨뜨린다. 이제 일반인들은 관객으로서만 예술을 접하지 않는다. 비공식 예술은 개인의 정체성과 집단적 유대 모두를 강화함으로써

60) Arts Council of Northern Ireland, 2007, pp.2~4.
61) Crystal Wallis, Arts Policy Library, 2011, July 6th, http://createquity.com

공동체의 사회적 인프라를 구축하는 데 도움을 준다. 참여예술, 또는 비공식 예술을 수행하는 시민 주체들은 예술을 대하는 진지한 태도로 인해 자신들의 문화예술 활동이 단순한 취미와 여가로 취급되는 것에 반감을 갖는다. 따라서 자신들이 수행하는 예술적 기예를 높은 수준으로 끌어올리는 데 많은 관심을 갖는다. 그러나 동시에 지역 시민으로서 예술이 만들어지는 과정과 공동체의 삶에 기여하는 정도에도 깊은 관심을 갖는다.

영국과 미국의 사례는 문화자본이 사회자본으로 전환될 수 있음을, 즉 구별하고 분리하던 예술이 공동체를 결속시키고 연결시킬 수 있음을 보여주고 있다. 이러한 연구 결과를 통해 우리는 다음과 같은 조언을 얻을 수 있다.

첫째, 비공식 예술 또는 자발적 참여예술은 숨겨진 사회적 자산이다. 둘째, 비공식 예술 또는 참여예술은 엄격한 자격 요건을 두지 않는 개방적 성격을 갖는다. 기존의 고급예술-대중문화의 구별을 문제 삼지 않으며 자유롭고 자발적인 표현에 강조점을 둔다. 셋째, 비공식 예술 자발적 참여예술은 인종, 계급, 성적 차이를 넘어서는 상호작용과 사회적 연결을 창출한다. 사회적 신뢰와 관용, 상호 이해를 도모한다. 넷째, 비공식 예술 또는 자발적 참여예술은 공공적 장소를 사용함으로써 시민적 책임감을 양성한다. 자신이 지역사회의 일원임을 확인한다. 다섯째, 참여와 소통 능력을 증진시킴으로써 개인의 문제 해결 능력을 증진시킨다. 삶에 대한 열정, 능동적 태도를 육성한다. 여섯째, 고급예술에 대한 편견을 없애고, 관객층의 저변을 넓히고, 전문예술에 대한 관심과 이해도를 높일 수 있다.

이러한 조언을 통해 볼 때, 글로벌시대에 우리가 말하는 선진국이란 문화적으로 소외된 지역과 사람에 대한 연구와 지원을 아끼지 않는 나라로, 문화예술기관들의 미션도 고급예술의 진흥에만 목적을 두지 않는 나라가 되어야 한다. 또한 앞으로의 주요 관객은 지역사회의 주민임을 상기하여야 하며 시민의 자발적인 문화 활동이 활성화됨으로써 책임감과 신뢰성을 바탕으로 한 진정한 문화국가와 문화시민이 된다는 것을 명심해야 할 것이다.

참고문헌

1부

김춘식 · 남치호(2002), 『세계 축제경영』, 김영사.

김효정(2011), 「소비자의 공연선택요인이 무용공연 관람태도와 만족도에 미치는 영향」, 석사논문, 중앙대학교 예술대학원.

박경숙(2011), 「대구문화콘텐츠산업 클러스터의 트리플 힐릭스(Triple Helix) 분석」, 박사논문, 경북대학교 대학원.

박신의 외(2002), 『문화예술경영 이론과 실제』, 경희대학교 문화예술경영연구소.

서태양 외 2인, 『세계화시대의 지역축제경영』, 기문사.

신화정(2011), 「서울국제공연예술제의 변천과정과 성과」, 석사논문, 중앙대학교 예술대학원.

윤성진(2009), 「국내 공연예술축제의 부대프로그램 현황과 개선방안 연구」, 석사논문, 성균관대학교 대학원.

이영옥(2010), 「20대 오페라 및 뮤지컬 관객의 관여도에 대한 연구」, 박사논문, 추계예술대학교 대학원.

이영은(2010), 「통영국제음악제의 발전방안에 관한 고찰」, 석사논문, 경남대학교 교육대학원.

조매정, 「공연예술축제 현황분석 및 발전방안 연구」, 석사논문, 단국대학교 정책경영대학원.

조용순(2008), 「문화콘텐츠의 제작 · 유통 · 이용에 관한 법 · 제도 연구」, 박사논문, 한양대학교 대학원.

최성욱(2000), 「공연예술시장의 특성과 정부지원 정책방향에 관한 연구」, 석사논문, 이화여자대학교.

채지영(2002), 「문화 상품으로서의 대중음악 소비 체험」, 박사논문, 이화여자대학교 대학원.

허문경(2008), 「전주세계소리축제의 지역문화콘텐츠 만들기」, 박사논문, 한양대학교 대학원.

C. D. Throsby G. D. Withers(1979), The Economics of the Performing Arts, London: Edward Arnold Publishers Ltd.

Harper Collins Publishers(1996).

Juan Prieto Rodrigue & Victor Fermandez Blanco(2000), Are Popular and Classical Music Listeners the Same People? Journal of Cultural

Economics, 24, May.

Patrice Pavis(신현숙 & 윤학로 역, 1999), 『연극학 사전』, 현대미학사.

Paul Thom(1998), 김문환 역, 『관객을 위하여』, 평민사.

Pierre Bourdieu(1997), 정일준 역, 『상징폭력과 문화재생산』, 새물결.

동아일보(2002), 8월 19일자.

데이코 D&S(2006), 한국축제연감, 2007.

문화관광위원회(2006), 문화산업진흥 기본법 일부개정 법률안 심사보고
    서, 4월.

문화관광부·한국문화콘텐츠 진흥원(2008), 2007 음악산업백서.

문화관광정책연구원(2004), 문화기본법 제정을 위한 기초연구.

문화체육관광부(2012), 콘텐츠 산업 통계조사.

문화체육관광부(2008), 국고지원 공연예술행사 평가보고서.

문화체육관광부(2008), 문화관광축제 변화와 성과.

문화체육관광부(2008), 지역축제 매뉴얼.

문화체육관광부(2008), 국고지원 공연예술행사 평가보고서.

문화체육관광부(2009), 공연예술실태조사, 2009.

문화체육관광부(2012), 공연예술실태조사, 2012.

문화체육관광부(2012), 문화향수실태조사, 2012.

한국콘텐츠진흥원(2008), 문화산업통계.

현대경제연구원(2013), "ViP리포트: 창조적인 한국인, 창조성을 억누르는
    한국 사회", 13-10[통권 520호].

http://www.festival-avignon.com

http://www.edfringe.com

2부

고은주(2006), 「오페라 Aria와 Verdi 오페라 Aria의 특징 비교연구」, 석사
    논문, 단국대학교 대학원.

김정희(2005), 「한국 창작오페라의 발전과정에 대한 연구」, 박사논문, 계
    명대학교 대학원.

권빈나(2004), 「오페라 공연의 마케팅 전략수립을 위한 관객특성에 관한
    연구」, 석사논문, 추계예술대학교 예술경영대학원.

송인준(2000), 「뮤지컬의 정극화를 위한 연구」, 석사논문, 연세대학교 교
    육대학원.

어은정(2008), 「Opera와 Musical의 비교 분석을 통한 차이점 연구」, 석사논
    문, 단국대학교 대중문화예술대학원.

이성삼(1981), 『세계명작 오페라 해설』, 세광음악출판사.

이성혜(2007), 「고등학교 음악 교과서에 나타난 오페라 감상 지도 방안에 관한 연구」, 석사논문, 계명대학교 교육대학원.

이수연(2008), 「Bob Fosse의 뮤지컬 작품에 나타난 Jazz Dance의 특징에 관한 연구」, 석사논문, 대구가톨릭대학교 일반대학원.

임현진(2007), 「뮤지컬 미스 사이공 분석을 통한 음악적 특징 연구」, 석사논문, 이화여자대학교 실용음악대학원.

정미례(2005), 「뮤지컬에서 안무가 역할에 관한 연구」, 석사논문, 한남대학교 사회문화대학원.

정진수(2004), 『연극과 뮤지컬의 연출』, 연극과 인간.

차태호(1998), 『뮤지컬 연출 체크 리스트』, 남지.

허영만(2002), 『오페라 이야기』, 심설당.

홍세진(2004), 「뮤지컬에 나타나는 음악의 기능적 역할에 관한 연구」, 석사논문, 상명대학교 대학원.

3부

김도환(2001), "도시노인의 가족지지와 정신건강과의 관계 연구", 『노인복지학』(11).

김동민(2006), 『창조적 음악치료』, 학지사.

김성순(1990), 『고령화사회와 복지행정』, 홍익재.

김종재(2006), 『인간관계론』, 박영사.

권순호(2001), 『놀이문화로서의 음악활동』, 음악과 문화 제5호.

권이종(1996), 『청소년의 두 얼굴』, 중앙교육진흥연구소.

노인복지편람(1985), 아산사회복지사업재단.

안영미(2002), 「노인의 삶의 의미와 자아존중감 및 정신건강과의 관계 연구」, 석사논문, 이화여자대학교 대학원.

이강숙(1986), 『음악의 방법』, 민음사.

이강숙(1982), 『종족음악과 문화』, 민음사.

이수경(2004), 「청소년 음악문화의 질적 향상을 위한 방안 연구」, 석사논문, 한국교원대학교 대학원.

이순화(2001), 「가창 교육 훈련이 언어장애 청년들의 음성 개선에 미치는 효과」, 석사논문, 이화여자대학교 교육대학원.

이승희(2006), 『신경학적 음악치료』, 정현주(편), 음악치료 기법과 모델, 학지사.

이영옥(2009), 「20대 오페라 및 뮤지컬 관객의 관여도에 대한 연구」, 박사논문, 추계예술대학교 대학원.

이혜원(1998), 『노인복지론』, 유풍출판사.

정욱희(2002), 「음악 치료가 뇌졸중 환자의 우울감과 불안감 감소에 미치는 영향」, 석사논문, 이화여자대학교 교육대학원.

정현주(2005), 「음악치료학의 이해와 적용」, 이화여자대학교 출판부.

조혜영(2005), 「노인 음악치료의 제도적 실태 분석; 문헌 고찰 및 음악 치료 서비스 법안 법제화 과정 조사」, 석사논문, 이화여자대학교 교육대학원. 최병철(1999), 『음악치료학』, 학지사.

최순남(1999), 「현대노인복지론」, 한신대학교 출판부.

최시원(1987), "미국 음악교육의 변화와 새로운 동향", 『연세논총』, Vol.23, No.1.

한상철 외 2인(1998), 『청소년 심리학』, 양서원.

현재연(2006), 「국외 노인음악치료 연구에서 치료 목표 및 음악치료활동 형태 분석: 1977년부터 2005년도까지」, 석사논문, 이화여자대학교, 교육대학원.

홍성희(1991), "주부의 여가활동과 여가제약 요인에 관한 연구", 서울: 대한가정학회지.

Abraham Maslow(1954), Motivation and Personality, New York: Harper & Row.

Boxil, E. H.(1984), Music Therapy for the Developmentally Disabled, Rockvills, MD: An Aspen Publication.

E. B. Hurlock(1975), Development Psychology. 4th, ed. New York, McGraw-Hill.

Hanser, S. B.(1990), A Music Therapy Strategy for the Depressed Older Adu-lts in the Community, Journal of Applied Gerontology, 9.

I. Rosow(1974), Socialization to Old Age, Berkeley, C. A: Univ. of California Press.

Johan Huizinga, Homo Ludens(1955), A Study of the play Element in Culture, The Beacon Press, Boston.

Judith Murphy George Sullivan(1968), Music in American Society Washington, D.C.: Music Educators National Conference.

Karras, B.(1983), Down memory lane, Wheston, MD: Circle Press.

K. L. Bernhardt & T. C. Kinnear(1975), Profiling The Senior Citizen Market, in advences in Consumer Research, Vol.3. ed. B. B. Anderson, Cincinneati: Association for Consumer Research.

M. Bromwick and A. G. Hopueood(1983), Accounting Standards Setting An

International Perspective(New York: Pitman).

Mursell, J. L.(1987), 『음악교육과 인간형성』, 한국음악교재 연구회 역, 세광음악출판사.

Parker S.(1979), The sociology of leisure, London: George Allen & Unwin.

R. C. Holdon, R. V. Burkhauser, D. A. Myers(1986), "Income Transitions at Older Stage of Life", The Gerontologist, Vol.26, No.3.

Wylie, M. E.(1990), A comparison of the effect of old familiar songs antique objects, historocal summaries and general questions on the reminiscence of nursing-home residents. Journal of Music Therapy, 27(1).

4부

강동훈(2006), 「공공 문화예술극장의 경제성 및 역할연구」, 석사논문, 연세대학교 경제대학원.

김유리(2012), 「공연장 브랜드파워가 티켓 구매행동에 미치는 영향」, 석사논문, 중앙대학교 예술대학원.

김현신(2006), 「무대 및 하드웨어적인 기능에 따른 국내 공연장의 분류 및 국내 대중음악 공연장의 현황 연구」, 석사논문, 단국대학교 대중문화예술대학원.

박희정(2007), 「문화예술공간 활성화를 위한 극장의 효율적 운영 방안연구」, 석사논문, 단국대학교 대학원.

궁석기(1979), "해외 소극장운동과 현대연극의 흐름", 문예진흥, 4월.

유민영(1998), 『한국 근대극장 변천사』, 태학사.

_____(2001), 『한국연극운동사』, 태학사.

윤호진(1978), 「한국 동인제 극단 연구」, 석사논문, 동국대학교 대학원.

윤혜진(2006), 「지역공간으로서의 야외공연장의 기능 확충을 위한 방안 연구: 임진각 평화누리 야외공연장 사례를 중심으로」, 석사논문, 추계예술대학교 문화예술경영대학원.

_____(2007), 「지역공간으로서의 야외공연장의 기능 확충을 위한 방안 연구: 임진각 평화누리 야외공연장 사례를 중심으로」, 석사논문, 추계예술대학교 문화예술경영대학원.

이승엽(2001), 『극장경영과 공연제작』, 역사넷.

이윤진(2005), 「무용공연극장의 사회적 기능에 관한 연구」, 석사논문, 이화여자대학교 대학원.

이혜정(1986), 「한국 소극장 실내공간에 관한 연구」, 석사논문, 이화여자대학교 산업미술대학원.

이태주(1976), 「원형무대와 관객급증」, 『현대인』, 한국 연극평론가협회 편, 7월.

장미진(1999), "공연예술단체의 상주단체화 방안을 위한 해외사례연구", 한국문화관광정책연구원개별과제, 99-4.

정대경(2005), 「소극장운동으로 본 삼일로창고극장 연구」, 석사논문, 성균관대학교 대학원.

정호순(2002), 『한국의 소극장과 연극운동』, 연극과 인간.

조대희(1985), 「소극장 계획방향에 관하여」, 『건축문화』, 1985.

차범석(2004), 『한국소극장연극사』, 연극과 인간.

_____(1991), 「소극장의 위기-소극장연극의 어제와 오늘」, 『한국연극』, 10월.

_____(1991), 「삼일로창고극장」, 『예술세계』, 10월.

최윤강(2001), 「극장객석 공간구성의 효율성연구」, 석사논문, 경희대학교 대학원.

황리나(2009), 「서울지역 극장의 공연 유형에 대한 분석」, 석사논문, 경희대학교 대학원.

문화체육관광부, 2009 공연예술실태조사, p.41.

『70년대 연극평론 자료집』, 파일, 1989.

한국일보(1983), 「지역별로 자리 잡는 소극장문화」, 7월 6일.

_____(1985), 「1인극, 1천 회 기록한 연극인-44세로 타계한 배우 추송웅 씨」, 12월 31일.

중국 국가 대극원 홈페이지 http://www.chncpa.org

http://lc.lincolncenter.org

http://www.sac.or.kr

5부

강윤주 외 4인(2008), 『한국의 예술 소비자』, 경희대학교 출판부.

고경모(2005), 「문화도시의 장소마케팅 관점으로 본 홍대 지역 클럽문화에 관한 연구」, 석사논문, 홍익대학교 광고홍보대학원.

김기현(2003), 「주민자치의 기반으로서 커뮤니티 형성에 관한 연구」, 석사논문, 연세대학교 행정대학원.

김선아(2009), "사회문화예술교육강사 교수활동 매뉴얼 개발연구-아동복지시설", 한국문화예술교육진흥원.

김원명(1996), 「예술경제학의 이해」, 『음악과 민족』, No.12.

김　인(1991), 『도시지리학 원론』, 법문사.

김주영(2003), 「지역문화 활성화를 위한 복합문화기증의 박물관 공간계획」, 석사논문, 홍익대학교 건축도시대학원.

김주호 외(2002), 『예술경영』, 김영사, 2002.

김진수(2007), 「음악교육 디지털 콘텐츠의 사례분석」, 석사논문, 추계예술 대학교 문화예술경영대학원.

김춘식·남치호(2002), 『세계 축제경영』, 김영사.

김태선(1998), 「장소마케팅전략에 관한 연구」, 석사논문, 서울대학교 대학원.

노수정(2009), 「커뮤니티 아트의 현황과 활성화 방안 연구」, 석사논문, 단 국대학교 경영대학원.

문경신(2012), 「인천개항장 문화지구의 장소성에 관한 연구」, 석사논문, 인하대학교 대학원.

박원순(2009), 『마을에서 희망을 만나다』, 우리교육 검둥소.

박진호(2010), 「지역 문화를 고려한 홍대 클럽기념과 계획안」, 석사논문, 건국대학교 건축전문대학원.

보니타 M. 콜브(2005), 이보아·안성아 역, 『문화예술기관의 마케팅』, 김 영사.

서유미(2012), 「커뮤니티 아트 프로젝트의 평가 방법에 대한 연구」, 석사 논문, 전남대학교 문화전문대학원.

송지선(2012), 「대안적 마을공동체에 있어서 축제의 의미와 기능」, 석사논 문, 고려대학교 대학원.

유창복(2009), 「도시 속 마을공동체운동의 형성과 전개에 대한 사례연구」, 석사논문, 성공회대학교 NGO대학원.

이무용(2003), 「장소마케팅 전략에 관한 문화정치론적 연구」, 서울대학교 국토문제연구소.

이무용(2006), 『지역발전의 새로운 패러다임 장소마케팅 전략』, 논형.

이윤진(2012), 「자생적 지역공동체 문화예술활동의 평생교육적 의미와 역 할」, 석사논문, 숭실대학교 일반대학원.

이주현(2013), 「대구 방천시장 문전성시사업에 대한 문화정치론적 분석」, 석사논문, 경북대학교 대학원.

일본 국민생활심의회(1969), "커뮤니티 생활현장에 있어서의 인간성 회 복", 9월.

임상오 외(2001), 『문화경제학 만나기』, 김영사.

한경석(2010), 「도시브랜드 제고를 위한 디자인거리 조성방안에 관한 연 구」, 석사논문, 한양대학교 행정자치대학원.

한도현·박승현(2009), "2단계 5개년 창조시민·창조공간·창조도시", 성남문화 재단.

한상훈(2011), 「성미산 마을 연구」, 석사논문, 국민대학교 대학원.

현택수(2003), 『일상 속의 대중문화 읽기』, 고려대학교 출판부.

Abercrombie, N. and Longhurst, B.(1998), Audience: A Sociological Theory of Performance and Imagination, Sage.

Arts Council of Northern Ireland, 2007.

Bourdieu, Pierre(1984), Distintion: A Social Critique of the Judgement of Taste, trans, Richard Nice, London: Routledge.

Bourdieu Pierre(1997), 정일준 역, 『상징폭력과 문화재생산』, 새물결.

Crystal Wallis, Arts Policy Library, 2011, July 6th, http://createquity.com

Greg Richards(2000), 조명환 역, 『문화관광론』, 백산출판사.

Hudson, K., Museum of Influence, Cambridge University Press, 1987.

Marcuse, H.(1964), One-Dimensional Man: Studies in the Ideology of Advanced Industrial Society, Beacon Press, Boston.

경기일보 홈페이지, 2013년 1월 28일자, http://www.kyeonggi.com

문화체육관광부 통계포털 http://stat.mcst.go.kr

성미산 홈페이지 http://cafe.daum.net/sungmisanpeople

성미산 학교 홈페이지 http://www.sungmisan.net

성미산마을극장 공식카페 http://cafe.naver.com/sungmisantheater

성동구 홈페이지 http://www.sd.go.kr

충북문화예술연구소 http://cafe.daum.net/cultureart-cb

한국일보 홈페이지, 2013년 7월 11일자, http://news.hankooki.com

이영옥 ───────────

1964년 강원도 철원 출생
1987년 경북대학교 음악대학 성악과 졸업
2002년 추계예술대학교 대학원 예술경영 석사 졸업
2010년 추계예술대학교 대학원 문화예술학 박사 졸업

강의경력
2002~2010년 숙명여자대학교에서 '음악경영' 강의
2008~2011년 추계예술대학교에서 '문화관광론' 강의
2011~2012년 (주)스마트아카데미 수석전문위원으로 삼성광통신, 삼성전기,
　　　　　한화63시티, SK 가스 등에서 '하모니&시너지' 강의
2013년 서울시 평생학습센터 성동구 강사

저서
『문화산업과 공연예술의 이해』

e-Mail: liebehaha@naver.com

문화국가와
문화시민으로
가는 길

문화산업과 공연예술 길라잡이

초판인쇄 2014년 5월 12일
초판발행 2014년 5월 12일

지은이 이영옥
펴낸이 채종준
펴낸곳 한국학술정보㈜
주소 경기도 파주시 회동길 230(문발동)
전화 031) 908-3181(대표)
팩스 031) 908-3189
홈페이지 http://ebook.kstudy.com
전자우편 출판사업부 publish@kstudy.com
등록 제일산-115호(2000. 6. 19)

ISBN 978-89-268-6205-6 93680